扶贫状元
陈开枝

Fu Pin Zhuang Yuan Chen Kai Zhi

曾平标 廖琪 著

南方出版传媒
花城出版社
中国·广州

图书在版编目（CIP）数据

扶贫状元陈开枝 / 曾平标，廖琪著. -- 广州：花城出版社，2020.12
ISBN 978-7-5360-9272-3

Ⅰ. ①扶… Ⅱ. ①曾… ②廖… Ⅲ. ①陈开枝－先进事迹②扶贫－经验－百色 Ⅳ. ①K827=7②F127.674

中国版本图书馆CIP数据核字(2020)第239762号

出 版 人：肖延兵
选题策划：张 懿 李 谓
责任编辑：黎 萍 夏显夫 蔡 宇
技术编辑：薛伟民 凌春梅
封面设计：姚 敏

书　名	扶贫状元陈开枝 FU PIN ZHUANG YUAN CHEN KAI ZHI
出版发行	花城出版社 （广州市环市东路水荫路11号）
经　销	全国新华书店
印　刷	佛山市浩文彩色印刷有限公司 （广东省佛山市南海区狮山科技工业园A区）
开　本	787毫米×1092毫米 16开
印　张	20.75　1插页
字　数	286,000字
版　次	2020年12月第1版　2020年12月第1次印刷
定　价	58.00元

如发现印装质量问题，请直接与印刷厂联系调换。
花城出版社网站：http://www.fcph.com.cn

听说您现在搞的扶贫工作也卓有成效。

——习近平

《人民日报》海外版2013年1月4日

目录

开篇　到百坭村去 / 1

第一章　红土情缘 / 11

  1. 牵手 / 13

      伫立在珠江之头的粤东会馆，与珠江之尾的羊城遥相呼应，构成一幅特殊的历史与现实的生动拼图，成为两地同根同源、一脉相承的证物和图腾象征。

  2. 大山沉重 / 20

      陈开枝沉默不语，回头看了看两个瑟瑟发抖的孩子，孩子也朝他这边看过来，尽管孩子的目光有些呆滞，却像两支利箭，直扎他的心……

  3. 寒门出骄子 / 32

      读小学时，寒冬腊月，陈开枝光着脚板，脚后跟裂开几条缝，生生地直流血。上学时要蹚过一条小河，他每天抱着一捆稻草赤脚蹚水过河，过河后连忙生火把冻硬冻裂的脚烤软……

  4. 与邓小平同志的"交集" / 39

      陈开枝也热泪盈眶，他说："小红霞，你放心吧！虽然邓小平爷爷不在了，可我一定继承邓爷爷的遗志，把他的接力棒接过来，我会继续帮扶你、助你成才。"

第二章　扶贫丰碑 / 49

5. 家住"广州村" / 51

村民谭六喝了半斤苞谷酒，踉踉跄跄走到父亲的坟茔边，将剩下的半瓶苞谷酒祭洒在石碑上，然后抓起一把坟土揣进衣袋里，连连磕头道："爹，去了广州村，我还会常回来看您的……"

6. 六隆！大六隆！ / 66

尽管建设了潞城、江山、金沙、荣华和甘田等异地安置点，但在陈开枝的心里，还蕴藏着一个更大的"阳谋"：启动一个20万亩的大六隆异地安置开发区。

7. 弄福路，扶贫路 / 85

"这么大的家伙得要多少粮草才够吃啊？"路开通那天，村里的老人们一辈子没见过汽车，看到这一庞然大物，便挑了两担青草放在车头前，还奇怪地问，"怎么不吃？"

8. 水啊水 / 96

地头水柜藏匿在千山万壑间，被美国的侦察卫星拍到了，还以为是中国建的导弹发射井。据说东南亚某国还派遣特工人员潜入边境一带侦察，发现不是新式武器，而是一个储水的东西……

第三章　珠江水长 / 107

9. 一起幸福 / 109

陈开枝除了亲力亲为扶贫，牵线搭桥"做媒人"是他的强项。因为他的"撮合"，广州各区与百色各县、广州各部门与百色各单位纷纷"牵手"，缔结"姻缘"。

10. 点亮驮娘江 / 120

　　开工仪式在那维电站工地进行。那天，驮娘江江面飞来一群白鹭，在风光旖旎的驮娘江两岸蹁跹翱翔，它们睁大眼睛，要来见证广州帮助扶百色的历史性一刻。

11. 广州那个兄弟 / 129

　　陈开枝好像什么事也没发生，诙谐地说："百色不脱贫，马克思不会收我的，走吧！"说着站起来又上路了。不少人事后背脊发凉："要是那天陈副市长醒不过来呢？那怎么向广州人民交代……"

第四章　兴教扶智 / 145

12. 百色的"大眼睛" / 147

　　陈开枝走进教室，里面光线很暗。地板坑坑洼洼，凹凸不平，一条用木板和石块架设的板凳上坐着6个学生。走进隔壁教室，课桌要么"缺手断脚"，要么破破烂烂，有的孩子站着上课。

13. 为人"祈福" / 163

　　风云际会。陈开枝1998年7月担任广州市政协主席，彭磷基是广州市政协香港地区委员，两人日渐熟稔，共同的"百色情怀"，促成满载关爱的"百色祈福"翩然而至……

14. 7个民族251朵花 / 181

　　彝族崇尚金竹，视金竹为神明。梁绍安为孙女入读"郑柱成少数民族助学班"而高兴，他感郑柱成之恩、戴陈开枝之德，嘴里念念有词："这是咱们彝族寨子来的种'金竹'的人。"

15. **跟我去百色** / 199

  他的善举在广东家喻户晓,在港澳地区同样众所周知。许许多多的爱心人士都被他的执着所感动,为他的精神所折服,纷纷投奔到陈开枝的"门下",跟他去百色帮扶教育的"最后一公里"。

第五章　善心永恒 / 211

16. **给你一个"支点"** / 213

  2010年,陈开枝开始酝酿,要给百色的教育扶贫搭一个公益活动大平台,给百色一个撬动社会善款募集的"支点",以补充全市教育经费的不足,使贫困家庭的学生不因贫困而读不上书上不起学,教育基金会应运而生。

17. **您总是心太软** / 226

  "他很容易被感动。"跟随陈开枝二十个年头的李勇,拿出了一大摞求助信和汇款单说,"给陈主席写信求助的有4000多封,他每封信都要看,一看就会被感动,一感动就要给人汇款。"

18. **夫妻双双把贫扶** / 244

  邓妙珍说:"结婚三十多年的时候,老陈第一次带我外出'旅游',就是到百色扶贫。"有了第一次,之后就是第二次、第三次、第四次……就这样,邓妙珍与陈开枝在扶贫路上夫唱妇随,一起走了三十多次。

19. **开枝散叶** / 258

  24年,当年那些被帮扶的学生渐渐长大,他们中的很多人成长成才,回到百色,服务故土,除了本职工作,他们投身公益,接过陈开枝教育扶贫的火炬,传承爱的力量……

第六章 永不言倦 / 271

20. 第二个100次再出发 / 273

百色做过统计,陈开枝到百色100次帮扶,平均每年4.7次。党的十八大以后,他到百色25次,平均每年5次。这些数字,不是统计学意义上的数字,它的每一个字符,都是一处心灵的驿站、一处爱的憩园。

21. 奇人陈开枝 / 282

像扶贫这样的"硬骨头",为什么选陈开枝去啃?作为广州市对口帮扶百色的"首席指挥官",解读陈开枝,我们可以从他在广州任职期间的其人其事去寻找答案。

22. 大善无疆 / 295

陈开枝的扶贫不局限于百色,从云贵高原到青藏高原,从新疆的戈壁到内蒙古的草原,从云南的玉龙雪山到四川的大小凉山,从四川的汶川到青海的玉树,都留下他的足迹和背影。

23. 将扶贫进行到底 / 308

陈开枝有一个著名的"符号论"。他说:"作为共产党员的人生,扶贫助学,我永远不会打句号,句号就是生命终止、离开的那一天,之前永远都只打逗号!"

后记 / 317

开篇

到百坭村去

孟夏。百坭村。

一条新铺的水泥路蜿蜒进村，路两旁翁翁郁郁，一片葱翠，炎日穿过密密枝蔓，洒下绰绰光影。村委会楼顶上"不忘初心、牢记使命"几个遒劲大字在阳光映射下熠熠生辉。

这天是2020年6月22日，下午4时30分。

中巴车缓缓驶入村口，一位八旬老人走下车，他身材健硕、皮肤黝黑、头发稀疏、面容憨厚，乍一看还以为是附近庄稼地里钻出来的老农。

他，就是中国扶贫基金会副会长，第五届"全国十大扶贫状元"，"全国脱贫攻坚奖贡献奖"获得者陈开枝。

半个月前，陈开枝就叮嘱秘书王晓建：这次到百色扶贫，除了牵线爱心企业到百色捐资助学，行程安排一定要到百坭村……

这已是陈开枝第113次"百色扶贫行"了。

22日下午3时40分，在乐业县高中参加完"文秀班"捐资助学仪式后，他马不停蹄直奔百坭村。

20多公里的山路，路段崎岖，公务车颠簸行进。

偏乡僻壤的百坭村村部是一栋二层小楼，围绕它的周边，是22公里产业路、太阳能照明路灯、篮球场、冷链库、电商扶贫消费网点、砂糖橘园……一个个便民、惠民、利民的新项目，展示着百坭村的美丽变迁。

驻足。环顾。沉思。

此时，他的目光停留在村部左侧的宣传栏上，那幅红底黄字的框图内是习近平总书记对"时代楷模"黄文秀的重要批示，字体雄浑、字迹清晰——

黄文秀同志研究生毕业后，放弃大城市的工作机会，毅然回到家乡，在脱贫攻坚第一线倾情投入、奉献自我，用美好青春诠释了共产党人的初心使命，谱写了新时代的青春之歌。广大党员干部和青年同志要以黄文秀同志为榜样，不忘初心、牢记使命，勇于担当、甘于奉献，在新时代的长征路上做出新的更大贡献。（新华网2019年7月1日）

陈开枝伫立良久，若有所思。

百坭村隶属百色市乐业县新化镇，黄文秀生前在这里担任第一书记。2019年6月16日晚，她从百色返回百坭村途中遭遇山洪，不幸于17日凌晨牺牲，生命定格在30岁。

全国优秀共产党员、时代楷模、感动中国2019年度人物……至高荣誉被授予这位优秀的壮家儿女。

百坭村村部楼是黄文秀挂职期间曾经办公、居住的地方，如今已成为一个参观学习的纪念馆。

跟随着解说员的讲解，陈开枝认真聆听每一个细节。

在黄文秀先进事迹文化长廊前，陈开枝突然停步，久久凝视。那是一张他与黄文秀的合影照，照片上的黄文秀，一束马尾辫儿，一副金丝眼镜，端庄大气、热情洋溢，一脸粲然的笑靥上，透着一股书卷的清气，明澈而娴静。

看着，看着，此刻的陈开枝已泪眼婆娑，脑海中的往事如镜头回放般一帧帧、一幕幕重现，温馨的画面鲜活闪现在他并不遥远的记忆里……

2017年12月9日，山风飕飕、寒意凛冽，地处右江河谷的田阳县那满镇新立村却是冬阳朗照。

陈开枝带着从北京、广东等地筹集的3348万元善款，奔赴百色扶贫助学。

到百色市田阳县后，陈开枝提出先到两个地方看看：一个是新立村共联屯新农村建设示范点；另一个是广州帮扶的生态移民新村——广新家园。

共联屯原是一个落后的移民村。2010年5月10日，时任中共中央政治局常委、国家副主席习近平到百色考察调研时来过共联屯。习近平走村串户，与普通民众话家常、问民生，深入了解贫困户的诉求，给他们指引发展现代农业的脱贫致富道路。7年过去，共联屯通过土地流转，引进龙头企业，种植香蕉、火龙果等特色农产品，人均年收入从2500元提高到1万多元，5个贫困村全部脱贫出列。

百色扶贫期间，陈开枝怀着崇敬心情先后三次到访新立村。

广新家园是广州市"精准扶贫"援建的一个移民新村，组织社会力量总投资500万元，帮扶形式新颖，精准脱贫。为记住广州、百色两地一家亲的情谊，村民们在"广州市"和"新立村"各取一字，命名新村为"广新家园"。

9日这天，陈开枝与黄文秀在广新家园不期而遇。

彼时，黄文秀刚从北京师范大学研究生毕业后回到家乡效力，被组织派到那满镇挂职担任副书记。

在广新家园公共服务中心，黄文秀满心期待地等候陈爷爷到来。

"陈爷爷，我一直记得您。"一见陈开枝下车，黄文秀就十分高兴地拉着陈开枝的手说，"我是从祈福高中读书毕业的。"

"我知道，在祈福高中，我还给你发过助学金和奖学金哩！"陈开枝记忆力特别好。

"没有您，没有广州亲人的帮扶就没有我的今天！"黄文秀说，"我们祈福高中的同学都记得您！"

"你很优秀，祈福高中的学生都很优秀。"陈开枝说。

2008年，家境贫困的黄文秀由陈开枝牵线搭桥，到香港彭磷基先生捐资建设的祈福高中就读。如今，看到黄文秀已成长为一名优秀基层青年干部，陈开枝心里十分欣慰。

在广新家园公共服务中心，黄文秀与陈开枝留下了一张珍贵的合照，只是令陈开枝意想不到的是，这竟然是……

陈开枝几度哽咽。

"我这次到百坭村来，主要是来向文秀同志学习的。"在百坭村晒谷场召开的座谈会上，陈开枝动情地说，"2002年，《人民政协报》发表评论员文章，题目说我是'一个纯粹的共产党员'，今天看来，我不够纯粹，文秀同志才是一个真正纯粹的共产党员。文秀尽管曾经与我两次交集，曾经接受过我们的资助，但文秀同志的精神境界，大大超越了我。所以我这次来百色，就提出一定要来百坭村，我是来向文秀学习的。"

陈开枝还回忆起在那满镇新立村与黄文秀交往的点滴。

当时，黄文秀非常虚心地向陈开枝请教能不能简单概括多年来扶贫工作的体会。

陈开枝于是就给她讲了"五点感受"——

认识要高。扶贫工作是国家一个重大的战略决策，是全面建成小康的基础，是关系到"两个一百年"能否实现的问题。让贫困人口和贫困地区同全国一道进入全面小康社会，这是以习近平同志为核心的党中央向全国人民、向世界做出的庄严承诺。

感情要深。扶贫工作一定要充满着爱，绝不能高高在上，一味地强调是来帮你的，要有兄弟般的感情。

路子要对。精准帮扶不能搞形式主义，不能搞欺上瞒下，形式和内容如何有机结合，要注意些什么，一定要清楚。

措施要硬。没有硬的措施，是不可能办成事情的，如果只是从完成工作任务的角度，是不能持之以恒做好的，遇到挫折、遇到困难就会退缩。

作风要实。如果只是浮在面上，不沉下去，是绝对搞不好扶贫工作的……

黄文秀一边听一边思考，她将陈爷爷的话铭记在心。

暮色将至，晚霞晕染了黄昏，夕阳拉长了百坭村广场上的每一个身影。尽管秘书不时提醒他下一站凌云县城还有近百公里，但陈开枝似乎意犹未尽。他继续着他的发言："一个人的爱心，一个人的精神，是最大的财富。爱心有多大，境界有多高，才是成功的标准。所以我今天带企业家朋友来到百坭村，就是要他们用爱心来书写企业文化，这样的企业才是一个有社会责任，并得到社会尊重的企业。"

"我这次来就是想通过爱心企业筹点钱来完善村部建设，改善办公条件。同时，发扬文秀精神，让文秀精神在百坭村，新化镇，乐业县，乃至整个百色市生根开花，代代相传。"

此次百色之行，陈开枝带着广州谷城集团、广州市白云区神山符氏电器厂、广州青年商会等爱心企业和爱心人士的捐款捐物，价值722万元。其中，落实乐业高中、祈福高中、靖西中学3个"文秀助学班"项目资金共135万元，受助品学兼优的困难学生200人。

此外，百色广东商会以及爱心企业家还为黄文秀生前担任第一书记的百坭村捐款10万元。

产业扶贫是黄文秀生前精准扶贫的工作重点。

让陈开枝欣慰的是，这些扶贫产业正一件件在百坭村逐步落实：杉木1.8万亩、油茶2000亩、砂糖橘2000亩、八角1500亩、板栗800亩、茶叶620亩、猕猴桃446亩、枇杷400多亩……黄文秀的接棒者、百坭村现任驻村第一书记杨杰兴如数家珍。

陪同陈开枝调研的乐业县县长李荣能说："在脱贫攻坚决战决胜的关键时刻，我们持续学习、宣传黄文秀先进事迹，进一步激励广大党员干部见贤思齐、奋发有为，齐心协力决胜2020，坚决打赢脱贫攻坚战。"

陈开枝频频颔首。

2019年10月，百坭村成立村集体农业发展公司，建立电商扶贫消费新业态，山茶油、矿泉水、茶叶、砂糖橘、蜂蜜等9个"秀起福地"系列农产品品牌雨后春笋般破土而出，"党支部＋合作社＋企业＋农户"运营模式提升农业综合效益和市场竞争力。

百坭村，这块曾经浸透着黄文秀理想与汗水的贫瘠土地，正头顶一片阴霾顿散的艳阳天。

"我们都想念文秀书记，如果她还能看到百坭村的今天，那该有多好……"百坭村村支书周昌战望着一片郁郁葱葱的砂糖橘，内心沉重地对陈开枝说。

百坭村的前进步伐，恍如随着岁月的车轮飞驰。2019年，全村仅砂糖橘就销售30余万公斤，收入30多万元，辐射带动300多户农户实现户均增收3000余元，贫困发生率从22.88%降至2.71%，88户418人顺利脱贫。

2019年，百坭村整村"出列"，迈上小康路。

乡亲们用越来越红火的日子告慰这个青春永远定格在百坭村的"第一书记"。

百坭村的蝶变仅仅是百色市脱贫攻坚蹄疾步稳的一个缩影。

百色，是一片红色厚土。

90年前，红旗漫卷右江，革命先辈们怀着为人民求解放、谋幸福的信念发动了百色起义。无独有偶，百色起义的许多将领，正是当年广州起义的将领。

右江是欢畅的。

无论是忧伤抑或是叹惋都不能不欢畅。只要将它卷起的这幅挂历展开，我们就能看到它曾经辉煌的巨浪如何把两岸撞击得沸沸扬扬。

右江是沉重的。

无论是赞美抑或是惆怅都不能不沉重。那千山万壑铸铁般厚重的岩石峭壁，不正是贫困户额头上镌刻的缕缕皱褶吗？

然而，古老的河床可以凝固古老的岁月，但它从来没有凝固过百色人的脱贫梦想。

2013年11月3日，习近平总书记在湖南湘西土家族苗族自治州花垣县排碧乡十八洞村首次提出"精准扶贫"。2015年3月8日，习近平总书记在全国人代会期间参加广西代表团审议时要求"要把扶贫攻坚抓紧抓准抓到位，坚持精准扶贫，倒排工期，算好明细账，决不让一个少数民族、一个地区掉队"（人民网2015年3月10日）。

从此，百色人民凝聚起脱贫攻坚的磅礴力量。

"我们一定要让贫困群众实实在在增收、扎扎实实脱贫，打不赢脱贫攻坚战就对不起这片红色的土地。"广西壮族自治区政协副主席、百色市委书记彭晓春说，"不获全胜，决不收兵。"

专项扶贫、行业扶贫、社会扶贫三方力量汇集成互为支撑的"铁三角"大扶贫格局，"1＋2＋10＋N"精准扶贫政策体系和模式建立——

1：制定坚决打赢脱贫攻坚战的决定。

2：推进决战贫困、决胜小康2个行动计划。

10：精准脱贫"十个到村到户"实施方案，内容涉及易地扶贫搬迁、金融、产业、基础设施、危房改造、教育、就业、综合保障、结对帮扶等。

N：N个脱贫攻坚配套政策文件。

"对于百色来说，已经到了啃'硬骨头'、攻城拔寨的冲刺阶段。我们有能力打赢一场决战贫困、决胜全面小康的高质量冲刺战。"市长周异决说，百色全面决胜小康的信心和决心坚如磐石。

作为滇桂黔石漠化片区、全国十四个连片特困地区之一，百色有9个国家级贫困县（市）、2个自治区级贫困县，是广西脱贫攻坚的主战场。

敢教日月换新天。百色全市135个乡镇（街道）设立了扶贫工作站，配备乡镇扶贫助理293人；1798个行政村（不含社区）配备了扶贫专干或扶贫信息员。共选派754名优秀青年干部担任贫困村第一书记，选派4792名"美丽乡村"建设扶贫工作队员到村工作，定点帮扶贫困村覆盖了100%……

广州和深圳（2016年调整由深圳对口）的接力帮扶，让百色老区脱贫攻坚的故事更加精彩有力。贫困县、贫困村脱贫奔康的轮廓，在大扶贫格局下日渐显露出武士般坚挺的脊梁，这幅铺陈在百色大地上的历史长卷，注定收笔不凡——

从2014年以来到2019年底，百色累计有729个贫困村脱贫出列，累计减贫人口1020560人，贫困发生率从28.62%下降到1.08%，目前正在加紧完成最后的脱贫攻坚战。到2020年底，实现剩余的170个贫困村37783人全部脱贫出列。

这是百色一代又一代人对小康生活的憧憬。

这是百色一村又一村寨与千年贫困的抗争。

百色发展史就是一部摆脱贫困的奋斗史，400多万各族儿女正携手点燃新时代曙色，重续龙腾虎跃的……

作为百色脱贫攻坚战的参与者、见证者，从1996年11月到2020年11月，从履行职责到兴教助学，陈开枝踏入百色扶贫整整24年！

24年，为陈开枝赢得了"CCTV年度慈善人物""全国十大扶贫状元""全国东西扶贫协作先进个人""全国脱贫攻坚奖贡献奖"等荣誉称号。

24年，引进扶贫资金4亿多元，新建和改建246所中小学，举办40多个助学班，让8万多名少年儿童重返校园……

每个人的心底都会有一个魂牵梦萦的地方，对于陈开枝来说，那就是百色。

他的目光为什么始终关注着百色这片红土地？

正如著名诗人黄承基所吟唱的那样——

他的背后
是驮着一滴水珠的海
如果有一天
这滴水珠沉入地底
那将是蔚蓝、浩瀚与壮观！

是啊！共产党员一生的信仰，实际上是在实现自己的理想、自己的价值和自己的人生最终目标。

这，正是陈开枝的追求！

第一章

红土情缘

1. 牵手

陈开枝与百色的邂逅源于广东与广西的"结对子",这段情缘要追溯到20世纪90年代中期。

1994年3月,《国家八七扶贫攻坚计划》出台:国务院决定从1994年到2000年,用6年时间集中人力、物力、财力,动员社会各界力量,基本解决当时全国农村8000万贫困人口温饱问题。

中国反贫困的世纪战役全面打响。

1996年9月23日,中央扶贫开发工作会议在北京召开。中央决定在二十世纪末基本解决贫困人口温饱问题,重申解决占世界人口四分之一中国人民的最大人权——生存权。

"不把绝对贫困带入21世纪!"是中国向全世界做出的庄严承诺,在中华民族的发展史上是一个壮举。

当时的百色地处滇黔桂石漠片区,高山大谷,水少地薄,田地稀缺。其深度贫困状况如果单靠自身力量显然难以如期完成《国家八七扶贫攻坚计划》。

谁来扶?

如何扶?

党中央、国务院非常关心关注西部深度贫困地区的脱贫问题,对东西部经济协作的计划和布局做战略性的调整,果断实施"东西部经济扶贫协作"。

广州与百色"牵手"的故事,就发生在这样一个特定历史背景下。

广东广西,春秋战国同为百越地,秦朝统一岭南,两广分属岭南三郡管辖。宋初统一岭南,改置广南道,又废道存路,为广南路。后又置广南西路和广南东路,"广东""广西"因此而得名。

1996年10月10日，北京。

在京西宾馆13会议室里，广东省委书记谢非，广西壮族自治区党委书记赵富林等两省（区）主要领导在京出席党的十四届六中全会期间，两广高层就"结对子"有关事项进行座谈，制定具体帮扶内容，一致表示要坚决贯彻落实党中央扶贫工作会议精神。

其实，早于3个月前，广东省已组成赴广西扶贫协作考察"先遣团"到达百色，成员包括省政府办公厅、省计委、省财政厅、扶贫办、广州市政府等，实地考察范围包括百色所辖的平果、田东、田阳、凌云、隆林、西林、乐业等贫困县。

5天连轴转，日夜基层跑。其过程，犹如大决战前夕的一次"抵近侦察"。

在百色山区的所见所闻，却令每一个成员心沉如石，难免怅然长叹。

离开广西前夕，在百色饭店简陋的客房里，大伙挤在一起，借助白毫浓茶提神，挑灯夜战，讨论调查报告和制订对口帮扶方案。凌晨时分，洋洋洒洒数千言的调查报告和初步方案出炉。

翌日天刚拂晓，考察组赴南宁登机返穗。下午，这份调查报告和帮扶方案便摆到了省领导的案头上。

8月，广东省省长卢瑞华、副省长欧广源率广东高层抵达南宁，主动前来与广西方面共商扶贫大计，获取共识。

于是便有了10月的"北京座谈会"。

会后，两省（区）共同签署了《两广负责同志座谈纪要》：

广西要在2000年解决600多万贫困人口的温饱问题，任务艰巨、难度大，扶贫工作已进入攻坚阶段。一方面要发扬自力更生、艰苦创业精神，一方面需要中央和兄弟省的支援和帮助……两省区山水相连，人缘关系密切，在人文、地理、语言乃至生活习惯等方面彼此接近。两省区的经济结构各有长处、互补性强。因此，在这个基础上两广"结对子"的有利条件很多……

《纪要》确定了"点面结合、着重在点、兼顾面上"的帮扶方针,涉及广州和百色"结对"的内容大体包括五项:

1. 突出重点,共同打好攻坚战,把贫困人口比较集中的百色地区作为重点之一,又以生存条件差的近10万特困人口异地安置作为重中之重。

2. 广东省及广州市从1997年开始,连续5年每年筹集人民币3000万元无偿提供给百色用作特困人口异地安置的专项资金。

3. 开展劳务合作。采取政府行为和企业行为相结合的办法,有组织、有计划优先安排贫困地区劳动力在广东的企业就业。

4. 积极组织和引导企业进行经济交往和合作。

5. 人员培训。

座谈会后,广东方面立即做出部署。广州携手百色,共同向千年贫困发起世纪宣战!

"百色的事就是我们自己的事。"

"牵着百色手,扶贫路上大步走。"

百色为江之头,广州为江之尾。帮扶,从此成为广州和百色两地使用频率最高的热词。

1996年11月20日上午。

广东省委常委、广州市委书记高祀仁主持召开市委常委会议,会上通报了"北京座谈会"具体内容。

"广东省委决定把广州市的扶贫工作从清远抽回,改到广西百色地区去对口帮扶,近期两广安排衔接,省委书记谢非同志亲自带队,我们要派一个人去管百色扶贫工作。"高祀仁书记环顾与会的各位常委,顿了一下说,"工作难度很大很艰苦,我觉得开枝同志可以承担这项任务,他去比较合适……"

话没说完,大家鼓掌一致通过。

扶贫的重轭,落在了陈开枝的肩上。后来,有知情人士披露,是谢非同志点了陈开枝的将。

陈开枝恰逢其时成为广州首位"帮扶领导小组组长"。而此时,担任广州市委常委、常务副市长的陈开枝正带队在日本、韩国深度招商,先到东京、福冈,后到光州、汉城。

21日下午,陈开枝在汉城接到市里打来的越洋电话,说省委书记谢非同志将亲自带队到广西进行扶贫衔接工作,问他能不能赶回来。

"可以,我马上回来。"陈开枝立即安排返程,随省市领导奔赴广西接受任务。

22日从汉城转飞香港;23日上午参加穗港经济协会会员大会,下午听高速公路公司关于南环路谈判汇报,即赶回广州;26日到达南宁。27日,广东省委书记谢非与广西壮族自治区党委书记赵富林等两地的党政主要领导以及百色、河池两地区的领导进行了座谈。

会上,谢非表态,广东一定会把广西的扶贫攻坚任务当作自己的事来看待,努力落实中央扶贫工作会议精神,促进两广经济发展。

谢非所说的中央会议精神,即1996年10月23日《中共中央、国务院关于尽快解决农村贫困人口温饱问题的决定》。

陈开枝在南宁参加了一天会。

第二天,广东考察团分作两个分团对口奔赴百色与河池。赴百色的考察团由高祀仁率领,陈开枝作为这个团的副团长,在广西壮族自治区党委副书记丁廷模的陪同下,驱车逶迤向西,前往百色。

那天,太阳刚刚升起,天高云淡,朝晖映在天幕上。

陈开枝倚靠在窗边,看右江河谷深秋景致,望远山峻岭迷雾缭绕,从东京、汉城、香港、广州一路来到百色,一端极尽人间繁华,一端远山偏僻落寞,反差太大,犹如天壤之别。

茫茫然的未知和隐隐然的忧患似乎正汇集成一种凝重。

车子驶进百色城东。

考察团第一个活动是拜谒百色起义烈士纪念碑,敬献花篮。

纪念碑屹立在后龙山上,汉白玉碑身,碑尖形似直刺苍穹的红缨枪和大刀，令人仰止。碑座左侧浮雕是邓小平政委率革命军队乘船西进的画卷，右侧是革命根据地农民讲习所学习的场面，一文一武，寓意深远。碑座正面是邓小平同志的金字真迹："百色起义的革命烈士永垂不朽"。

陈开枝用敬仰的目光注视浮雕上鲜活的史实，他悟出了"不朽"的意义：烈士的不朽，在于他们事业的延续至永恒。而革命烈士当年抛头颅、洒热血，不就是为了造福贫苦大众吗？

拜谒纪念碑这一课，使陈开枝的扶贫责任感得到升华。

随后，考察团又前往红七军军部旧址——粤东会馆参观。旧址内小楼上的板铺，仿佛还留有伟人的体温，小桌上的盏盏油灯仿佛还在燃烧。

板铺，油灯——陈开枝深切地感到革命老区厚重的红色文化氛围和精神图腾，让他的责任感和使命感倍加深重。

历史和现实同声接受了陈开枝的报到，从此他开始了帮扶百色革命老区进行反贫困、反愚昧的漫漫征程。

右江水，珠江情。

云南省曲靖市西北47公里处，有一座马雄山，山腰一陡峭之壁，有两个涓涓流淌的出水溪流，这就是"珠江源"。

出水口涌出来的清流，出云南境便流进广西百色西林县，此江段称为南盘江，水流湍急，天生桥第1、第2级电站就建在这江段上，成为"西电东送"、两广协作的时代佳话。

右江下一段为邕江，之后为郁江。郁江与黔江合为浔江。再往下携桂江成西江入广东，从广州入海。

百色为江之头，广州为江之尾。

广州和百色，两个同饮一江水的城市有着悠久的历史牵连。

1927年12月11日，广州起义建立了苏维埃政府——广州公社。在广州起义两年后的同一天，邓小平、张云逸、韦拔群在百色成功发动了著名的百色起义。同日举义旗，这是一种历史的巧合还是一种历史的渊源？

行走在百色街衢，你会不自觉地仰望历史的星空，无法停止地追随着思绪的驰骋。

解放街,百色城的一条老街。前面提到的粤东会馆就坐落在解放街的中心,它的对面,是碧波荡漾的澄碧河。

这座建筑始建于清康熙年间,同治十一年重修。

会馆占地1500多平方米,坐西朝东,以前、中、后三大殿为主轴,庭院鳞次栉比,布局严谨,两侧配以相对称的三进厢房和厅廊楼阁。圆柱雕梁画栋、浮雕玲珑精致,红色阶砖、方形条石、彩色瓷塑千姿百态,栩栩如生……整个建筑物雄伟壮丽,与广州市陈家书院的建筑风格如出一辙。

顾名思义,"粤东"跟广东有密切联系。它是由粤商巨贾筹资兴建,为广东商人活动的场所,成为广东和百色世代联系的历史见证和信物。

巧合的是,百色起义创立的红军第七军军部就设在粤东会馆里。

1961年2月26日,广西壮族自治区人民委员会将红七军军部旧址公布为自治区重点文物保护单位。1978年8月17日,邓小平同志亲笔题词:"中国工农红军第七军军部旧址"。

伫立在珠江之头的粤东会馆,与珠江之尾的羊城遥相呼应,它构成一幅特殊的历史与现实组合图,成为两地同根同源、一脉相承的证物,也是广州与百色这对兄弟的象征。

不仅百色有粤东会馆,田林县历史上最为开放和经济繁荣的乐里、旧州也有"广东街",百乐有广东会馆,凌云有中山纪念堂……

由此可见,百色发展的历史进程,广东从来没有缺席。当岁月演绎到20世纪90年代中期时,广东再一次闪亮登台。

陈开枝每次带广东企业家来到百色扶贫,进城"三件事":瞻仰红第七军军部旧址——粤东会馆,拜谒百色起义纪念碑,参观百色起义纪念馆。

寻访红七军揭旗故里,陈开枝笑言是"温习'老三篇'"。

广东、广西一字之差,却天壤之别。

作为广东的首府,广州市这一年全市国内生产总值1243.07亿元,人均国内生产总值1.94万元，农民人均年收入达4483元，居全国城市之首。

反观百色，社会结构几乎是清一色的农业，地区行署所在地的百色城也只有11万城市人口，1995年全地区国内生产总值77.95亿元；人均国内生产总值2095元，农民人均纯收入909元。

全地区生产总值还不如广州辖下一个小街道。

百色贫困，贫得出名，穷得无奈。

有贫困，就有反贫困。

东、西部经济差距愈拉愈大，党中央、国务院决定"东西结对帮扶"决策部署，百色扶贫工作迎来重要历史机遇。

一场战争，没有一个卓越睿智的指挥员运筹帷幄，仗是打不胜的。作为广州帮扶百色的"首席指挥官"，陈开枝指挥广州打赢一场漂亮的帮扶战争。

他说，从1996年到2016年间，广州市创造性贯彻落实党中央、国务院关于东西部对口扶贫协作的战略部署，利用人才、技术、信息、市场、管理、资金等优势帮助百色地区扶贫开发，从解决群众生存与发展入手，帮扶形式多种多样——

多种：异地搬迁、劳务输出、经贸合作、培训干部、对口交流等。多样：企业帮扶、教育帮扶、科技帮扶、文化帮扶、信息帮扶等。

扶真贫，真扶贫。

广州市扶贫与扶志、治穷与治愚、思迁与思变、富县与富民……两广协作就如一股东风，一个加速器，百色地区扶贫攻坚取得决定性胜利，1998年提前两年完成国家"八七扶贫攻坚计划"。

广州帮扶，成绩大，效果好。

20年间，广州多元化扶贫模式标本兼治、主辅明确，即造血为主，输血为辅；市场为主，政府为辅；自身为主，外援为辅；科教为主，物质为辅；政策为主，投入为辅……

百色！百色！

从陈开枝提供给我们的一沓沓资料里，我查阅到从1996年到2016年，

20年间广州帮扶百色的一组数据——

1. 无偿援助百色建设资金共11亿元，帮扶百色项目200多个，建设异地安置点120多个，安置大石山区贫困人口8000多户4万多人。

2. 达成300多项经贸协作项目，协议引进广东企业资金500亿元。

3. 接纳百色农村劳动力30万人次，年务工收入均达10亿元。

4. 投入资金近4亿元，建设公路、水电、科技等一批基础设施，解决各族群众饮水难、行路难、用电难、看病难。

5. 兴建学校246所，惠及全市12个县（市、区）80多个乡镇，解决了8万多名少年儿童入学难的问题……

6. 实施广州市12个区和百色市12个县（区）的"区县携手计划"，并扩展到对口部门"结对子"。

二十一个春秋，一件件、一桩桩，广东广州用真情谱写百色帮扶的辉煌篇章。

数据是枯燥的，但这些数字不是统计学意义上的数字。

每一个数据背后，都是广州亲人用双脚在壮乡瑶寨、石山沟壑中步量出来的，是心灵的驿站和爱的憩园，是洒向百色老区的一片真情。

2. 大山沉重

陈开枝说："我头十几次去百色时，每次都是流着眼泪离开的。"

1997年春节，陈开枝第一次到百色过年，连续7天在特困村挨家挨户访贫问苦。

正月初五，冷雨飕飕，山里霜冻料峭，陈开枝前往田东县作登瑶族乡梅林村慰问。车拐进田东县后就不断地爬高，爬到了摩天岭的最高处，然后换乘越野车驶向大石山的深处。

路程不长，但一路上颠簸不停，布满艰险和崎岖。在梅林村，他走进班成连的家时，身子仿佛被电击一般，一阵痉挛。

这是一个怎样的家啊！

茅草房无遮无拦，家徒四壁，冷飕飕的寒风吹进屋里，刺骨逼人。班成连一家人，个个衣衫破烂围蹲在火塘边，一根铁丝从房梁上垂下来，吊着一口没了耳朵的铁锅。火塘里烧着柴，木柴潮湿，若隐若现的火苗腾起缕缕青烟，熏得班成连眼泪直流。

这家有两个孩子，一个5岁，一个9岁，大的衣不蔽体，小的光着屁股，冷得嘴唇发紫。见家里来了不速之客，他们的目光不约而同地投向陈开枝一行。

陈开枝掀开锅盖，是一锅水汪汪的玉米糊。

他执起勺子，舀一点泛黄的米糊吃，味道有点发馊。

"过年就吃这个吗？"陈开枝眉头紧锁。

班成连挠挠后脑勺，点点头回答："过年都没粮食了。"

"一年收入多少？"陈开枝揭开米缸，早已见底。

班成连嘴巴嗫嗫嚅嚅，他没有"收入"的概念。在旁的村干部代为回答说，基本上没什么收入，如果连生一个鸡蛋都算上的话，一两百元吧！

陈开枝看班成连的老二病恹恹的，便抚摸着他的额头，问："这孩子在发烧？"

"两个都病了，烧了几天，也没钱治。"班成连一副无奈的表情。

进入里间，靠墙角摆着一张竹床，床上只有一床渔网一样的破棉絮。

看着他们那种渴望温饱的眼神，陈开枝的内心再次被这目光灼疼，他当场泪眼潸然。

当地干部告诉他，这家人除了这两个孩子，还有一个13岁的孩子上山挖野菜去了。

"是否都上学读书？"陈开枝问。

"家里贫，老大老二只能轮流上学，老大在年前读过了，年后轮到老二去读了。"班成连说。

"别轮了，让他们都去读书，我们来资助他们！"陈开枝哽咽着说。

陪同的村干部告诉陈开枝，其他瑶族同胞也为熬过寒冬而苦愁，村里人均耕地才3分，收的玉米摊到人头还不足150斤；打下的玉米棒不够半年吃，部分农户已经断粮。

都说"靠海吃海，靠山吃山"。梅林村靠山，可这些山无可吃之物，无可饮之水，一方土地根本不能养活一方人呀！

"百色解放都50年了，还有这样困难的农民，我们欠他们太多了！"陈开枝十分难过地对当地干部说。

在班成连家门，陈开枝左顾，看到旁边是几块雨迹斑驳的嶙峋巨石，长满苔藓的石头缝里长出一棵椿树，没有枝丫，秃秃的树干高高地擎起一片伞状叶冠，给班成连家遮下一片并不宽大的浓荫。

周边全是石头，偶尔缝隙里长出一丛龙骨状的仙人掌，既不葳蕤也不枯焦，显示出一种生存状态：生命力在瘠薄中顽强地延续着。

"条件太差了，这不是人类生存的地方啊！"看到这种不开花也不结果的植物和斑驳的大石头，陈开枝内心一阵紧缩。

"整个村都已石漠化，都差不多。"村干部无奈地说。

陈开枝沉默不语，回头看了看两个瑟瑟发抖的孩子，孩子的目光虽然有些呆滞，却像两支利箭，直扎他的心……

陈开枝看得揪心，他搜遍自己的口袋，把所有的钱都掏出来，交给陪同调研的乡政府领导，吩咐让孩子治病，去买几件新衣服给孩子。

同行的考察团人员见状也纷纷掏了自己的钱包，你一百我两百，当场凑了2700多元交给当地干部。

"给村里没粮食过年的农户过年。"

钱是热的，还带着体温。

"感谢，这笔钱能帮贫困户们度过年关了。"接过钱的地方干部用发颤的双手握着陈开枝的手，激动得热泪盈眶。

而班成连只是憨憨地笑一笑，连声送行的话都不会说。

陈开枝看了班成连一眼，脸色凝重，无奈地摇了摇头：贫困不愧是一种有害的腐蚀剂，腐蚀着贫困户的精神和斗志，人都麻木了。

眼圈潮红的陈开枝是被人扶着走出梅林村的。

田东县是贫困县，作登乡是贫困乡。乡里还有一个名副其实的"穷"村叫陇穷村，它藏匿在龙须河东岸的大石山深处，常年与世隔绝，连一条进村的路都没有。

"陇穷"是壮语，"陇"的意思是最偏僻的山，"穷"的意思是角落，字义组成即偏僻大山里的角落。

一位作家写过这样一篇散文——

陇穷，一个苦涩的名字。

几乎每一个生机勃发的春天，农村人都要发愁。坡上的玉米秧子卷起了叶子，垂头丧气地立在灰白的岩石中间，石窝中的那一点泥土，早已龟裂得不成样子，无法滋养它们的根须……

陇穷村共7个自然屯，1995年人均纯收入186元，是当时百色地区三十个特困村之一，被称为"广西第一穷村"。

陈开枝前前后后去过16次。

他清楚记得第一次到陇穷村陇穷屯时的情景：从更北屯前乘竹筏渡过龙须河。渡河后，从更北爬上陡峭如马面的石山坡，山路坎坎坷坷，两边大石嶙峋，连山羊也得小心翼翼地走。

爬完70度的"马面坡"，再过一段盘山路，终于来到一个山坳口。一行人沿蜿蜒曲折的羊肠小道，几经上坎下坎，一身汗连着一串吁吁气喘，大伙都已饥肠辘辘，汗流浃背，才进得村子。

陇穷村位于大石山上的一个山窝窝里。初见陇穷，陈开枝的心凉了半截，几十间木楼歪歪斜斜插在石缝里或搁在大石上，茅房顶，木头架，树枝墙。

所见村民衣着褴褛，村子没有生气，没有活力。

木楼低矮而破旧。陈开枝走进四面透风的茅草房，置身于木楼里有种摇摇欲坠的感觉。木楼围着一个发绿的水洼而建，全村7个屯饮水全靠山窝底处的一口季节积水塘。饮用水贵如油，水井枯了，村民就得翻山到龙须河里去背，背水流的汗和背回的水一样多。

那是一条将陇穷人阻隔在河那边的"伤心河"，发大水时，河水暴涨，竹筏不堪巨浪激流，常有筏翻人亡的惨案，世代也不知淹死多少冤魂。河水浅时，陇穷人拉着牛尾巴渡河，拿鸡蛋到集市上去换盐巴，回渡时把盐巴顶在头上，再拉着牛尾巴渡河。

走向陇穷，给人一种走向绝望的恐怖。

"生在陇穷，穷也得穷，不穷也得穷。"老支书谢福环告诉陈开枝，陇穷村"六不通"：水不通、电不通、路不通、电话广播电视不通。全村175户924人，耕地面积218亩，人均只有耕地0.24亩，95%的贫困人口没有解决温饱问题。

陇穷村自然条件恶劣，完全看老天的"眼色"。下场豪雨可以把石缝里的积土冲走，雨过三天后又旱得石头冒烟。广种薄收，单产低得可怜。1995年，村民无钱买化肥、买农药，从石窝地里刨出来的玉米棒人均只有144公斤。

不足7个月的口粮，余下5个月吃什么？

在村民谢福在、谢妈贤和阮炳清家访贫时，陈开枝一边帮推石磨，一边逐一询问他们的生产生活情况，家里粮食够不够吃，有什么种养项目，子女读不读书等。

陪同的村支书阮承猛给他讲述了陇穷的"来历"——

早年的陇穷村不叫陇穷而叫"陇阪"。和现在的大阪村同一个行政村。以龙须河为界，一边是石山，种玉米的，比较穷困；一边是土山，种稻谷的，比较富裕。大集体时，这个村常常让政府为难，特别是发救济时，该给谁、不该给谁？如果以河这边土山来算，陇阪村不该给救济，一旦没有救济，就把石山这边的半个村村民苦了；如果以河那边石山来算，不分点给土山这边的村民，似乎又不符合救济原则。

后来，不知是谁脑洞一开，何不一分为二，分为两个村？

土山这边，要了原先名字的那个"阪"字，取名叫"大阪"。石山那边，

"阪"字被人家拿走，仅剩下个"陇"字，如何组合出个村名来？有人开玩笑说，这半边不就是因为穷才被分出来的吗？不如干脆就叫"陇穷"。

陇穷村就这么叫开了，还上了行政村的名录。

听了阮承猛的介绍，陈开枝内心沉重，他苦涩地笑了笑，说："我们一起来努力，把陇穷'弄富'。"

陇穷是个瑶族村，瑶族同胞生存环境恶劣，其贫困程度让人唏嘘，让人酸楚。这个游耕民族"游"到陇穷后，再也游不下去了，只好困于这大石山深处，随着人口的陡增，那点石窝地连维持村民的基本生活都很困难。

离开陇穷时，已是落霞时分。陈开枝十分揪心，他叮嘱陪同的县、乡领导，要因地制宜地发展一些短、平、快、好的项目，千方百计提高群众的经济收入。

陇穷人的命运一代一代悬挂在大石上。不仅村民如此，当地的基层干部和乡村教师也如此。政府财政发不起工资，有些工资拖欠了两三年。陈开枝被现实所震撼，帮扶百色的信念与情感就此产生了共振。

陈开枝的扶贫生涯正是从梅林、陇穷村这里起步，班成连家的那一锅玉米糊，让他酸到心里去，从此种下慈悲情结。

于是便有了他后来24年帮扶路，115次百色行。

陇穷人穷在深山，党和政府没有把他们遗忘，更不会把他们抛弃。田东县委书记文明告诉陈开枝，陇穷村是先后两任地委书记李克和刘咸岳的联系村。

世世代代的陇穷人从奢望到失望，从绝望到燃起希望。

那天，陈开枝与田东县委书记文明等县领导当即开会研究决定，将陇穷定为广州和百色扶贫攻坚重点村。现场拍板实施水、电、路、校等七大建设项目，首期筹措100多万元扶贫资金投到陇穷村。

陈开枝频频进出陇穷。

他每来一次陇穷，就要拍板解决一个大问题。党支部书记阮承猛坦言，陇穷的变化就与陈开枝来到陇穷的次数成正比。

第一次，村中心学校和教师宿舍建起来了。

第二次，全村111个家庭水柜建起来了。

第三次，连通全村7个自然屯的每一家每一户的电线架进山里来了。

第四次，4公里长的公路和60米长的龙须大桥修通了。这一次，百色军分区派来10名排雷官兵，10秒内对1.2公里的路基实施一次性爆破，然后全村男女老少带上玉米粥，齐心协力，硬是以蚂蚁啃骨头的精神，用了整整7个月的时间完成……

多少年的渴望，多少代的期待。

通路那天，身着节日盛装的瑶族小伙子，在村口一字排开，他们扛着拴在竹枝上的特大号鞭炮，依次点燃引信，鞭炮带着火光在空中爆响，绽开如蝶的烟花……

2020年6月21日下午，我们陪陈开枝上陇穷村，这是他第16次到陇穷。

山间公路险峻，弯弯曲曲像一条脐带将陇穷与山外的世界连在一起。

从县城到陇穷有20公里。

刚到村口，唢呐喧天。几名瑶族汉子在鞭炮声中，用唢呐奏起了热烈、欢快的《迎宾曲》，身着节日盛装的瑶家小姑娘欢快地跳着舞蹈《我要谢谢您》，昂扬的旋律仿佛渗透了现场每一个人的灵魂。

敬过"拦路酒"进村。当地的村干部说：因为广州给这里的关爱已超乎一般朋友，情如亲人胜似亲人了，所以村民们都一律把广州人称为"亲人"。

这是陇穷村最古老也是最隆重的迎客仪式风俗。敬的是自家酿制的米酒，敬酒的酒器是现成从竹丛里锯下的竹节做成的竹酒杯。

纯洁、自然和亲切，表达了陇穷人对亲人的至爱、至敬、至真之情。

陈开枝忙不停地看学校，访农户。"陇穷村变化很大，我都快认不出了。"在村民黄荣兵家，陈开枝说。

黄荣兵带陈开枝参观他新盖不久的楼房："托共产党的福，建房时政府支持了6万多元，大女儿在广州务工，二女儿也工作了，生活真的是芝麻开花节节高。"

"我还记得你们家以前的模样。"陈开枝笑着说,"以前你们家是茅草房,下一层是'畜牧局',养猪羊的;中间一层是'人劳局',住人的;上面一层是'粮食局'。不过你们家的'畜牧局'和'粮食局'都是空的。"

在场的人都笑了起来。

瑶民们梦圆今朝。在广州的帮扶下,陇穷村通水、通电、通公路,房屋整洁,环境优美,学校软件硬件兼备,村民人均纯收入超过8000元。

陈开枝转身对陪同的县乡领导开玩笑:"以后'陇穷村'要改名'陇富村'了。"

陇穷村在变,它特困村的"帽子"已经摘掉了。听说陈开枝来了,周边屯的瑶胞们奔走相告,老乡们纷纷端出自酿土茅台,吹起唢呐欢迎广州"亲人",悠扬的瑶族山歌,此起彼伏——

龙须河里水清清
隔山隔水不隔情
感谢广州来帮扶
穷在深山有远亲

云贵高原东南麓的百色,群山逶迤连绵,莽莽苍苍。

山,是百色大地的脊梁。

山,是百色解决温饱、脱贫致富的屏障。

1996年,像梅林、陇穷村这样居住在"九分石头一分土"的大石山区,尚未解决温饱的贫困村有350个,其中深度特困村有30个、近10万人。

隆林、凌云、西林、那坡、田林……陈开枝翻山越岭,跋山涉水,走遍了12个县(区),瑶乡壮寨,苗岭彝村,每个特困县都留下了他的足迹。陈开枝清楚地记得那个年代百色的困难状况:全地区788个中心村不通公路,近百万人行路难,85.89万人饮水困难,387个中心小学校舍破烂,4个乡没有初中,3万多适龄儿童辍学。

每到一地，陈开枝总会进农家尝一口玉米糊，翻一下铺盖，看一下米缸，嘘寒问暖，无微不至。

曾经是过刀耕火种的生活，喝雨水、积攒窖水。在凌云县伶站瑶族乡那留寨，陈开枝看到一个背着背篓的瑶族小姑娘，便蹲下来问道："你今年多大了啊？7岁还是8岁？"

"我16岁了。"姑娘有些腼腆。

陈开枝心头一酸，眼泪差点又落下来。由于严重缺乏营养，十六七岁的少女看上去竟然只有七八岁的样子。

车往前，穿过县城，驶上道路异常险峻的三台坡。陈开枝来到凌云县逻楼镇一个"地无三尺平，出门就爬坡"的"高山汉"聚居村，整个村子的祖上是从四川彭水逃荒来的，已在这里生活了六代人。

木屋。木床。木凳。

贫困户杨兴汉屋里的光线十分黯淡，堂屋里摆着神龛，神榜上写着"天地君亲师"五个大字，人们供神，供天地，供祖宗。

这里的乡亲们常年吃红薯、玉米，连块"巴掌"田都没有。

杨兴汉一家4口人，每天一大锅玉米菜稀饭，早晨煮好了吃一碗上工，中午劳动回来吃一碗，晚上再吃一碗。

陈开枝把上面那层玉米糊糊拨开，上面粘着几只苍蝇，看着让人恶心，有股酸味扑面而来。

在杨兴汉家屋外，一大捆玉米秆子带着露水，散开摊在地上。

陈开枝一边帮着男主人掰玉米，一边聊收成。

他拾起一棵，掰下玉米棒，剥了壳装进筐里，接着又拾起一棵，玉米须沾了一裤腿。

陈开枝一边访贫一边拿着纸笔记录。

"哎呀！老伙计你根本不用搞那么复杂，还记什么？"陪同陈开枝调研的百色地委书记刘咸岳是广东汕头人，他说，"我告诉你，'生活四不、住房八面来风'就可以概括百色地区20万深度贫困户的状况。"

刘咸岳扳着手指给他讲解"生活四不"——

第一就是不上桌。因为没东西吃，他们没有饭桌。

第二是不上床。围着火塘睡觉，没有床也没有被子。

第三是不上学。全地区有36000多失学儿童，没钱读书。

第四是不上厕。他们没厕所，大小便在山边地角解决，自然风干。

住房"八面来风"，意思是茅草房、篱笆墙……

"哦！哦！"陈开枝支吾着，眼睛里早噙满了泪水。

造物主把地壳折皱成一座座大山，搁置在百色的大地上，使百色成为中国喀斯特地貌发育最典型的地区之一，土地石漠化达到1300万亩。

什么是石漠化？通俗地说，就是太少土质、太多石头。

这里夏天炎热，气候潮湿，雨水多，经常山洪暴发，水土在浪涛嘶鸣中流失。

百色的美丽浑然天成，不带丝毫的人工雕琢与修饰，那千山万壑的喀斯特千姿百态，或险峻，或婀娜，然而它没有展现它应有的灿烂和辉煌，因为对长年住在大石山里的山里人来说，给他们的不是雅兴，而是石头永远板着的冷峻面孔。

"饮水靠天，种地靠填"，这是不少贫困村的现实写照。

因为深度贫困人口生活在高山，很闭塞，没有文化，有的连时间概念都没有，你问他的父亲死多少年了，他永远都说是"昨天"。

通过深度调研，陈开枝对百色有了全方位的认识，百色地区的大石山区和贫困地区有诸多"缺"：缺土，缺水，缺食，缺衣，缺钱，缺电，缺教育……

当时百色有10多万人人均耕地不到0.3亩，陈开枝说，这0.3亩还不是平整的整块土地，而是石缝里的土窝窝。世世代代生活在这里的山民们计算土地面积不是用尺量，而是以所下的玉米种来定：每3000株玉米苗算一亩地。

在百色，人家给陈开枝讲了两个"笑话"：一个是"遗失的地块"，一个是"牛卡坳"。他后来又把这两个故事转述给我们听。

所谓"遗失的地块"——传说两父子去种玉米，玉米地都是数石窝窝的，两父子种完后数来数去少了一块（一窝），父亲问儿子："怎么把一块地弄丢了。"儿子说："不是我弄丢的。"父亲要动手打儿子，这时儿子惊喜地告诉父亲，遗失的地块被您的草帽给盖住啦！

所谓"牛卡坳"。据说在一个大石山村里，有农民早年买的一头小牛要牵回去，当时牛还小，牛还通得过山坳的石缝。后来，这头牛长大了，要拿到外地卖，但长大后的牛被山坳的石缝卡住了，农民只好杀死这头牛，切成小块才能运出山去。

陈开枝听后，却一点也笑不起来。

生存难，发展更难。

贫困是一个历史概念，又是一个外延广阔概念，这种概念呈现出贫困"三特征"，即结构性贫困、区域贫困和阶层性贫困。

百色一个没有少。

贫困的成因是复杂的，百色的贫困可以用六个字来概括，就是"老、少、边、山、穷、库"。

老：就是革命老区。处于滇、黔、桂三省交会处，世纪伟人邓小平发动中国革命史上著名武装起义——百色起义的策源地，历经红色的洗礼，7000多名壮乡儿女献出了宝贵的生命。

少：就是少数民族地区。有壮、瑶、苗、回、彝、仡佬等7个少数民族，人口357万，少数民族人口占87％。

边：就是边境地区。地处祖国南疆，边境线长360.5公里，从中国近代史以来就战争不断，多受战争创伤。

山：就是典型的山区。全地区3.63万平方公里的面积，山区占95.45％，其中大石山区占30％。

穷：就是贫困地区。是全国十四个连片贫困地区之一，60多万人生活在绝对贫困线以下，近20万人生活在生存条件极端恶劣的高寒山区，9万人年均收入不足300元。

库：就是水库移民地区。承担着国家重点工程天生桥水电站50万的水库移民任务。

浸透革命烈士鲜血的红土地百色，其荣光让陈开枝无限崇敬。同样，它的贫困让陈开枝难过至极。他许下承诺："不管前路有多崎岖，都要全力帮助百色百姓脱贫，让他们走上富裕道路。"

陈开枝在不同的场合表示，扶贫不仅是一个重大经济问题，而且是关系到民族团结和长治久安的政治问题，关系到巩边固防和社会安定，必须把扶贫提高到全局高度来加以实施。

他常说"我是百色人民的打工仔"，说得实际而又幽默。打工仔是要用金钱做报酬的，可陈开枝没有报酬，只有付出。

这就是共产党人的情怀。

扶贫不是一句空洞的口号，而是十分光荣又非常艰巨的事业；扶贫要奉献，要倾注深情，要真抓实干，要深入细致……

"照了相就走，放下钱就撤"，陈开枝说那不能叫扶贫。

从1996年开始，24年过去了，陈开枝早已退出领导岗位15年多，然而在百色人的眼里，他仍是那个扶危救困的广州兄弟。他不顾年事已高，已连续115次前往百色，并在那里度过了10个春节……

人民最有良心，得到帮助的人，他们从来不会忘记自己的兄弟。

百色市委、市政府授予陈开枝"大好人陈开枝"牌匾，市人大常委会则授予他"荣誉市民"称号，国家领导人江泽民、习近平、李鹏、温家宝、李长春、张德江、汪洋都对他竖起大拇指，联合国开发计划署官员盛赞他开创的扶贫模式为"广州模式"。

很多人不理解，难道到百色帮扶之前，陈开枝对百色的贫困状况没有过设想吗？

"有！"陈开枝不假思索地回答，"我知道百色贫困，但不知道百色那么贫困，现实比想象和估计的要严重得多。"

陈开枝就是这样的人，最见不得老百姓受苦，一见到别人的贫困，他就想到自己苦难的童年。一提到上学，就仿佛撕裂了他隐藏心底的伤痕。

梅林村和陇穷村，班成连和杨兴汉，与数十年前自己的村庄和自己的家庭，境况何其相似——

3. 寒门出骄子

陈开枝小档案：

1940年5月生，广东云浮人。1960年入党，1964年大学毕业参加工作，1992年冬从广东省委副秘书长调任广州市委常委、常务副市长。1998年任广州市政协主席，2005年3月退休。现任中国扶贫基金会副会长、广东省对外文化交流中心理事长、广东省老区建设促进会会长。

云浮离广州市不到200公里。

1940年，日寇铁蹄践踏广东，整个岭南大地笼罩在一片战争的阴影中。

兵荒马乱的岁月里，在云浮县镇安镇一个名叫山根村的一户陈姓贫苦农家，一个小生命呱呱坠地，来到人间。

这个孩子就是陈开枝。

那天是农历三月二十六日，风雨交加，天黑沉沉，地也黑沉沉。陈开枝落地的那一声啼哭，并没有给陈家带来欢乐与喜悦，却给这家人平添了一份饥饿的恐惧。

这已是陈家的第六个孩子了。

在陈开枝的童年记忆中，活着是一件太难的事，父亲没有一寸属于自己的土地，却娶过两次亲。大妈生下5个孩子后，生病死了。陈开枝的母亲是一个傻子的童养媳，被逼成婚时逃走来到父亲家。当时，女孩子已饿得半死。村里人笑他父亲，自己都饿坏了，怎么还养得起小媳妇！善良的父亲对此只是憨笑。开枝的母亲还真争气，不足90斤的身子居然又为陈家生下6个儿女。前妻和后妻合共为陈家繁衍了11个儿女。不足20平方米的破屋里，每到晚上，女的进房睡，男的全躺在屋檐下。天冷了，就找来稻草包裹在自己身上。更惨的是，兵荒马乱的，房子还被土匪烧掠多次，惊恐、疫病，悲剧总在上演，11个孩子只存活了8个。

家是佃农，陈开枝一落地就是个苦孩子，吃了上顿没下顿，3岁还不会走路，5岁时生了一种叫"疳积"的大头病。

这一年，日本人打到他的家乡，父亲出去借粮没有回来，母亲带着他和哥哥妹妹逃难，一路上惶惶不安，靠野菜充饥，经常饿得一边干呕一边大哭。因为饥饿，最小的叔叔因为吃了太多泥炭土，撑死了。

"算了，就让这孩子听天由命吧！"看着骨瘦如柴、奄奄一息的陈开枝，乡亲们劝母亲。

"不行。"不等母亲开口，四哥便将弟弟背在身上说，"死也要死在我的肩膀上。"

陈开枝后来常说，自己的命是四哥背回来的。

1949年11月，云浮解放。

"还是让老六念书吧！"已过了上学的年龄，三哥跟父亲说，没有文化真是不行。

"拿什么念？衣服都没一件好的。"父亲只是一个劲叹气，毕竟家里太穷。

三哥想方设法弄来点土布做一件衣服，送他去读书。

土改后，陈开枝家分牛、分田、分房子，三哥当上了合作社的主任，家里生活终于稳定了一点。

由于弟妹多，生活还是十分困难。读初小时，懂事的陈开枝念书之余帮家里种田砍柴。寒冬腊月，他光脚板的后脚跟裂开几条缝，生生地直流血。上学时要蹚过一条小河，他于是怀抱一堆柴火赤脚蹚水过河，过河后再生火把冻硬冻裂的脚烤软……

小学四年级时，家里让陈开枝退学，老师一听急了，匆忙找上门："这孩子学习很用功，成绩又好，让他继续读。"

聪明伶俐的陈开枝不仅完成了小学学业，而且学习成绩优异。父亲说："家里困难，有个高小文化就够了。"

"我还要读书,我要考中学。"陈开枝央求父亲。

母亲看了看眼前身材单薄瘦小的儿子,14岁身高还不到1.4米,正犯着疟疾,病恹恹的,满脸菜色,怜悯之心油然而生,说:"就这么定,考一次,考不上就回家来跟我种地。"

"好!"陈开枝一跳三尺高,心想,这次笃定要赢。

为儿子赶考,母亲将3升大米、5个鸡蛋交给儿子,一再叮嘱路上小心。

中学考场在县城,有45公里的山路跋涉。

路上疟疾发作,头疼乏力、发热冒汗、四肢酸软,为了熬过每天"打摆子"时间,他每天都要歇下来等疟疾发作过后才继续上路。

为了"赶考"走了两天的路,许是感动上苍,陈开枝成为乡里唯一考上中学的考生。

喜报送来,陈家再一次陷入困顿。

实在没办法,哥哥只好提前把家里种的花生犁上来卖掉,给陈开枝筹集上学的费用。舅舅也把他抗美援朝当兵时发的垫子送过来,算是解决了陈开枝的"被子"问题。

中学时陈开枝成绩优秀,还入了团。学校有助学金,分甲等、乙等,甲等每个月6块钱,有饭有菜;乙等每个月4元8角,有饭无菜。他本可以拿甲等助学金,但看到有的同学比他更苦,自己正在申请加入共青团,要争取进步,于是申请了个乙等。

乙等助学金有30天白饭供应,光有白饭没有菜怎么弄?陈开枝每个星期天就到河沟里抓鱼抓虾,煮熟后加点盐,用个瓶子装着,每天取一点出来跟白饭混在一起吃。

小月30天还能挺,碰上大月31日就要饿一天肚子。

有一次,陈开枝竟然饿昏在教室里。

事情的经过是这样的——

之前,为抵抗饥饿,每逢大月31日,为了熬过这一天,陈开枝便到外面复习。回来后,看到路边农民种的地瓜园没人时,就拔两个地瓜吃,有时玉米熟了就摘两个玉米烧熟吃。起初班主任并不知道,后来知道后就批评他："你别这么冒险，被捉就麻烦了。"然后心疼地对他说，"以后到大月31日那天，我给你一角钱，你去买白饭吧！"

恰好那个星期天班主任出去了，忘了给他留钱，陈开枝只好躲到岩洞里看书，天黑后才回学校上晚自习，还装出已吃过饭的样子。到教室时，已经饿了一天的陈开枝便晕倒在地上。

"不好了，陈开枝晕倒了。"同学们都很紧张，赶快告诉班主任。

"哎呀糟糕！"班主任说，"我忘了，我忘了。"

班主任赶忙叫一位学生去买回一碗米粉，第一口米粉填进口里，陈开枝醒来了……

除了饿就是冷，舅舅送的"被子"有两斤半重，其实是他当兵时发的一张垫子。腊月间，天寒地冻，这张"被子"要么盖着头露出脚，要么盖着脚露出头。晚上班主任查房见了，于是把自己的大衣给了陈开枝。

饥饿和寒冷伴着陈开枝熬过了三年初中。

1957年，陈开枝初中毕业，家人也打算让他回家务农，母亲看到原来柔柔弱弱的儿子已经长得精精壮壮，心想可以挣整劳动力的工分了。

家里的情况陈开枝懂，他决定不考高中回家养猪种树。校长知道后，问："为啥不考了？"

"家里太困难。"

"可以考师范呀！"

"我们家里人都希望我回家……"

"这样，你好好复习，家里的工作我来做。"校长说。

校长来到陈开枝家，找到他父母亲，说："不让开枝这孩子继续读书，可惜了。"

"去哪儿拿钱读？我们这个家庭供不起了。"环顾四壁，父亲说。校长看看徒然四壁，眉头紧蹙。

"这……"校长欲言又止，说，"倒是有个好去处，不要钱。"透过昏黄的余光，校长窸窸窣窣从口袋里摸出一张纸，凑到了父亲的身边。

"这是罗定师范的招生简章，考上了免学费还包食宿。"

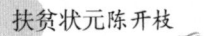

"师范是什么？"

"毕业出来就当小学老师，是国家干部哩！"

父亲听说考上师范不仅不用花一分钱，每月还有12元的生活费，虽然半信半疑，但同意了。

陈开枝于是如愿考上罗定师范。

对来之不易的学习机会，陈开枝更加刻苦努力，在罗定师范，他被评为优秀班干、优秀团干、优秀学生，还入了党。

三年后陈开枝中师毕业。

1960年，国务院发出通知，从中等师范学校挑选一批品学兼优的毕业生直接保送到大学，陈开枝被选中保送到华南师范学院（今华南师范大学）。

当他把这个消息告诉父母时，老人却一点也高兴不起来。家里这么困难，当个小学老师就可以养家了，还读什么大学？

全家陷入纠结。

此时正值三年困难时期，家家户户都很困难，父亲已患上浮肿病，弟弟妹妹没钱上学，家里揭不开锅，需要他回去撑起这个家。

"母亲不想让我再读下去了，要我工作贴补家用。"见到校长时，陈开枝急得哭了。

校长发动全校教师募捐，并让教导主任拿着捐来的100块钱和60斤粮票去说服陈开枝的母亲。

刚入伍空军的同学冯才华找到陈开枝的母亲说："以后每个月我给伯母您寄4块钱，你让开枝去读吧！"

"唉！看来这个娃娃生来就是吃百家饭用百家钱的命。"最终，母亲点了头。

陈开枝的小师妹邓妙珍，比陈开枝低两届，父亲是初级小学校长，家境相对宽裕。两人一起在学校团委担任干部，她对开枝的刻苦和勤奋一直十分敬佩。陈开枝到广州上学之后，她便从每月8元的生活费中，掰出3元给陈开枝的家里寄去。也正是众人的帮助，陈开枝的弟妹才有学上。邓妙珍对开枝一家悄悄然的帮助，陈开枝也是两年后唯一一次回家探亲的时候才知道的。感动之下，从此播下了爱情的种子。

多年后，陈开枝笑言自己是被"赎"出来的。

离开罗定师范那天，校长将一张前往广州的车票和两块钱塞进陈开枝手里，然后拍拍他的肩膀，叮嘱他："一定要好好读书。"

"校长是我碰到的第一个共产党员。"陈开枝说，校长的品格和魅力对自己后来的人生观世界观影响深远。

青少年时代的经历刻骨铭心，让陈开枝品尝了人间的辛酸，也养成了他急公好义、乐于助人的性格。他对幸福这个字眼极其敏感，对百色地区贫困的群体抱有发自内心的天然同情。习总书记谆谆教诲："人民对美好生活的向往，就是我们的奋斗目标。"（人民网2012年11月15日）我们的经典歌曲有"看天下劳苦大众都解放"的美好愿望，都是共产党人最朴素最伟大的悲悯情怀的具体体现。陈开枝的后半生，一直都在实践人类最为朴素最为伟大的情怀。

自幼贫寒，苦水里泡大的陈开枝对贫困有切肤之痛，这恐怕是他不遗余力坚持扶贫信念的根源。

陈开枝是到广州上大学时才第一次穿上鞋子，那年他20岁。

到华南师范学院报到那天，陈开枝挑着行李光着脚，进门时被门卫拦住了。

"你……你干什么的？"门卫看了看这个人瘦长、面孔黑黢黢的小伙，略带愠怒地叫停他。

"我是来报到的。"陈开枝说着从衣袋里拿出录取通知书。

门卫看他土里土气的，上下打量一番后接过通知书看了看，没好气地说："我们学校规定学生不能光脚进校园。"

无奈之下，陈开枝来到大学对面一个叫石牌的地方，花一块钱买了一双布鞋，用手把脚面上的泥巴擦干净，然后穿着新鞋走进大学校门。

这是陈开枝第一次穿鞋，也是他大学四年中买的唯一一双鞋。其余都是捡对门暨南大学华侨学生丢在垃圾堆里的旧破鞋来穿。

特殊的家庭和成长经历，让陈开枝十分感恩，他说如果不是国家的援助、老师的支持和好心人的帮助，就不会有今天的陈开枝。

以至于后来到百色，扶贫成了他孜孜不倦的追求，陈开枝不止一次地说："我也是从农村出来的苦孩子，看到当地人的生活状况，仿佛感觉自己就是一个百色人，我就下定决心要为百色做一番实事。"

进入华南师范学院读书后，陈开枝发奋学习，努力做好学生会和团支部书记的工作，是品学兼优的学生，大学里的突出表现彻底改变了陈开枝的人生轨迹。

1963年冬，学校领导向陈开枝透露，上面决定从大学里挑选一批根正苗红、品学兼优的毕业生到机关去"掺沙子"。

"广东省委政策研究室选中你啦！"领导欣喜地告诉他。

1964年8月1日，陈开枝扛着两箱书迈进中共广东省委大院，直至1992年冬天离开。

28年期间，陈开枝先后经历过十任省委书记，接待过自毛泽东主席之后的历任党和国家领导人。

有人说他是"不倒翁"，他却把这段岁月看作是自己学习和成长的历练。

他回忆起在省委领导身边工作的三个例子——

"习（仲勋）老主政广东时，干了很多大事。但让我印象深刻的是，他对细节很重视。1979年开省人代会，主席台的人员名单是经过了省委常委会讨论的，但没有具体的安排。于是我们想当然地安排了座位，第一排是现任省委书记、副书记等，把民主党派人士排得很靠后。习老拿到排位表，发了火。我跑去问：'习书记，怎么了？'他说：'你还问怎么了？你们怎么这么胡闹！'原来他觉得我们没尊重其他党派人士，没把他们摆在参政党的位置上。从这个小细节上，我体会到了习老对民主协商制度的尊重和他实事求是的工作作风。

"我在任（仲夷）老身边也工作过。他当广东省委书记的时间只有5年，但威信很高，大家都敬重他。有段日子因为沿海走私的问题，北京一下子下发了28个文件来广东。任老硬是顶住了压力，对干部说要坚持改革开放，就要'排污不排外'，走私要打击，但不能因为泼脏水把婴儿也倒掉。我从他身上看到一名坦坦荡荡、铁骨铮铮的共产党员该是什么样的。

"我和林若书记相识14年。他担任省委书记后，依旧骑自行车上下班，还坚决禁止公务宴请，调研时只吃工作餐，多弄一个菜都要批评。正派清廉的作风，始终令我钦佩。"

改革开放之初，陈开枝被派到东莞挂职县委副书记、县经委党组书记，在这个闻名全国的农业大县，他倡导那些洗脚上田的农民如何着西装、打领带、穿皮鞋、进酒店，如何与那些外来的久经沙场的港台商人谈生意做买卖……

观念的改变带来人的改变，人的改变带来了城市的改变，东莞跃上"广东四小虎"。

返回省城，陈开枝就任广东省委副秘书长。

1992年冬，陈开枝调任广州市委常委、常务副市长。正是在这个任上，他与百色有着24年的绵延之情。

全国贫困地区很多，陈开枝为什么唯百色一往情深？

这和一位伟人的名字相关，他就是邓小平。陈开枝说："我是在追随小平同志的百色足迹。"

解读陈开枝，或许从他与邓小平同志的交往中，可以获得百色情缘的密码。

4. 与邓小平同志的"交集"

1992年，元旦。

陈开枝正在南海沙头镇考察。

省委书记谢非亲自给他打电话，郑重地告诉他，"我们盼望已久的那位老人家要来了，你赶快回来做出安排"。

"好。"陈开枝清清脆脆回话，心领神会。

陈开枝连饭也顾不上吃，立即一路风驰电掣赶回省委。

谢非把他叫到办公室："小平同志要来广东，来南方视察。现在省委把这个全程陪同的任务交给你。你要尽快拿出一个小平同志在广东的全程出行方案报省委决定。"

"果真是小平同志！"陈开枝激动又兴奋。

尽管他只是这出历史大戏里的"小角色"，但小角色也是角色，因为他做梦也想不到，自己会与深深敬仰的世纪伟人邓小平紧紧联系到了一起。

那几年，关于姓"资"、姓"社"问题，关于市场经济和计划经济问题，关于发展速度问题……困扰着改革开放的每一步推进。尤其是改革开放前沿的广东，自然被推到了舆论的风口浪尖。

老人家来得太及时、太重要了！

1984年，邓小平同志到过广东，陈开枝见到过邓小平同志。8年过去了，邓小平同志又要到广东来了，这一次将由他担任邓小平的"首席接待官"，任务特别光荣又特别重大，怎能不令他兴奋激动呢？

接到通知的两天后，北京派来的先遣组抵达广州，说"小平同志是来休息的"，不要专门汇报，不要陪餐，不题词，不见记者，不摄影，不报道。

陈开枝心想，如果老人家是来休息，何必如此再三叮嘱！8年前那次谈话，邓小平以高瞻远瞩的伟大气魄，要求并支持广东在改革开放中"杀出一条血路来"。老人家这次来广东，绝不是来休息和消遣的，一定有话要说。

他预感到，又一次历史性事件可能即将发生，自己或许会成为这一历史的见证人。这一预感，他仅仅向谢非一个人汇报了。作为一个经济大省的"封疆大臣"，谢非不能做任何口头的解答，但从他深邃的目光中，已表现出他心里有数。

活动日程、线路安排……陈开枝开始制订一个缜密的计划：从邓小平同志步出火车站台开始，每一项活动、每一项视察，看什么、怎么走，道路情况如何、路程路线怎么选择，什么时间到、什么时间离开，在哪儿休息……

计划周密，细致、细致、再细致。

为了保证万无一失，他花了7天时间，沿着视察的点、线实地勘察了一遍，有的地方还反复修改了计划细节，完善了警卫措施。邓小平同志休息的房间、床铺、空调，以至用餐菜肴、卫生设施、生活用具，他细心地按照老人家几十年形成的节俭朴素、寡淡得不能再寡淡的生活习惯，一项一项做出周密的安排，达到完美无缺。

东方风来满眼春。

1月19日上午9时，88岁高龄的邓小平同志在深圳火车站迈出专列，步履稳健、神采奕奕地来到大家中间。

从这一天起至1月29日，邓小平同志在广东度过了整整11天。陈开枝一直跟随在伟人的身边，度过了终生难忘的11天。历史也把这11天，镌刻在了中国改革开放的发展史上。

"基本路线要管一百年，动摇不得。"

"贫穷不是社会主义。"

"发展才是硬道理。"

"走共同富裕的道路。"

"改革开放胆子要大一些，敢于试验，不能像小脚女人一样。看准了的，就大胆地试，大胆地闯。"

在这《春天的故事》里，陈开枝亲耳聆听了邓小平同志的反复论述，铿锵如掷、若号若鼓、如黄钟大吕。

在仙湖植物园里，树木花草千姿百态，邓小平同志看得兴趣盎然，向大家询问起花草树木的名字。当他知道有种树叫"发财树"时，他风趣地对周围的人说："让全国人民都来种，让全国人民都发财。"

在旁的陈开枝心头一震，想道：他老人家无时无刻不在希望中国人民早日富起来啊！

参观途经珠海市内的一个清代海关遗址时，老人家面对着残垣断壁上斑驳的古迹，心情凝重地说："落后就要挨打啊！"

陈开枝站在邓小平同志的身边，感觉字字如灼。

一路上，邓小平同志多次说到贫困的话题。在珠海亚洲仿真公司参观时，他说，我们国家已经穷了几千年了，如今再也穷不起了，如果不重视科技、不重视教育，就会被动、挨打。

贫穷，落后，教育，发展……

在邓小平视察的11天中，陈开枝全程陪同，形影相伴，耳闻目睹，这些或贬或褒的每一个词汇都深深烙在陈开枝的脑海里，刻在灵魂处，对他思想影响触动最大，影响一生！

1月29日，邓小平离开广东，陈开枝与他握手告别："请小平同志保重，明年再来广东。"

这是陈开枝与邓小平同志的第一次交集。

历史，总会有惊人的巧合。1996年，广州帮扶百色，陈开枝担任广州帮扶百色领导小组组长，而百色正是当年邓小平同志革命生涯的第一部成名作——百色起义的地方。

聆听——升华——躬行。

几年前，陪同在邓小平身边的镜头历历在目，让陈开枝铭记心头，从而让他更深刻地领会到建设有中国特色的社会主义，就是先富帮后富，达到共同富裕。

正是基于这种认识，陈开枝在百色革命老区的扶贫尽心尽力。他每次去百色，必到百色起义红七军军部旧址，仿佛纪念馆内小楼上的床铺还留有伟人的体温，仿佛小桌上溢出的亮光还映照着伟人的英姿，仿佛那群山逶迤的苍莽间还萦绕着当年革命岁月的雾霭……

这是陈开枝与邓小平同志的第二次"交集"。这种间接的交集铸就他人生最重要的情愫，就是"百色情结""百色悲悯情怀"。

如果说陈开枝与邓小平的第一次交集只是对一个伟人的敬仰，那么第二次"交集"则是履职尽责，为帮扶百色老区而来，来做革命先辈还没有来得及做和没有做完的事。

凡是与邓小平同志有关的事情，陈开枝都会投入极大的热情，这已成为他情感生活中的一部分，这是在伟人身边心灵被净化的结果。

1998年12月3日，是陈开枝第十一次到百色，在路过平果县的时候，他特别抽时间找一个特别的孩子。

这个孩子就是邓红霞。

说她特别,是因为邓红霞是个不幸却又极其幸运的女孩,曾得到邓小平爷爷的资助。

事情的经过是这样的——

1992年,中国青少年发展基金会在全国发起"希望工程"爱心活动。6月10日这天,中国青少年基金会所在地后圆恩寺内一个捐款室里突然来了两位军人,他们拿出3000元钱捐给了基金会的捐款接待员。

开票人要求两位军人登记捐款人的名字。

"我们有纪律,不能公开这位捐款人的名字。"其中一位军人说。

"我们也有规定,接受捐款必须在收据上写明捐款人名字。"工作人员表示。

两位军人对视一下,说:"如果你们一定要写名字的话,那么就写'一位老共产党员'吧!"

同年10月6日,后圆恩寺基金会的捐款室又来了两位工作人员,用同样的方式,又以"一位老共产党员"的名字捐了2000元钱。

后来,经基金会多方调查,这位为"希望工程"两次捐款而不留名的"一位老共产党员"就是邓小平。

基金会把邓小平同志这5000元的捐款,全部用到他战斗过的地方:广西百色地区。

1993年,百色市平果县希望小学成为这笔捐款的接受点,凤梧乡25名失学儿童得以重返校园。邓红霞就是其中之一。

那年,邓红霞正上小学三年级,母亲遭罹大病,爷爷奶奶年迈体弱。她已经辍学3个多星期,在家干农活。她和其他24个得以重新上学的孩子一起给邓爷爷写了一封信:

敬爱的邓爷爷:

您好!我们是百色地区平果县希望小学的学生,当我们得知您以"一位老共产党员"的名义向希望工程捐献了5000元钱,又知道中国青少年发展基金会把这笔钱用于救助我们百色革命老区失学孩子时,我们都激动得哭了……

让小红霞难忘的是,1994年春节前中央电视台那场大型"希望工程"义演晚会。在人民大会堂辉煌的舞台上,两男两女4名身着壮族服装的金童玉女,代表受到邓小平同志资助的25个百色老区失学儿童,向全国人民汇报学习成绩。

那两名端庄秀丽的女孩,一个是日后备受媒体关注的周标亮,另一个就是邓红霞。

1997年,邓小平逝世,小红霞刚升入城关乡初级中学,悲伤得直掉泪。因为家庭困窘,父母常年外出打工,四处漂泊,每年春节才回家一趟。快上初三时,红霞接到爸妈托人捎来的口信,口信说:"打工的活越来越难找,恐怕没钱付姐弟俩下学期的学费,让闺女退学吧!"

再一次面临辍学危机,红霞躲在被子里大哭一场。当年的秋天,这个倔强的小姑娘,从报刊上看到陈开枝助学的事迹后,抱着试试看的心态,给远在广州的陈开枝写了一封信。

敬爱的陈伯伯:

您好!

我叫邓红霞,是平果县凤梧乡上林村的人,是当年得到邓爷爷的捐款资助才得以重新上学的孩子之一。那时,我才11岁,正上小学四年级,是受邓爷爷资助的人中年纪最小的一个。1994年,我曾与黄城武、黄华柏、周标亮等几个哥哥姐姐一起到北京去参加"跨世纪的钟声"义演晚会,在会上我们向邓爷爷汇报了我们的学习成绩。从此,我们立志成才,将来长大后把家乡建设好。在凤梧中心小学毕业后,我为了能到一个更好的学习环境中学习,就要求随姑姑到平果县城来,到平果县城关初中读初中来了。

因为关心家乡的扶贫致富,我常常看电视,知道了您,知道您是一个特别热心帮扶我们家乡的扶贫状元。特别是您大力筹集资金给百色革命老区建了许多扶贫的希望学校，为我们的弟弟妹妹们提供了上学读书的机会。"能读书上学是最大的幸福"，这个体会，像我们这些曾经历过辍学，后又得到重新上学机会的人，是最深刻的。而对于像您这样热心帮助我们这些因困难而失学的儿童的人们，我们是多么心存感激，我们不知道如何感谢报答你们这样的热心人。我们只有努力学习，争取早日成才，为祖国的繁荣昌盛做出自己应有的贡献，才是对你们最好的报答。

我现在已经初三了，明年7月就初中毕业了，成绩不算很好，但我一定加倍勤奋学习，努力赶上，争取明年中考考出好成绩来。我有许多的心里话，有许多的苦衷，也有许多的打算和理想，但请您原谅我现在还不能向您诉说，等到初中毕业，考出好成绩后我才对您诉说。到时候，还希望您给我最大的支持和帮助，让我能梦想成真！

听说您到百色来已经10次了，还听说您还会多次来百色。如果您再来百色，路过平果时，能让我见您一面，和您一起照张相吗？这还是我的第一个梦想呢！

好了，您工作很忙，就不打扰您太多的时间了，就此搁笔！

邓红霞敬上
1998年11月23日

令邓红霞万万没有想到的是，信发出一个多月后，陈开枝专门找来城关初中的领导和邓红霞。

邓红霞终于圆了想见陈伯伯的梦，激动得眼泪直流，原先准备好的话一句也说不出来。

陈开枝也热泪盈眶，说："小红霞，你放心吧！虽然邓小平爷爷不在了，可我一定继承邓爷爷的遗志，把他的接力棒接过来，继续帮助你、培养你成材的。"

陈开枝当场拿出2000元钱交给学校的副校长，开始了资助邓红霞的行动。

2005年大年初四，春意蛰居于右江百里河谷，只待春风甦醒。

这是陈开枝第九次到百色过年。

想念陈伯伯的邓红霞急切赶到平果县通往百色市区的公路边看一眼途经这里的陈伯伯。此时，邓红霞已广西民族学院中文系三年级的学生。

"陈伯伯，您好！"随着一声问候，邓红霞来到陈开枝面前。看到邓红霞，陈开枝的眼里充满了慈爱，他让邓红霞坐在自己身边，亲切地询问她的学习和家庭情况，勉励她要牢记邓小平爷爷的教导，努力学习，做一个有益于人民的人，将来为建设百色多做贡献，并拿出500元钱作为她的生活费。

"很久没见，您和我想象中的不一样了，我还记得您以前走路风风火火的样子。"望着陈开枝脸上愈加纵深的沟壑，邓红霞的鼻头有些发酸，眼泪大颗大颗直往下掉。

在陈开枝、百色地区行署专员马飚及学院的接力帮助下，邓红霞学成回到家乡，现已成长为单位的一名业务骨干。

陈开枝如此关心邓红霞，其实就是对邓小平的一份情怀。

陈开枝与邓小平的第三次"交集"，是因为邓红霞。

"我这次来，就是要带头传承好邓小平的爱心助学精神。"

2015年1月18日下午，陈开枝参加完河池市东兰旅游活动的开幕式后，专程到平果县凤梧希望小学去考察捐款。

在车上，他对陪同的市政协主席周炳群，教育基金会第一届理事会理事长、市人大常委会原常务副主任石卫武说："邓小平1929年在百色领导和发动百色起义，为劳苦大众的解放流汗流血。1992年又以一个老共产党员的名义捐资助学，并指定把捐款放到百色，资助了平果希望小学（凤梧小学）25名失学的儿童，这是一代伟人的崇高风尚，是对百色各族人民的关怀，是百色得天独厚的优势。我们要在百色扶贫的事业中，努力再努力呀！"

"我跟小平学做人。"

"他在我心头埋下了一颗火种。"

"11天改变我一辈子。"

陈开枝指节粗大，纹路密且深，他用这双手翻开厚厚的相册，指点着一张张邓小平南方之行的照片。谈起近30年前的事，陈开枝娓娓道来，依旧被邓小平同志的领袖魅力所折服。

有媒体评论陈开枝有"小平情结"，把自己在工作中取得的成绩都归结于邓小平对他的影响。

陈开枝听后憨厚一笑，他毫不讳言地肯定这种说法。

他说是邓小平的南方之行给了他动力。"为了完成邓小平同志的嘱托，我总是默默地告诫自己，一定要拼命干，因为你曾经亲耳聆听过小平同志的教诲，是一个幸运的共产党员。"陈开枝说，"百色扶贫攻坚、兴教助学，是一名共产党员对另一名老共产党员的深切缅怀与忠实继承，我愿意把一生献给百色。"

在陈开枝著作的《1992·邓小平南方之行》（中国文史出版社出版）的封面显著位置，有这样一段话："零距离的接触，近距离的观察，无距离的沟通，升华了作者的思想，净化了他的灵魂。他抱着对伟人无比崇敬的深情和对历史高度负责的态度，从自己独特的角度，解读邓小平，解读南方谈话，解读1992年邓小平南方之行。"

陈开枝在《1992·邓小平南方之行》一书中，详细记录了这次意义非凡的"南方之行"。在书中，他这样写道——

老人家留给我一把做人的钥匙，我拿着这把钥匙打开了人生境界的第一扇门：不讲大话，实干、苦干、拼命干；

我拿着这把钥匙，打开了人生境界的第二扇门：不图功名，为人民排忧解难；

我拿着这把钥匙，打开了人生境界的第三扇门：饮水思源，让大家共同富裕；

我拿着这把钥匙，打开了人生境界的第四扇门：多做好事，力争一辈子做好事……

特别值得一提的是，陈开枝将广州市宣传系统在百色市援建的10所中小学统一命名为"希贤学校"。

"希贤"是邓小平同志早年用过的名字，而百色又是邓小平领导和发动百色起义的地方，将援建的学校统一命名为"希贤学校"，就是要让少年儿童从小就以邓小平同志为光辉榜样，高举邓小平理论伟大旗帜，发扬光荣革命传统，为中华民族的伟大复兴而努力拼搏。

在陈开枝对学校的命名中，包含着深刻的含义。

"百色这块红土地，是邓小平发动百色起义的地方，也是他带头捐资助学的地方，1992年我全程陪同他11天，亲身受到小平同志的直接教诲。我要用实际行动践行邓小平理论，做一个忠实的实践者。"

11天，时间虽短，影响却长，也改变了陈开枝的思想轨迹。

早在1984年，陈开枝将自己做人做事的立场和原则归纳为七句话：坚定信念跟党走；无私无畏心宽广；不计名利讲奉献；任劳任怨讲团结；遵纪守法不特殊；毛病不小须改正；勤奋工作永向前。

邓小平"南方之行"后，陈开枝更把自己的"七句话"奉为铁律，不管在什么岗位上，都把为人民服务、为人民办实事作为一切工作的指南，忠实履行习近平新时代中国特色社会主义思想，深怀爱民之心，恪守为民之责，善谋富民之策，多办利民之事，万事民为先。

陈开枝在脱贫攻坚，精准扶贫的道路上，做出了突出贡献，也得到了习近平总书记的肯定。

2012年12月8日，陈开枝等4位老人重聚深圳，他们应邀陪同习近平总书记在深圳莲花山向邓小平铜像献花篮，之后一起向塑像三鞠躬。

这4位老人，除了陈开枝外，还有1992年时的深圳市委书记李灏、珠海市委书记梁广大、佛山市委书记欧广源。他们当时也在各自主政的地方，分段陪同邓小平视察。

在邓小平铜像前，习近平总书记对陈开枝说："听说您现在搞的扶贫工作也卓有成效。"（《人民日报》海外版2013年1月4日）

陈开枝为此很是欣慰，他满怀深情地说："习总书记的话对我是鼓励，只要我的生命不息，我就扶贫不止。"

第二章 扶贫丰碑

5. 家住"广州村"

面对千百年来恶劣的生存环境，有贫困与反贫困的悲壮，有抵抗与反抵抗的胶着，有征服与被征服的无奈，更多的是漫漫长夜里的等待……

这，不能不说是一种宿命。

刚刚受令到百色扶贫，陈开枝深入大石山区嘘寒问暖，跑遍了百色的山山水水，对各地民众的疾苦了然于胸。

正如伟人毛泽东主席说："没有调查就没有发言权。"陈开枝通过调查，详细掌握了百色的第一手资料。他系统提出一整套广州百色扶贫协作的工作路子：解决基础设施、移民异地安置、劳务输出、经贸协作、智力扶贫、干部培训、社会帮扶等，但燃眉之急是针对深度贫困户集中发力，从救济式扶贫转变为开发式扶贫。

然而，实施易地搬迁扶贫既是一种好形式，又是一项复杂的系统工程。

怎么搬？

搬哪里？

这一个个问号，叩问当地官员，也叩问陈开枝。

搬迁对象、安置地点、规划设计、工程建设、资金管理……这计划的每一个环节，陈开枝都与百色地区、各县领导运筹帷幄。

心里有谱，底气便足。在一次专题会议上，陈开枝提出必须精准识别搬迁对象，必须符合政策界定的搬迁区域和贫困家庭个体条件；在安置地点上，集中规划安置、集中建设管理；在规划建设上，统一面积标准，不能让搬迁户因搬迁而负债；在工程建设上，在确保质量和进度的基础上控制好成本……

陈开枝认为，易地搬迁，首要是将人均耕地不足0.3亩、不具备生存条件的贫困人口搬迁到有生存条件的地方去。

从1997年起，广州市连续三年为百色每年提供3000万元资金，当年计划异地安置的贫困人口为2000户10000人，后来加大投入到每年4500万元。

从选址、建设、确定产业，到巩固、提高和发展，事无巨细，陈开枝都事必躬亲。

田林县的潞城、六隆，田东县的江山、新隆，平果县的金沙，乐业县的甘田，德保县的荣华，凌云县的芳凌……这些由广州市、区帮扶，地方资金配套的异地安置点被移民亲切地称为"广州村"。

走进移民村，木棉树正盛开着火红的花朵，树干粗壮，紧裹着武士般的"铠甲"。在异地安置点，几乎每个移民村的村头都有红棉树，因为那是广州市的市花。

1997年新年刚过，冷风飕飕，寒雨瑟瑟，百色的大石山区还在冬眠的慵倦之中。

陈开枝的年是在百色过的。正月十五，广州对口帮扶百色兴建的三个"广州村"几乎是在同一天，以同一种方式开工，大战的帷幕徐徐拉开。

砍草、炼山、开路、挖坑、垦地，前来参加义务劳动的驻军、武警、民兵以及地、县、乡（镇）三级干部职工都参加了，劳动场面热火朝天，燃烧的激情把料峭寒冷驱散了。

那段日子，陈开枝每隔两周就从广州千里迢迢赶来，有时带着胡主任戴主任，有时带着林处长陈处长，上一次来时种下去的作物长出多少，移民房的新墙砌了多高，还需要解决什么问题……

责任，从来就是陈开枝为政"词典"里既熟悉又常用的词汇。

潞城，曾为原田西县县治所在，南昆铁路从其后山腰驶过，国道盘百公路贯穿其中，潞水蒸腾起一片片云翳雾霭，像盘山的蛮腰上缠绕着一条白纱巾。

移民异地安置户的水田就在盘山的水渠下。

潞城异地安置点的选址，里面还有这样一段故事——

在田林县建一个安置点，是陈开枝与百色地委书记刘咸岳、行署专员马飚、行署副专员文明等领导集体研究的决定，方案一敲定，地区扶贫办主任游炳坚就带着队伍匆匆来到田林县，组织田林方面进行选点规划。

踏勘、踩点、选址、立项、可行性报告……在田林连夜把潞城的材料赶出来，那夜里就有游炳坚的整夜不眠。

除了潞城，游炳坚还要在金沙、江山三个移民开发区之间往来穿梭，即便是一个潞城点的三个片，他得把8个村一个村一个村地走遍。

"其实，原先的选址并不是现在的潞城。"时任田林县委副书记兼扶贫办主任黄运志说，"是在离县城较远的南部乡镇的一片土山区。"

"当时，地县两级扶贫机构带着设计人员实地勘察、绘图，根据广州与百色异地安置项目的合作意向及建设目标，已经做出了规划报告和设计方案。"黄运志对此仍记忆犹新。

《广州市对口帮扶百色地区田林县移民村规划报告》洋洋洒洒数千字：开发背景、开发依据、开发原则、开发目标、开发内容，安置对象来源、组织管理形式、产业产品市场、投资估算与资金筹措，效益分析和配套政策，等等。

当这份《报告》将呈送到陈开枝手上时，黄运志心里暗想："这样缜密的报告应该会得到认可吧！"

陈开枝翻了翻，说："这份报告花了不少心思，但选点离县城远了点，能够安排在交通便利的地方会更好。"

后来，陈开枝解释说，这些山民被困在闭塞偏僻的大石山里，如果又安置到另一处大山深处，连汽车都见不到，这对他们解决温饱、脱贫致富不利。

黄运志没有任何懈怠和搪塞，二话不说，毅然重起炉灶，将原班人马又集中起来，连夜突击把新的《广州市对口帮扶百色地区田林县移民村（潞城）规划报告》赶了出来。

此时，考察团已离开田林前往田阳县。

新《报告》新鲜出炉，天也刚刚露出鱼肚白，黄运志驱车从田林县赶到田阳宾馆。在宾馆大门外，一位考察团成员见到黄运志，还以为她是随团从田林跟过来的，啧啧向她道个早安。

"我是一早才从田林赶来的。"这位考察团成员正狐疑不解，黄运志便将一本沉甸甸、散发着浓墨油香气的《报告》呈上，说，"这是我们选择的另一个异地安置点，请您将这个规划报告转给陈开枝副市长，看这个点选得满意不满意。不满意我们再选，再做规划报告。"

陈开枝看到这份新报告眼睛一亮，不仅思路清晰、论证严谨，而且选址让他十分满意。

潞城异地安置点就这样确定下来。黄运志顺理成章担任了"广州市对口帮扶百色地区田林县潞城移民村指挥部"的指挥长，具体负责潞城移民的全面工作。

陈开枝对这位作风扎实的女干部赞赏有加。他说，从砍下移民村荒坡上的第一棵草，到调离田林，两年的时光里，黄运志把"广州村"里的大小事都当成自家事，没有她，潞城这个安置点的征地、补偿、协调就不会那么顺利。

异地安置能否成功，第一关键是征地。

潞城一带是田林县经济发展较好的走廊地带，当地居民对土地的价值认知普遍较高，如果征用水田和固定的水平梯地，无疑是挖去当地居民的心头肉。

陈开枝提出1997年4月初要把这三片移民村的土地征完，并办理好征地合同，且山地地面附着物的补偿工作要达到80%以上。他向百色地委、行署提出"先开发先补偿，后开发后补偿"的工作建议，对涉及的生产基地和村址用地，要求必须在移民进点前办理完有关手续。

动员说服当地居民把土地让出来安置移民，既不能强征强收，又需要当地村组乃至农户"签字画押"，签署相关法律文件，工作急不得，程序简省不得，法规少不得。

这可把黄运志们的嘴皮磨起了泡。

黄运志曾向陈开枝"诉苦"：征地会议常常开到凌晨一两点，好几次，工作人员开完会已不能回到驻地睡觉，就待在会议室里等天明，天一亮就通知当地村民到山间地头丈量、画线、办手续……

规定的征地期限快到了。4月初，陈开枝来到田林县，他听取黄运志异地安置点征地进展情况汇报，黄运志说："从3月13日指挥部成立到4月1日，半个月时间里，我们把异地安置点所需的5.8万亩土地全部征用完毕并办理了有关手续，支付了补偿。"

听完汇报，陈开枝频频点头，他充分肯定潞城安置点"思想工作到家，细节处理得当，手续办理合法"。

潞城"广州村"的移民分别来自田林、隆林、凌云共4000人，分散在3个片区、10多个点。

当时永久性住房还未建好，移民还是安置在临时住房里。一场暴风雨夹着冰雹差点让安置户"军心不稳"。

那是1997年5月8日傍晚，天特别闷热，潞城的上空乌云密布，随着一声闷雷，天仿佛被撕开了口子，大雨瓢泼而降。

安置户们辛劳了一天，洗个澡就早早钻进河边的临时住房歇息了。半夜，大雨如浇，冰雹如弹，山洪漫上河滩，卵石般的冰雹不断砸下来。

河道稠密，溪水纵横。河滩边住着的是田林县平塘乡的16户移民，滩头正当风口，狂风掀翻了房顶，屋里的被子、衣服、食品全都被淋湿了。

祖祖辈辈生活在大山里的农民哪见过这情形？面对突如其来的水患，安置户顿时手足无措。

当晚，黄运志正在指挥部里值班，这位生长在驮娘江边的农民女儿深谙天气谚语"雨下他乡，水涨我处"的道理，她喊了声"不好"，便带着人冒着瓢泼暴雨和冰雹，直奔河边移民安置驻地……

凌晨5时，人员物资转移，全部撤离危险地带。救灾队伍马不停蹄为安置户抢修房屋，民政部门拨出衣物、大米、彩条布、尼龙薄膜、油毛毡等救灾物资。

这场暴雨，让移民们心有余悸，不少人打起了退堂鼓。

"我们这些山民的'八字'住不得这种好田好地啊！"

"是老祖宗不让我们搬出来吧，我们还是搬回去住比较好……"

陈开枝前往平塘安置点考察时，黄运志把这场虚惊讲给陈开枝听，陈开枝赞扬政府应急处置工作做得好，还一家一户去鼓励安置户要安下心来，并表示会尽快建成永久安置房。

之后，广州进一步追加移民住宅工程投入，并督促地方政府加快进度。从1997年5月10日破土动工至6月7日止，仅仅28天，平塘安置点公路、水利、造田、人畜饮水、照明等如期完工，建起移民50户50间的砖瓦结构住房和猪牛圈、厕所，又用15天时间为安置户建造了50间标准化的伙房。

乔迁新居那天，移民们像过节一样兴高采烈，男女老少穿上节日盛装，载歌载舞吹唢呐。世代在大石山里住茅房，点松枝，走路负重全靠人挑马驮，饮水等靠雨水、接岩缝滴水的移民，一下子住上砖瓦房，用上电灯，喝上自来水，汽车还可以开到家门口，判若两重天。

陈开枝前来检查工作，他登门踏户，看得很细，记得很清楚，每一户大门口还挂着两张牌子：一张是"一帮一"牌，另一张是生产指标牌。

陈开枝凑上前仔细端详，牌上标注户主、人口以及帮扶这户人家的名字、职务和数目：百色地区行署常务副专员文明帮的是陈忠伦，县委书记赵建国帮的是王小规，县长曾仕先帮的是张金规，县委副书记黄运志帮的是李传军；另一张牌标注水稻、玉米、甘蔗、牛甘果、板栗和八渡笋等的亩数，或是养猪头数、养鸡鸭只数等。

在一安置户前，陈开枝看到一副神清气爽的新对联，心霎时涌起一股热流。

上联：社会主义好，摆脱贫困实施异地开发
下联：广州兄弟亲，喜迁新居开始美好生活
横批：一步登天

陈开枝一路走一路看，一路感慨连连。无独有偶，他来到苗族农民丁绍友家门口时也看到一副新对联："昔日困在大石山五祖十辈不温饱，今朝移到新福地三年两载就脱贫。"横批："感谢广州"。

看到有"大官"来到门前，踌躇间，丁绍友心里不免有几分忐忑。丁绍友是隆林各族自治县德峨乡人，一家5口人原年收入不足1200元。异地安置到田林县潞城"广州村"后，他开发荒山40多亩。他告诉陈开枝，异地安置效果立竿见影，全家第一年就解决了温饱，还添置了沙发、电视机、影碟机。

这让丁绍友信心倍增。

在央边点，陈开枝走进韦永文的新家，问米菜油盐还有没有？工作生活上有什么困难？

他的问话语速不快，且很有亲和力。

"工作就跟老家一样顺手，安置户都很安心。"韦永文是凌云县沙里乡弄谷村党支书，也是移民新村的带队干部，央边点也是生产进度最快的一个点。

韦永文还告诉陈开枝，除了做好本村安置户的思想稳定工作外，分给自家的35亩荒山，带头全部砍草挖坑种植经济作物，安置户见他这样，也跟着开垦完并全部种上了农作物。看到异地安置点一次一个样，上次种下的竹子，这次见到时发新叶返青了；上次种下的玉米、旱谷，这次见到时结苞抽穗了；上次种下的果苗，这次见到时长高了……

陈开枝不禁有点陶陶然，欣欣然。

田林县潞城"广州村"不失为异地安置的一个样板。由于百色地、县重视，广州倾情扶助，仅一年多，潞城"广州村"共建成移民安置点10个，完成建房650间（每间24平方米）共15600平方米，并建有公厕、猪牛栏等附属设施。修通公路56公里，拉高压电4.8公里，移民居住点实现通路、通水、通电。

配套安置子女入学，还建成中小学校舍8所，教室20间1200平方米，在校生418人，教师宿舍240平方米，在职教师18人，水泥操（球）场3

个；配套村级卫生室3间，村部办公室4间。

千百年来缺少土地、身处大石山恶劣生存环境之中的贫困农民，搬迁到广州市援建的移民住房工程，他们如久旱逢甘霖，迸发出高涨的劳动和生活热情。

田东县的"广州村"在江山。古朴的民风，纯净的风景，没有刻意的包装，没有蹩脚的雕琢，只有风韵天成的真实袒露。

江山异地安置的故事还得从陇穷说起——

陈开枝第一次到陇穷考察后，他多次跟地委书记刘咸岳、行署专员马飚研究如何让陇穷摆脱贫穷，他说："陇穷现有的生产生活条件太少太差了，要解决温饱，必须釜底抽薪，实施部分人口转移。"

陈开枝又跟县委书记文明说，物质的贫困固然可怕，但更可怕和可悲的是被落后的传统观念所拘囿。陇穷人要解决温饱，移民开发和劳务输出是两条很好的路子，一定要跟陇穷人民一道，把这个"穷"字给搬迁掉。

说归说，做归做，搬到哪里呢？

此时，广州市首期支援百色3000万元专项资金，用作大石山区"两缺"人口异地安置和开展劳务合作，田东县也规划了一个异地移民安置点。

这就是江山。

江山，是一片荒无人烟的土山坡，溪流淙淙，野花摇曳。江山坡上的木棉树，从秃然到开花到满树的翠绿，守望着千年杂草。

田东县的"广州村"规划面积1.4万亩，计划安置600个贫困户3000人。1997年1月5日，江山亘古的荒芜山坡一夜间人头攒动，满山遍野插满旗帜。地委书记刘咸岳来了，行署常务副专员文明来了，他们与千名干部群众、解放军官兵一起挥锄砍山、垦地挖果坑。

江山异地安置点建设的进行正如火如荼。

修公路、建移民住宅、建学校、建卫生院、建办公房、建饮水工程、架线路……

2月11日，陈开枝也来了。那天寒风刺骨，他从广州乘机飞到南宁，然后转乘汽车来到田东，陈开枝一行先到平马镇的正经书院，这里是邓小平当年创建的右江工农民主政府旧址。第二站是陇穷村，最后一站才是江山"广州村"。

把第二站安排在陇穷村，是陈开枝精心策划的。

到陇穷村去，陈开枝在广州就开始琢磨了：陇穷村有没有搬迁任务？他们愿意搬吗？搬迁进展情况如何？

陈开枝一路上在思考，如果陇穷村能卸下1/2人口的包袱，再以工补农，全村就可以当年实现脱贫。

他想听听阮承猛汇报。陈开枝对阮承猛的器重，不仅是他的能力，还有他那桩近乎传奇的婚事——

早年阮承猛在贵港市当兵，部队经常到驻地附近帮助"双抢"，在一次水坝抢险中，当地姑娘韦金英注意到这个兵哥哥人不高大，力气却不小，百斤重的担子挑在肩上健步如飞，特别是他朗朗的笑声让金英姑娘着了迷。

金英姑娘于是把这个兵哥哥记在了心里头。

一天夜里，阮承猛向金英姑娘"坦白"，家在田东作登瑶族乡陇穷村，家乡很穷，家里更穷。

金英不太相信，决定到陇穷看个究竟。

1987年7月，阮承猛回乡探亲，韦金英死缠硬磨跟着来陇穷。阮承猛回部队时，好心的金英留在陇穷照顾阮承猛卧病在床的祖父。次年3月，阮承猛复员回乡，韦金英才和他成了婚。

生长在富裕地区的漂亮姑娘心甘情愿嫁到穷瑶山来，除了正直勤劳，她一定是看到阮承猛这个人的本事和潜力。

回乡不久，阮承猛打算到广东打工，争取一两年实现自家脱贫，他立誓要让金英过上好日子。

"陇穷村需要你挑担子。"一天，镇里的领导和工作队找他谈话，告诉他要挑选一个得力的"班长"，你是共产党员，思想好、有能力、有技术，又在部队锻炼过几年……

"不行，我想去广东闯一闯。"不待领导说完，阮承猛就一口拒绝说，"你们另找人吧！"

金英在旁一听，不高兴了："我到陇穷来，是想帮你一把才来的。现在陇穷需要你，怎么能扔下乡亲自己到广东挣钱啊？"

"是啊！我不挑担子叫谁挑呀？"听金英一席话，阮承猛决定留下来不走了，毅然挑起村党支部书记这副担子。

在陇穷村村部，阮承猛向陈开枝介绍，陇穷村计划搬迁42户237人，现在已经有30户同意搬迁，其他正在做思想工作。

"要立足实际，应搬尽搬。"陈开枝说，留下来的搞就地开发，再把一部分人送到广州去务工。

在谭承恩和谭志贵家，陈开枝问："你们愿搬出去吗？"

"愿啊！我们都盼望搬到江山去，那里有地有水有路有电。"谭承恩抓住陈开枝的手久久不放，哽咽着"感谢广州帮助"。

后来，江山"广州村"接纳了陇穷村41户241人。

要搬迁了，就要永远地离开了，谭承恩依依不舍，他再看一眼那从小走到大的弯曲的山路，再看一眼路旁落满风尘的青冈树，再看一眼村子里那口略显干枯的泥水塘。

移民谭六喝了半斤苞谷酒，跟跟跄跄走到老父亲的坟茔边，将剩下的半瓶苞谷酒祭奠在石碑上，然后抓起一把坟土放进衣袋里，连连磕头道："爹，我还会常回来看您的……"

一位老太太家养的小黄狗挣扎着不肯走，朝着老宅的方向一个劲狂吠，连老太太的眼里也有了晶莹。

……

有一次，在江山安置点，陈开枝与谭承恩和谭志贵不期而遇，你一句我一句，长一句短一句地交谈起来。谭志贵告诉陈开枝，迁出大山住进新居那天，夫妻俩翻来覆去睡不着，老婆问他："你这是怎么回事？"

谭志贵懒得说，独自来到阳台上。

第二天清晨起来，老婆看到一地的烟头，心酸落泪。其实她也一夜未眠，眼角始终是湿润的，想得更多。除了柴米油盐，家长里短，后来想着想着，他们就想到广州，想到陈开枝了。

谭志贵说："不是您，我们现在都不知成什么样了。"

当陈开枝得知搬迁到江山的陇穷人家信心很足，全部脱贫正在奔小康，这令他欣慰万分。他鼓励谭承恩和谭志贵好好地在移民村安家落户，好好地劳动致富。还说："你们搬出来后，老家那边要'弄富'，你们这边也要'弄富'，大家富才是真的富。"

搬得出留得住，有事做就能致富。

陇穷村7个自然屯共175户924人，搬到江山安置点41户241人，直接解决了土地不足的压力，留守故土的人口占有耕地面积从0.3亩提高到0.5亩。通过养羊、种竹，生活状况迅速改变，生活水平不断提高。

同时，陈开枝还联系安排200多人外出广东务工，实际上为陇穷搬走500人，占原人口总数一半。

黄贵荣是陇穷村最早到广州打工的一批，成为熟练技术工后，每年有8000元以上的钱寄回家。哥哥在家养羊收入3000元左右，黄家成为陇穷第一个万元户。

陇穷于是出现了第一幢洋楼，然后又有了第二幢、第三幢，一幢比一幢高大，一幢比一幢漂亮……

平果县的"广州村"坐落在一片土岭谷地，区域内有濑河、安帮河等数条溪流。

这片土岭谷地名叫金沙，一个听起来财大气粗的名字。

有了这些天然溪流，异地安置的"村民"解决了缺水的千年苦。金沙异地移民安置点的来由，还有段趣话——

在广州对口帮扶百色地区实施异地安置的项目安排中，原来并没有计划平果县。精明的平果人一心要争取到广州市的异地安置帮扶项目，便动起了"歪脑筋"。

在定下田林潞城、田东江山两个安置点后，陈开枝率考察团驱车返穗，途经平果县城，平果县党政班子成员知道消息后，将广州亲人一行"拦截"住，他们说无论如何亲人们也要在平果小歇吃顿便饭。

恭敬不如从命，盛情难却之下，陈开枝只好在平果停下吃午饭。那天，餐桌上一股脑上了近十道菜，要么青菜，要么野菜，唯独没有荤菜，客人吃得津津有味，也吃出很深的印象。

菜席上，县委书记潘其弟说平果县山区的农民苦呀，其程度不亚于潞城，不亚于江山。他希望给平果一个"机会"，安排一个广州对口帮扶的项目，建一个异地安置点，然后说了许多理由。

陈开枝答应回去研究"考虑"。

回到广州，具体对口帮扶百色的市经协办统计发现，当时田林、田东两县的项目并未用足易地搬迁的计划指标。

安排到哪里合适呢？

大家正讨论，不知谁冒了一句："那就给上十道素菜的那个县吧！"

提议者一时记不起平果的县名，一急便说成"上十道素菜的那个县"，惹来一阵笑声。

"对，就在平果县建一个安置点。"陈开枝一锤定音。

经与百色地区研究协调决定：除田林、田东外，再在平果建一个移民安置点。

于是平果便有了一个"广州村"。

在金沙新乡政府（现合并四塘镇）院子里，有一座碑亭，镌刻着这样的碑文诗：帮扶恩德隆平果，致富心碑铭广州。碑亭旁边，是陈开枝和地委书记刘咸岳、行署专员马飚、常务副专员文明等人共同种下的大乌园龙眼树。如今，龙眼树枝繁叶茂，迎着猎猎的山风舒展着，如同绿色的旌旗招展……

搬新居的那天，金沙"广州村"特别举行了隆重庆典。

一排排的新房，全都贴上大红对联：有写"异地安置艰苦创家业，开发金沙立志奔小康"，有写"永记广州人民无私帮扶，建好金沙宝地以报党恩"。

农华卿（现改名农华轻）来到分配给他的新房前，怀疑自己的眼睛，他揉了揉眼睛恍惚在梦呓："这就是自己的新家吗？"

那是一层钢筋水泥房，两开间连同伙房、牲口和菜地一应俱全。乡领导替农华卿把大门打开，然后将钥匙塞在他手心，示意请他进屋。农华卿手心攥着钥匙，却没有进去，他退到门前空地菜畦尽头的一棵木棉树旁。这棵木棉树是一棵老树，被砍伐后，树桩重新长出来的树干。

他伫立片刻，朝木棉树深深地鞠了三个躬，连声说道："感谢广州亲人！感谢广州市政府，感谢陈开枝！"

鞠躬时，在旁的人见到有晶莹的水珠洒落在地，洒落在还矮小的木棉树根上，那晶莹的水珠，是泪水！

农华卿知道，木棉树是广州的市树。

新房对联是他自己写的，字字浸满他的内心真情："谢广州亲人给我生活希望，唱金沙新村开发前途似锦"，横批是"身残志壮"。

农华卿1968年出生于平果县新安乡顶依村一个大石山的贫困农民家庭。他有一个姐、四个弟弟，一家八口两亩石缝地，日子难以为继。1988年4月的一天，农华卿替父亲去看田水，见叔叔一块田的水漏光了，田坎边有一个洞，他伸手进洞里去堵漏，不幸被洞里一条山万蛇咬了一口。为阻止蛇毒扩散，叔叔找来绳子绑了一圈又一圈，无奈中毒太多，医治不及时，伤臂发黑，肿得很大，伤情严重恶化。

花去一万多元医药费，欠下五六千元债务，家被拖垮了，最终还是没有保住右臂，他被截肢了。

长年卧床，他的全身肌肉全都萎缩。原先1.7米的靓小伙变成人不人、鬼不鬼的"干尸"，原先订好的一门亲事，也被人家退掉了。

他曾经想到死，结果也没死成。

父母和姐弟的鼓励，支持农华卿继续活下来，为了偿还和报答亲人的亲情，农华卿必须活下来。他投入艰苦的康复训练，终于使萎缩的全身肌肉又重新恢复机能，并用留下来的左手干活。

正是这时，农华卿得知政府扶贫易地搬迁政策后，提出搬迁申请。他知道，金沙有个"广州村"，也知道广州市政府派来了个大好人陈开枝。

按条件，移民是不收残疾人的，于是他想到要见陈开枝"反映"。

接待他的是平果县扶贫办主任、出名的"扶贫硬汉"黄久汉。

农华卿的遭遇，激起了黄久汉的同情心，他对农华卿说："这个事就别惊动陈开枝市长了，我帮你解决。"

后来，陈开枝到金沙点检查移民安置工作，黄久汉向他汇报了农华卿的情况，并对自己"先斩后奏"向陈开枝"负荆请罪"。

"你做得很好。"陈开枝肯定了黄久汉的做法，他说，农华卿身残志坚，是贫困人口异地安置的典型。

农华卿作为安置对象从新安老家迁到金沙后，分到16亩地和一间钢筋水泥居民房。他以最大的热情与毅力种下了5亩甘蔗，头一年就收了9吨原料蔗，他还种下150株龙眼、50株青梅、1290株板栗。

在金沙，农华卿结识了现任妻子，而且还有了两个女儿，一个在广西工程职业技术学校读书，一个在平果二中读书。

如今，农华卿在县城做保安的工作，每月有2000多元，家庭年收入大约在5万元，生活过得有滋有味。

谈起往事，他说非常感谢当年广州帮扶，真正改变了自己的人生命运。而家门前的那棵木棉树，也开出了火红的花朵……

金沙移民村人均有地4亩，种植龙眼、玉米、甘蔗、旱谷等经济作物和农作物。安置点以龙眼、甘蔗为主导产业，采取"党委政府＋公司＋基地＋农户"产、供、销一条龙服务的管理模式，由开发区统一规划，统一开发，移民分户经营，长中短项目相结合。

生产性项目第一年收入160万元，基本解决温饱，第四年达到710万元，实现脱贫。

1998年12月2日晚，百色久旱后下了一场透雨，空气湿润而清新，木棉树上新的芽苞悄悄地长出来了。

陈开枝陪同广东省委副书记、广州市委书记黄华华一行27人，到金沙、江山和潞城三个移民区考察，所到之处，受到移民们热烈的欢迎。潞城央边点的杨宗立才来一年，就能从卖余粮的钱拿出7000元给自己加盖了两间新房，还买了VCD。他见到黄华华、陈开枝时，开口就是"感谢广州，让我们过上了好日子"。

走进佐绍忠的家时，黄华华高兴地指着彩电、影碟、新家具和满墙的年画说："你们这已经是致富了！"

黄华华在广东是分管扶贫工作的，此情此景让他感慨不已，说："两年时间，搬迁出来的贫困户生活就过得这么好，连广东省也不多见。地区内调剂移民的办法很科学，异地安置点这条路走对了。"

高起点，高标准，高要求。

从1997年至2001年，广州共无偿拨付百色地区异地安置资金1.5亿元，市、区建成了平果县金沙、田东县江山、田林县潞城和六隆、德保县荣华、乐业县甘田等大大小小数十个异地安置扶贫点（开发区），解决了8084户41225名贫困人口的脱贫问题。

一幕幕感人的场面，一则则动人的故事，一组组惊人的数字，一排排奋战的人群，汇流成一轴精彩的广州画卷。

这轴长卷，精彩地铺陈在百色大地上。

陈开枝自始至终直接主持、全过程参与决策，大到开发的经营，小到移民家里的火灶，他都亲自过问。

陈开枝最关心的还是异地安置后群众的长久致富问题。

他一再强调不能让移民来了几年变穷了，又要搬迁，所以他要求在开发之初就要通盘考虑到功能布局、环境生态、土地使用、法律保障等一系列问题。

他说得最多的还是提高移民素质问题。央边安置点的移民来自平塘大石山区，自古以来只见油灯和松皮。移民村居民房建好了，搬进新房那一天，不少人家还闹了同一个笑话——他们把电灯的开关打开时，电灯亮得白炽，在旁边的人都跑开了，连声直喊："开小点火！开小点火！"

陈开枝到这个移民点时，有人把这个故事说给他听，本想以此小小的笑话调节一点气氛，让大家笑笑，可是陈开枝没有笑，还一脸凝重。

这让讲故事的人有点尴尬。

事后，陈开枝说到这个笑话为什么不可笑。他说，如果故事发生在20世纪五六十年代，那倒也不失为一个笑话，但现在已是90年代末，不该再发生这样的笑话了。

搬迁到"广州村"的安置户，实现当年进场、当年开发、当年解决温饱的目标，创造了全国乃至全世界反贫困的奇迹。这一契合百色实际的特色扶贫之路，被联合国开发计划署的官员称为"广州模式"。

易地扶贫搬迁，让贫困群众"挪穷窝、改穷貌"，彻底解决了困扰偏远山区群众行路难、买卖难、上学难、就医难等问题。

对未实施易地搬迁的贫困村，广东广州采取"整村推进"的措施，引领其向新农村方向迈进。

田阳县义安村龙云屯，村民住的是20世纪50年代的简陋木瓦房。2005年，广州市投入对口帮扶资金近百万元，加上配套资金扶持该屯进行旧房改造建设新村。全屯61户群众全部住上了钢筋混凝土结构楼房。

据统计，截至2016年，广东省、广州市对口帮扶百色整村推进的财政扶贫资金达15650万元（其中广东省6100万元，广州市9550万元），共实施整村推进示范村111个，直接受益群众10万多人。

整村推进示范村已成为百色新农村建设的一道亮丽风景线，成为又一个"广州村"的标志性窗口。

6. 六隆！大六隆！

广州对口帮扶百色的项目中，陈开枝对"5万"这个数字念兹在兹，常常挂在嘴边。

"5万"：广州市对口帮扶百色地区完成5万贫困人口的移民异地安置

任务。

5万这个任务，陈开枝是立下军令状的。

陈开枝反复地说："这5万，只能多不能少，决不能因为我们的工作没做到家，而造成一户本该出得来的贫困户出不来，如果是这样，便是我们犯下的历史错误。"

尽管建设了田林潞城、田东江山、平果金沙、德保荣华和乐业甘田等大大小小数十个安置点，但离5万人的目标尚远。于是在陈开枝的心里，蕴藏着一个更大的计划：建设田林县20万亩的大六隆异地安置开发区。

六隆，壮语意为"龙的地带"。

这万仞群山，位于田林县弄瓦、八桂、能良、洞弄四个乡的接合部。所属的田林县是全广西面积最大的县，5577平方公里的总面积，人口仅有22万，可谓地广人稀。

自古以来，六隆这片面积达数十万亩之阔的原始森林，因为年年山火，已变成只长杂草灌木的荒山，人民公社大集体时曾辟为牛场，因为地域太阔广，养的牛拢不住，大都变成了野牛，牛场只好解散。

于是任它荒芜，任它重又陷入沉睡。

驮娘江流经六隆全境，它清澈甘甜的江水，滋养田林独有的土产——八渡笋。

《田林县志》载：八渡笋"营养丰富、脆嫩无渣，且有消腻、滑味、爽口之功"。

八渡笋在清朝被列为贡品，据《幼学珠玑》证：慈禧太后每一餐120道佳肴，其中一道就是八渡笋。当今，八渡笋更是居家宴请、餐馆待客的美味，中外市场对八渡笋的需求量很大。

六隆几十万亩荒山，属低中山类型地貌，土层深厚肥沃，气候温和，雨量充沛，是最适宜发展八渡笋的宝地。

1996年11月的一天，太阳刚刚升起，朝晖映在天幕上。

一个车队在盘山公路逶迤，向离县城50公里的六隆驶来，卷起的黄沙仿佛要征服这千古岁月与万载风尘。

这些车队和车里的人，便是广州市对口帮扶百色的考察团，他们是来"相"地方的，为首者正是陈开枝。

此前，百色方面提出把六隆选作广州市帮扶百色地区建移民异地安置基地，因为田林县已经在年前规划了10万亩八渡笋基地，并已展开了开发工作。

耳听为虚，眼见为实，陈开枝决定去现场看看。

登上六隆高坡之巅，极目万仞群山，浩瀚无边，不禁心潮澎湃。在他旁边，是一棵"秃顶"的木棉树，当时工人在平整瞭望台，正挥刀要把这棵木棉树砍掉。

"别砍。"陈开枝急忙制止，说，"这是广州的市树，要留下。"

看着这棵擎天而立的木棉树，如同竖起的一面旗帜，难道是冥冥之中的某种昭示？

"西江最是木棉多，夹岸珊瑚千万柯。"陈开枝特别喜欢木棉树，尽管它目前还是一身青春刺，但未来会越老花朵越红硕。

"就定址这里了。"陈开枝的话斩钉截铁。

在六隆指挥部，八渡笋总场场长姚茂泽向陈开枝汇报前期的工作进展。姚茂泽不仅体魄健壮，而且条理清晰。细心的陈开枝还发现，姚茂泽的手上有一道道伤口，脖子上还有蚊虫叮咬凸起的大包。

县委书记赵建国告诉陈开枝，几个月前，姚茂泽就率领"先遣队"带着干粮开进了六隆大荒山勘查、定点、勾图，手上的道道痕迹是被锋利的草叶荆棘划伤的。

谁都知道，伤口泡上带汗的雨水，转眼就发炎化脓。

那时是8月间，山里要么瓢泼大雨，要么淫雨霏霏；草木挂满雨珠，人钻进去，从头到脚全都被打湿，满山的菁丛里更是蛰伏着毒蛇、马蜂、蚂蟥、蝎子……

姚茂泽和队员们用30天时间，擦光了20盒清凉油，爬过每个山脊、每条沟壑，硬是把10余万亩之阔的蛮荒之地全都勘完，并记录了下来。

六隆一位几十年没出大山的老人见到勘察队时，都竖起大拇指，说：

"除了当年解放军进山剿匪,就你们能把这六隆山川钻完。"

勘察人员从六隆"踩地"回来,带回一身伤痕,也带回满腔的惊喜和踌躇。

第一次亲密接触,陈开枝对六隆情有独钟,得天独厚的土地与气候,丰富的自然资源,使它具有形成产业化基地的优越条件。广州方面已经"相中"六隆了,将要在它身上做大文章。

六隆奏响拓荒者之曲的时间是1996年8月25日,县里召开动员大会;9月5日,全县20个乡镇50多辆载着2300多名民兵的大卡车同时开进了六隆。

砍草,炼山,挖坑。

平塘乡按要求来80人,他们自发来了170名。

4个月时间,六隆第一期开通了场内17条220公里公路,开发山地10.8万亩,种下八渡笋7.8万亩,其他作物与间种套种9.2万亩,建立移民安置点18个,接纳开发移民1140户4300余人。

自从1996年11月那一次到六隆,陈开枝就深深地爱上了这片广袤而肥沃的土地,也一直在运筹帷幄。

1997年5月2日,陈开枝又来到六隆,他在八渡笋总场种下一丛竹子,后来长得特别粗壮茂盛。有人说,肯定是种竹人盯上了这片土地,惦记这些竹子的缘故。

这一年,六隆开发大战进入最困难时期,特别是移民进场的安置、生产生活问题,还有开发资金问题。在广州百色的一次联席会议上,陈开枝谈了自己的看法:"六隆开发,要改变过去零星分散开发与经营方式,实施大规模的农业综合开发,做到优化土地与劳动力资源配置,采取扶贫开发与农业综合开发相结合,支柱产业与扶贫攻坚战相结合……"

正是这次会上,广州市与百色地区取得了共识,双方协商后做出了"再上一个新六隆,再上一个10万亩"的决定。

大六隆顺势喷薄而出。

随后,在"广州对口帮扶百色地区工作汇报会"上,陈开枝宣布:

1998年广州帮扶的3000万元帮扶资金全部投入田林,再造一个新六隆!

第一个10万亩开发,奠定"旧六隆模式";再一个10万亩开发,造就了全国最大的扶贫基地——大六隆。

20万亩的规模,是广西乃至全国最具特色、最具代表性、最具规模、最具理论实践意义的产业扶贫项目。

1998年元旦,大六隆会战打响。

田林县组织19个乡镇共6672多民工,7个月时间,完成基地内干线公路3条、笋区公路11条,总长度185.5公里,6个分场23个安置点全部通车。建成2018间简易住房,拉通高压输电线13公里,安装变压器8台,拉通通信光缆26公里。运苗运水抗旱马达1085匹,拖拉机38台……

会战第38天,是种植八渡笋最紧要的关头,陈开枝来到工地指挥部,会同地、县领导连夜召开会议。他又见到了姚茂泽——那个第一次来向他汇报、满手被荆棘刮伤的"姚总"。姚茂泽驾着一辆摩托,还没到指挥部门口就急匆匆地弃车大步走进会议室。

"你是旧六隆的功臣,又一个新六隆10万亩荒僻等你去开拓。"陈开枝握住他的手说,"你是大六隆的'两朝元勋',新六隆开发出来后我来为你庆功。"

其实那天,姚茂泽高血压、胃病齐发,随时都有倒下的风险,可他隐瞒着病情在"玩命"。

那天的会议通宵达旦,开完会没多久天就亮了。陈开枝提出马上到开发工地去看看。

县领导韦纯良和蒋正辉陪同陈开枝从一个分场到另一个分场,走完八个分场,陈开枝的一双大脚板磨起了血泡,拄着拐杖仍没停下。在返回县城的路上,他竟然在颠簸的越野车上沉沉睡去。

短短几个月,六隆这条枕着亘古洪荒岁月、沉睡亿年的"卧龙"被唤醒了,路如彩带,地如锦被。满山排列整齐的横竖成行的竹坑,星罗棋布,如锦绣上的针脚,行距齐整,排列有序。

坑中的竹苗开始呈现嫩绿的幼芽,形如贴在少女胸前的一枚枚翡翠坠。

就此，大六隆八渡笋开发区成了广州对口帮扶的重点项目，实现了水、电、路、校、商、农综合配套建设的既定目标，完成了引水、架电、开路工程和场部、居民点、学校、卫生院（所）、农贸市场等主要基础项目建设。

广州除了对"再建"的新六隆注入预定资金外，还投入完善旧六隆的资金。两者合二为一，成就了今天的"大六隆"。

2003年8月的一天，家住六隆镇的李堂勇、王丽艳夫妇开着辆"三脚鸡"摩托车到山上割竹笋，镇上刚通知，广州亲人过几天要来六隆看望移民安置户。

夫妇俩想，来人肯定是陈开枝。

"一定要给广州亲人准备点八渡笋，最新鲜的。"王丽艳说。

天刚露出鱼肚白，两人就上山割笋了。半天下来，他们割了300斤嫩竹笋，将最嫩最肥的几根笋装在一只布袋子里。

布袋子是为陈开枝准备的，王丽艳说，没有陈开枝，就没有这个家，尽管每一次陈开枝都没有拿，但每一次都为他准备着。

原来，家住凌云县大石山区的李堂勇刚到开发区时，看见安置点安置在莽莽群山里，满眼荒芜，心想在这里开垦荒山野岭，要付出多少辛苦才刨得吃？

当时的永久安置房还没有建好，一家人风餐露宿，瑟缩在简易的油毛毡棚下，日头毒辣时，棚上的油毛毡被烤得起泡流油；暴风雨袭来时，棚顶被掀翻，把油毛毡刮得不见踪影。

李堂勇跟老婆王丽艳说："六隆还不如我们老家好！"

"我问你，老家好在哪儿？"王丽艳面黄肌瘦，穿着一身补丁衣衫，精神萎靡，明显营养不良。打从嫁给李堂勇，没过一天好日子，她没好气地说："那穷地方饭吃不饱，水喝不足，太阳看不够，山路走不完。"

"什么水喝不足太阳看不够的屁话？"李堂勇也上火了。

"难道不是吗？一年四季玉米粥，哪餐饭吃饱过？靠天下雨，哪年不挑远水？太阳一露脸就日头落坡，哪次看够过？出门就爬山，哪辈子把山路走完过？"王丽艳一顿数落，"那样的地方还留恋？现在感谢政府都来不及。"

"原来说的房呢？路呢？说的电呢？我问你在哪儿？比我老家的石窝窝都不如。"

李堂勇说服不了老婆王丽艳，王丽艳说服不了老公李堂勇。

夫妻俩僵持一个晚上。

第一年春节刚过，李堂勇卷起铺盖返回他的老家去了，王丽艳和孩子则死活不肯搬回去。

初五那天，27户移民"大逃亡"。有的把铺盖卷走，有的把油毛毡棚拆了，连竹篾柴火都不剩，大有一去不复返的气概。

第二年，李堂勇和王丽艳离婚，两个孩子都跟王丽艳过。王丽艳种了60亩八渡笋，间种玉米、旱谷，后来分到了广州建的移民房，房子不大，却收拾得妥妥当当，亮堂堂，自来水一拧就哗哗流水，儿子还买了一辆"小四轮"跑运输。

王丽艳的新房屹立在山坡上，周围是满山的翠竹，如同一顶顶绿冠，尤为悦目。那袅袅升起的炊烟，飘洒着新生活的温馨。

在六隆，有广阔的天空，有灿烂的阳光，有肥沃的土地。当初搬迁出来的人发了财，还到城里买了房子。

李堂勇在老家日子则过得一天不如一天，他后悔了，便又想搬出来，于是又想到了陈开枝。

他向王丽艳打听陈开枝哪天会来六隆。

"找陈开枝做哪样？"

"我……我想找他把我安置一下……"

"你还好意思找陈开枝啊？"王丽艳说，"你脸皮够厚！"

其时，六隆早就停止移民安置了。

"那我一个人怎么过，孩子我也有份……"

"活该！"王丽艳的脸已经滋养得红润饱满，她用嗔怪的口吻说，"改天我叫老大开'小四轮'去把那些苞谷和红薯拉回来。"

没过几天，儿子把苞谷和红薯拉来了，拉来的还有李堂勇……他们又复婚了。

听人家讲完这个故事，陈开枝笑了。

陈开枝说，当年搞异地安置时，确实一些异地搬迁户故土难离、乡愁难忘，老是想着要回去，心不是很稳定。做工作后，才又回来了不少。移民开发就是要让搬迁的贫困户搬得出、稳得住、能致富。王丽艳一家人的悲欢离合，证明了我们当年的决策做对了。

黄有俊是田阳县五村乡大列村的党支书。受大石山区自然条件的限制，1995年大列村人均收入只有200元，人均有粮才140公斤。

"贫穷"两个字好沉重。

当时，百色地区行署组织30个特困村的贫困农户到六隆实地考察以种植八渡笋为主导产业实施农业综合开发，乡里指定黄有俊到六隆走了一趟，回来组织村民进行搬迁。

黄有俊见到六隆大片肥沃的土地，好不高兴。回到村里，马上动员村民进场。

没想到，报名者寥寥无几。

"人家本地人祖祖辈辈住得安安乐乐，你硬挤进去人家不撵你才怪，受气还不如在老家苦熬。"有人担心，不愿迁离大列。

黄有俊走家串户，一家一户地做动员工作，先是请后是求，继而连压带哄，腿都跑断了，嘴皮磨起泡，终于有56户186人跟着黄有俊走出大石山。

也有"识货"的主。一位75岁的老人，走进六隆开发区，掬起一把土来看。"这是好土呀！"他扑通一声就跪下了，额头叩在黑土上，说，"这辈子死也死在这地方了！"

大列安置点的开发形势很好，进场当年，笋地间种的玉米、旱谷获得大丰收，人均有粮300公斤以上，实现了当年解决温饱。在抓好竹笋管护的同时，积极发展家庭经济，户均养猪3头、羊15只、鸡30只，人均纯收入已达3500元。

大列安置点八渡笋长得特别好，2年后进入竹笋的盛产期后，以亩产鲜笋2吨计算，大列点就有400万元的总产值，户均收入将在3.5万元以上，人均收入可达7000元。

"达到脱贫致富水平了。"黄有俊还嚷嚷着要买一部小客车，开通六隆至田阳老家的线路，让两地亲戚的交往更稠密、更便利。

春有绿，夏有花，秋有果，冬有青。

大六隆开发区，是广州帮扶百色的大手笔，也是陈开枝最得意的一篇扶贫"杰作"。

陈开枝到六隆32次。

每一次去，当看到八渡笋产业抖去了六隆曾经尘封的荒芜与沉寂时，他仿佛听到那竹笋的拔节声，如鼓如裂帛……

平细分场在旧六隆与新六隆之间。有一年仲夏，陈开枝走进三工区一户谭姓人家。主人叫谭振田，是从田林县浪平乡弄驮村上常弄屯搬迁出来的移民。

那天中午，烈日当头，骄阳似火。

陈开枝进到堂屋，他看见不宽的屋子堆满了刚刚收回来的玉米棒子和旱地谷，谭振田正在操作一台手动的简易脱粒机。

突然来了一拨客人，谭振田连忙站起身来，扯着嗓子朝内屋里喊："老婆，快拿几张凳子出来。"

妻子王桂荣比谭振田年长3岁，"女大三抱金砖"，这是那个年代高山汉族的早婚风俗。老婆讨过门就要能干活，所以有"老婆、老婆，不老不成婆"的说法。

陈开枝坐在玉米堆前一边剥苞谷壳一边让谭振田讲讲怎么来的六隆，来到六隆习不习惯。

谭振田当过村主任，来到平细又当分场长，口才像讲快板书一样，讲自己的故事，讲别人的故事，出口如枪子那样快——

1957年出生的谭振田在老家有10口人3亩地。所谓地，其实都是些石缝里的土窝窝，按播下5斤玉米种子为一亩算，一年最多能播下15斤种子，忙活一年下来最多收1800斤玉米籽，只够半年口粮，余下半年吃的是木薯、荞麦和野菜。

谭振田感慨地说："当家当成这个样子，实在是没有脸面啊！"

老家也缺水，旱季要到3公里远的地方挑水。弄驮村人发明了一种包装运水法，即把水盛入不漏气的薄膜袋，绑好口，再装到麻袋里，再装到背篓里。就是牲畜来抢，或是人摔倒，这水也万无一失了。

缺水又缺土，为了一家人的生计，谭振田只能去"赶明山"。

高山汉族口里的"明山"，就是指土山。

赶明山，其实就是"游耕"。即到有土地的土山地区去，替他人开垦，然后只取头两三年的林下间种的作物。景况好时，还能得到少量的"剩余价值"，境况不好时就是白帮主人打工，还吃自己的。

"赶明山"的人，其实是一种"找死"的迁徙。替人家垦山，没有地位，没有保障，还属非法的"盲流"。有的住山开荒，因失火成为阶下囚，有的毁林造地被治罪，有的把老婆孩子弄丢了，或让别人拐走了，落得个人财两空。

谭振田跟着乡亲们出来"赶明山"，几乎赶了二十多年，从一个年轻小伙子赶到了一个不惑的中年人，受尽了欺凌和苦累，始终没有得到一份属于他的田地。

谭振田告诉陈开枝，弄驮村有几个村民实在没办法，便窜到隔壁福达乡的一个水源林地毁林开荒，与执法人员发生冲突，有四人被判了刑……这四个人现都作为移民被安置到六隆移民开发区来了。其中的两个人，还属"监外执行"啊！

谭振田说得沉重，陈开枝听得流泪。

陈开枝是个"容易受伤的人"，最听不得这种话，一听就落泪。

谭振田连忙结束他"赶明山"的话题，给陈开枝讲六隆的新生活故事:"六隆准备开发时,我正在八渡乡'赶明山',老婆说公家要开发六隆,让没地的石山区贫困户搬过去种八渡笋,你赶快回来。于是我就匆匆回来了。"

谭振田的肢体语言很丰富。"还没回到家,途中有人喊'老乡,你跟不跟我们去六隆勘点,工钱按天算',我就中途加入了,没想到竟然是跟县长曾仕先一路,我是第一次看到那么大的官。

"勘点蛮苦,草深棘多,蝎蛇遍地,我们先是沿山梁走一圈,看清地势,然后下到沟里沿沟往上走。钻沟子的巴芒叶锋利无比,一碰就血流不止。沟沟里全是烂泥沼,曾县长的鞋子陷下去找不回来,只好打赤脚,哈哈!"

陈开枝听着,紧蹙的眉头也展开了。

第一批弄驮村来了30户百多人,先搭个棚子住下,盖上薄膜,有的盖上野芭蕉叶,能挡雨就行了。

谭振田一家分到了50亩山地和0.5亩山沟田,全家人的力气都用在开荒种八渡笋、种玉米、种旱谷上面,当年就种出够第二年吃的粮食,他把留作口粮后所剩余的玉米出卖,一下子就拿到1万元白花花的现钱。两口子不知往何处藏钱,想了半天,才把这些钱卷成筒放在手电筒里,白天带着,晚上枕着它睡,有时半夜笑醒。

谭振田不时也遇到当年一道"赶明山"的老乡,碰在一起,少不了聚在一起喝上几盅"土茅台"(苞谷酒)。酒过三巡,他们又哭又笑,哭当年"赶明山"的苦,笑今日得到安置的甜。

谭振田说:"广州的领导您放心,我们这些吃过'赶明山'苦的人,来到六隆后很下苦力干,都好起来了,都吃饱肚子了,我们没有多少文化,打心里感谢党和政府,感谢社会主义,感谢广州市的帮扶。"

谭振田只是众多移民中的一分子,除了田林县,大六隆开发区安置了百色地区田东、田阳、那坡、德保、隆林、凌云等7个县贫困人口4000户20000人。

从缺水、缺电、缺土、交通不便的贫困山区来的移民,千年饥寒一朝得以温饱。"我们终于过上了人应该有的日子!"谭振田说。

走出大山天地宽。

张松林是凌云县的一名搬迁户,1997年12月11日,他告别了7代人生活了200多年的大石山村子,搬迁来到六隆开发区的新房。

住上这种新房,他感觉特别高兴,交通方便了,娃娃上学也很方便。

粉刷一新的墙壁,水电、灯具、窗帘、电视机等日常生活用具一应俱全。张松林介绍,房子和基本生活用具都是广州和地方政府帮忙完善、购置的,拎包就能入住了。

张松林一家5口人,以前住的地方,是个连摩托车都骑不进去的深山,土地匮乏,水土流失严重,吃了上餐找下餐。爱人身患糜烂性食管炎、慢性胃炎等多种疾病,上有一位82岁的老母亲需要照顾,下有两个在镇上读中学的孩子,贫困的家中早已入不敷出,当时搬迁也是不得已的选择。

苦心人,天不负。异地开发第二年,张松林就获得了大丰收,同时家里还养了几头猪,过年再也不用发愁了。

"张松林是五万移民新生活的典型代表。"陈开枝说,搬迁只是手段,脱贫才是目的,现在看来,我们的目的达到了。

2004年1月,陈开枝第八次在百色过春节。

26日是正月初五,节后的六隆天气骤冷,还结了冰晶,移民户的房顶炊烟袅袅。在卢新贵、周炳群、石卫武、程洪升等百色市领导的陪同下,陈开枝来到六隆,走进移民梁春天的家。

梁春天一家正准备吃午饭,饭桌上摆满了鸡鸭鱼肉。

进屋一瞬间,眼尖的梁春天认出了走在最前面的陈开枝。

"广州亲人来啦!"消息不胫而走,梁春天的家顿时被闻讯赶来的移民围得水泄不通,大家端着米酒,提着粽粑,非要请亲人们尝一口。

50岁的梁春天有3个孩子,19岁的大儿子梁伟刚从卫校毕业,另外两个正在读高中。1997年梁家从田东县作登瑶族乡三山弄村搬迁过来前,生活非常困难,住的是茅草房,连续几年春节都在外打工。

梁春天拉着陈开枝的手说，搬迁出来后，分得了60亩山地，种植八渡笋、玉米，产粮食2500公斤，家里还养了4头猪，第一次过年有整猪吃。

"你们家的收入在村里算是多的吗？"陈开枝问。

"我们家的收入在村里算一般，收入高的户有5万多元。我家有3万多元。"梁春天回答。

陈开枝又问："你们家有存款吗？"

"当然有啦！我兜里随时有1000元。"梁春天说着，真的从裤袋里摸出一沓钱，晃了晃。

"比我的多，我才有300元。"陈开枝的话逗得周围的人哈哈大笑。

"他家去年花了8万多元买地建房子，给儿子开卫生所哩！"站在陈开枝旁边的移民李付元插话道。

陈开枝转过身，关切地问李付元："你们家现在生活有什么困难吗？还有什么想法？"

"吃住都不发愁了，我们也没别的想法，就想扎根在这里。感谢广州亲人的帮扶。若没有你们帮扶，就没有今天的好日子。"

"不能这么说，要感谢就感谢党中央和国务院，是党中央、国务院对口帮扶的决策，我们才走到一起的。"陈开枝说。

进得来，稳得住，留得下，必须与当地的居民融合，这样才能走进新生活……

历史上，搬迁移民与土著居民的关系有隔阂，矛盾较深。陈开枝一开始就注意到了这个问题，并及时做好协调工作。为防患于未然，他反复强调移民开发的同时，还要为当地居民创造同样脱贫致富的机会。

移民与当地居民和睦相处，有的成为亲家，有的结成姻缘——

八芒分场是以八芒屯取的名，分场场部就设在八芒屯。八芒的队长韦志德发现移民点的农活太忙，就组织村民去帮工。八芒屯农活赶不过来时移民村也结队去支援，这样一来二往，两边人一起做工、一起喝酒，混熟了，语言也相通了，韦志德于是从移民村讨回了一位弟媳妇。

原住村民岑显安家的羊以前是散养的，慢慢跟这些从德保县搬来的移民混熟了，还结识了一名叫阮美科的女青年。两个人通过交往，加深了感情，后来相爱，结婚了。

因为姐姐阮美科嫁到八芒的缘故，妹妹阮美学也常到八芒走动，结识了队长的弟弟韦伟平，也相爱了。

谈婚论嫁时，阮美学说："如果不是广州市对口帮扶百色，我们德保的贫困户也不会移民到开发区。给我们婚姻做媒的最大媒人是陈开枝。"

结婚的日子定在1998年4月19日，他们得知，这天陈开枝要到六隆来视察。

一对新人于是派人去总场请陈开枝参加他们的婚礼，因为请客的"金童玉女"化妆花去了太多的时间，赶到总场时，陈开枝的车队刚刚离开。

为此，这对"金童玉女"被罚了三大碗米酒，醉成一堆。

陈开枝说："自古以来，两个异地的群落相处在一起，只要通婚了，就融合了。"

2000年元旦，陈开枝第十六次到六隆。

望着青翠欲滴的竹林，陈开枝跟陪同他上山的六隆镇党委书记、总场场长陆泽山唠开了："公司＋基地＋农户和农、工、贸一体化是个好形式，但现在有14万亩竹笋投产，年产鲜笋30万吨，竹子10万吨，该想想怎样进行竹笋深加工。"

陆泽山年轻力壮，长得白净看似文弱，却老成干练，他对陈开枝说："主席啊！我们一直在研究产供销一条龙问题，产则没问题，但供销办法不多，渠道有限。"

那时的陆泽山有两套服装：一套是解放鞋、工作服，是在场里搞开发搞生产穿的；一套是西装革履，外出联系销售业务、寻找开拓八渡笋市场穿的。

他正苦于第二套服装用不上哩！

陈开枝听而不言，沉默不语。

原来他回忆起一件往事——

大列安置点的移民，是从田阳县大石山区特困村大列村搬迁出来的，名字沿用故地之名。

一次，陈开枝在总场考察，大列村村干部气喘吁吁地跑到总场，直奔电话机就摇。打完电话后，陈开枝问他什么事这么急。

"复机。"这位村干部告诉陈开枝，到移民点后，大家种出的笋子和农产品必须向外销售，但没有门路。村干就全村集资买了一部BP机，约定在外的朋友给他们传递市场信息时，就打传呼机……

这位村干部还颇为得意地拿出这BP机在陈开枝的跟前摁响，说："跑到总场来复机是辛苦些，但总比跑到县城去打电话好多了。村民都称这唯一的BP机为'村宝'。"

陈开枝当场掏出自己的钱来为大列全村村民共有的这部BP机交了一年的管理费。

复机的情景一直在陈开枝的脑海中挥之不去。

4个月之后，陈开枝第十七次出现在六隆。这次他心情极好，仰头一口闷下一个"小钢炮"（酌酒器）的土酒，说："移民的八渡笋加工销售有着落了，台湾山弘公司到六隆投资2000多万元兴建一个加工厂。"

工厂当年建成当年投产。

2001年，山弘公司加工笋干600吨，产值达2000多万元，移民户均收入4000元，纯收入在万元以上的有406户，3万元以上的有60户。

韦顺开、潘忠香、陈干把当年承包村级集体林场收获的八渡笋全部拿到山弘公司销售，收入达61.8万元。

大六隆没有学校？陈开枝也帮忙想到了。

2001年正月十一，陈开枝第二十二次到百色，也是他第十八次到六隆，这次，他带来刘小钢捐资的51万元，兴建了六隆镇田夫希望小学。

在过去，所有的捐赠者都一律标明其在商的职务头衔，唯独刘小钢只署其名，她一再向陈开枝表明：这只是个人行为，不冠公司名称，不用介绍。

在捐赠仪式上，陈开枝还是没忍住向百色人民介绍了刘小钢：老家四川广安，与世纪伟人邓小平同乡，广东省前省长刘田夫的女儿。高干子女却不吃家世的老本，靠本事闯商海，办公司，几遭风雨沉浮方获事业成功。

大六隆山道弯弯，留下陈开枝足迹无数。

2003年8月3日，星期六。

这天，田夫希望小学揭牌暨新教学楼落成剪彩。大六隆像过节一样，鼓声阵阵，雄狮欢舞，彩旗飘扬，少先队员们欢呼着奔向主席台，给广州亲人陈开枝和刘小钢戴上了红领巾……

第一个在六隆出生的女孩已经5岁，她的母亲用虚岁给她报名，被田夫希望小学的学前班收下了。

8月的六隆，竹林满坡满岭，竹影婆娑。

在20万亩八渡笋开发基地分布图前，陈开枝亲自拿起一根树枝，向来客介绍六隆开发区的情况。那棵从"刀口"下救出来的木棉树已长得高大、茁壮、挺拔，绿冠如盖，当年的刀痕长成了一个半环的印痂，平添了一种生命的沧桑。

青青翠竹间，移民们正在竹林里采收竹笋。陈开枝来到1997年亲手种下的纪念竹前。当年那根秃枝插进土里，长出根茎，长出新叶，眼前已是竹丛摇曳。

"哇！肥嘟嘟的竹笋。"陈开枝像个孩子似的数发了多少竹笋。当数到第十六根时，他风趣地说："我这丛竹子今年丰收了。"

竹丛随风摇曳，仿佛在招呼他，陈开枝忍不住走下山坡，从一位移民手中拿过了刀，亲自采收了两棵。

接着，他又招呼考察团的成员一起过来收笋，开心地炫耀道："已经收获3年的竹笋了，大家都来感受丰收的快乐！"

旧六隆指挥部前面的土地上，也有陈开枝种的竹，连着一片，郁郁葱葱，蔚为壮观，它成为大六隆一道特别的风景。

日出东方，橙色曙光晃动着湿漉漉的紫红色岚气。顷刻间，浮起来一只红色大铁球，连同火焰与钢花一道，喷薄而出，把群山燃烧起来。

陈开枝最喜欢这种景致。

每次到大六隆，站在自己亲手种下的纪念竹前，陈开枝凝视着每一片叶尖上那一颗颗晶莹的露珠。露珠映着晨曦，如珍珠，如宝石，折射出七色的光彩，让他振奋，让他的心头升起希望……

大六隆成为集扶贫开发、加工、销售、旅游于一体的现代化社会主义新农村，20万亩八渡笋成为一个大型的"绿色企业"。

那是大六隆的希望。

那是4000多户2万多异地开发移民的希望。

陈开枝对自己这幅"作品"很是得意。他说，大六隆开发区的建设，让我们特别感到告别贫困走向富裕、告别愚昧走向文明的实在。

大六隆声名远播。广西壮族自治区党委书记曹伯纯视察大六隆时，高度评价"是广东广西经济协作的一个成功范例，于所有的东西部经济协作和对口帮扶活动有指导、借鉴和推广意义"。

后来，以产业地域为建制，经上级批准成立了六隆镇。

大六隆的成功，一方面是广州市的帮扶，一方面是百色地区各级领导的重视与投入。陈开枝多次提到他的"老战友"们：

地委书记刘咸岳、行署专员马飚4次在新六隆开现场办公会议，解决立项、定点、资金和协调各县移民进点等重大问题。

地委副书记黄远征率地直干部、官兵参加大会战，流过汗，滚过泥。行署常务副专员文明直接分管对口扶贫，投入精力最多，他在去六隆的工作途中发生了车祸，被送往医院的途中，鲜血把其双眼都蒙住了。

在伤痛和困难面前文明没有任何丝毫退缩……

陈开枝还说，大六隆时代精神的内容实质就是：艰苦奋斗，自力更生，把握机遇。

1996年之后的数年时间，六隆扶贫开发基地共投入资金1.2亿多元（其中，广州市对口帮扶资金4850万元），设置3个总场12个分场66个移民安置点；共修通笋区道路32条502公里；兴建移民住房3947间，共98832平方米；修建水池29处，共1440立方米；拉通高压电线11条，共58公里；兴建学校22所、卫生所（室）9个。

"如果陈开枝能到非洲扶贫就好了。"联合国开发计划署驻华代表何进视察六隆开发区后大加赞叹，"这样的奇迹只有中国政府才能创造出来。"

英籍专家柯尔先生感慨地竖起大拇指说："在百色，我看到中国消除贫困的希望，广州OK！"

时光荏苒，一晃过去20多年。

大六隆现况如何？

8月盛夏，我们来到在田林县六隆镇的多个移民村，竹叶青翠欲滴，隐约可见竹笋藏于林中，笋香千里；一幢幢"笋楼"整齐排列，绿化带、小花园把新楼装扮得温馨而美丽；房前屋后，老人们在院子里休憩，孩子们在奔跑玩耍。

"异地扶贫开发，搬迁搬出幸福新生活。"移民们说得最多的还是那句话，"感谢广州亲人，感谢陈开枝。"

在平细村一户移民小楼院里，吴再梦正和家人翻晒八渡笋……

"种了20多年的八渡笋，现在已经扩大到118亩了，去年卖鲜笋就挣了7万元。"吴再梦说。

吴再梦是1997年从大石山区浪平镇弄陀村搬迁至六隆镇平细村的贫困户，他说这几年八渡笋通过加工成笋干后再卖给企业，每年多挣了3万元，家里已经建起了两栋"笋楼"。

六隆还建起了扶贫车间。

在八渡笋扶贫车间，10多名农户正在削笋皮，其中还有几位是老人家。负责人李慧珍介绍，常年可提供就业岗位30个以上，盛产时节可以提供60个以上，每人每年可获得1.5万元以上收入。

车间正在建设八渡笋深加工流水线一条，笋尾加工车间一个，年加工竹笋约2000吨。

田林宏世农业开发有限公司创始人丰馨莲说："八渡笋被加工成清水笋、酸笋、笋干，附加价值翻倍，达到20元一斤，成品主要销往台湾地区和日本等国家。"

2009年田林县八渡笋产品获得国家质检总局颁发的"原产地标识保护产品"称号，2010年获得中国农业特色品牌"八渡笋之乡"荣誉称号，2017年六隆镇平细村五工区列为"田林县出口八渡笋质量安全示范区"。

昔日战天斗地打造的20万亩八渡笋产业基地，今朝产业布局全面开花，成效凸显。

多年来，八渡笋也有品种退化、竹林老化、发笋率低、笋质量下降等问题。六隆人沿着当年的扶贫开发足迹再出发，狠抓产业培育，巩固壮大原有的八渡笋支柱产业。

张义国说，为提高八渡笋产量，2018年，六隆镇投入4591万元资金，对核心示范区3030亩八渡笋进行低产增收改造，采用滴灌方式，辐射带动六隆镇平细村、下维村、门屯村等5个村1万亩以上八渡笋发展，覆盖受益群众1838户7352人。

"低产改造，八渡笋产值翻了一倍。"六隆镇党委书记、六隆镇八渡笋总场场长张义国坦言，全镇18个村基本上都有种植八渡笋。

路虽远行则将至，事虽难做则必成。光阴荏苒，多年日夜奋战，当年陈开枝的扶贫足迹深深印在六隆这片热土上，六隆人以实干谱写华章，让产业布局全面开花，发展日渐上规模，以产业带动脱贫成效显著，2019年底，全镇贫困率降至1.22%。

"2020年六隆贫困人口全部实现脱贫摘帽是铁板钉钉的事。"张义国信心满满。

大六隆是广州、百色携手建设规模化产业基地的成功范例。

大六隆不愧是时代的杰作！

7. 弄福路，扶贫路

"喊路"，是陈开枝初到百色时听到的新鲜概念。

当地人告诉他，站在自己所处的位置喊一声，所能听得到的范围就叫"一喊路"，于是便有了"两喊路""三喊路"说法。

有一次，陈开枝从隆林各族自治县前往西林县，70公里的山路要走3小时，因为弯多路窄，车上的几个人吐得昏天黑地。

"停车让他们休息一下吧！"吉普车开到一个山坳，陈开枝吩咐司机说。

蹲在路边休息时，陈开枝看到有个老乡背着大捆木柴打面前经过，便叫住他问路："老乡，这里到西林县城还有多远啊？"

"不远了，不远了。"老乡说，"就两喊路。"

这两喊路，陈开枝的车走了一个半小时。后来他进一步了解到，他们站的地方是一个山坳口，第一喊对面的山坳口能听到，车走了40分钟；到对面的山坳口再一喊，前边的县城能听到，但车还得走差不多1小时。

在百色，行路难一直是很多人的痛。

尤其是高寒石山区，乡民们祖祖辈辈传下来的小地名，既回味无穷又彰显无奈：牛卡坳、鸟见愁、羊跌崖、断脚杆、上到天、下到底、马翻驮……

一个比一个生动，一个比一个险峻。

那些路，是牛羊蹭出来的蹄痕。

那些路，是山里人走过的岩隙。

坡有几陡路有几陡，山有多高路有多高，衔接处要么木梯栈道，要么长藤缠绕。

山与路，成了一个形影不离的难解的结。

20世纪70年代中期,乐业县一个"高山汉"小伙在石家庄当兵,处了一个"北妹",水蜜桃样叫人心跳。两人情投意合到了谈婚论嫁的地步,小伙子服役期满,领着心上人回乐业县共筑爱巢,下了火车换汽车,一路颠簸着到了田林的浪平。

姑娘问:还有多远?

小伙答:快了快了,翻座山就是。

汽车翻过广西第一高峰岑王老山,到达甘田镇。

姑娘问:还有多远?

小伙答:前面就到。

车沿着一条简易公路继续走,山更多,路更窄。

姑娘按捺不住:我跟你坐了十多天车了,这到底是去哪里?

小伙答:没多远,你再坐会儿,转几个弯子就到。

车到雅长时,姑娘沉默不语,见对面停着一辆逆向开的货车,二话不说就跳了上去,连头都没有回。

小伙再也找不回自己心爱的姑娘,在坳口上呆呆地滞留了三天三夜。以后人们坐车经过那个地方,常常会看到一位蓬头垢面的年轻人在车边转悠,不时傻傻地对你笑,转而又嘤嘤地对你哭……

从凌云县下甲镇彩架村向左是往坪山村,岩石峰丛广布,顺着山势直上云霄;山道曲曲折折,布满荆棘和野草灌木;向右就是前往弄福村,山体连绵高耸,崎岖山路布满坎坷,一不小心就会踩个悬空,粉身碎骨。

据说在知识青年到农村去的那段岁月,省城一对相亲相爱的青年男女,面临着两个地方的选择:一个是去凌云县的坪山村,一个是去田阳县的百峰村。

那时不像现在这样互联网发达,有事就找"度娘"。

女的说,百峰那个名字一听应该是横成峰岭侧成林;坪山嘛,应该是一马平川的"广阔天地",即便是山,也应该是平的山。

男的说,那好,你就去坪山村,我就去百峰村。

后来才知道,坪山不平,百峰无峰。一次,男的请一个星期假兴冲冲去坪山看望女友。谁知天公不作美,一场暴雨让坪山脚下的浩坤湖堰塞,堵住了上去的路。山下心急如焚,山上望穿秋水,却硬是团聚不了。古时候牛郎织女尚有七夕鹊桥来相会,而这一对现实生活中的男女青年却上演了一出"隔水相望"的哑剧。等到堰塞水退时,男的假期已到,只得苦泪独吞,悻悻而归。

这并非杜撰的故事,坪山村就在弄福村的隔壁。

弄福村是百色地区三十个特困村之一,距县城30公里,距下甲乡政府20公里,村民长期生活在大山的褶皱里,过着与世隔绝的生活。

鲁迅先生说:"路本无所谓有,也无所谓无,人走多了就成了路。"弄福的路是人在乱石窝上踩过、留有鞋子或脚板印的山道,因为"人走多了才成了路"。

住在山顶的毛洞屯村民说,山上是地无三尺平,都是乱石窝,大部分土地在700米山下的浩坤,修通路之前到山脚下的浩坤收苞谷、背黄豆,负重而行,陡峭的地方需要手足并用,常常不小心会踩到一条蛇,或一丛荆棘,或悬空一脚。除了人挑肩扛,主要还是靠马驮,摔死的马匹不计其数。

听当地政府的汇报时,陈开枝就"开了小差":这些世代负重回旋于崎岖险峻山道上的山民,真不知他们是如何从远古走到今天的!

不能让他们永远走这样的路了!

行路难,饮水难,用电难,住房难,信息闭塞,办学条件差,成了百色贫困山区的代名词。

誓言改变百色交通难状况,成为历代百色地方官员的共识。

1998年开始,百色打响以改善基础设施建设为主要内容的"六大会战":村村通路,村村通水,村村通电,村村通邮,村村通电视,村村"茅改瓦"。

弄福路是彩架村通往弄福、坪山、阁楼村的村级公路,覆盖下甲、沙里两个乡6个贫困村2.3万人。

修路被提上日程，广州和百色决定乘会战啃下这块"硬骨头"。

不到弄福真不知路艰险呀！

弄福路九曲十八弯，连绵的绝壁，从海拔300米蜿蜒盘旋近30公里伸向云雾缭绕的1300米山巅。

6月7日，重修弄福路拉开序幕，战斗一打响，昔日荒僻阴森的弄福坳突然间阳气升腾，变得热闹起来。

工地大大的龙门上悬挂着一幅大大的标语：

战穷山斗恶水冲出鬼门奔富路；
抓机遇快行动铲除穷根换新天。

这是百色地区乡村公路大会战中最长、最硬、最险的工程。百色地委委员、行署副专员文明亲任总指挥长，凌云县委书记黄五同任副总指挥长。

民政局、水电局、建设局等百色地直和凌云县相关单位派人来了。

广州对口帮扶的领导和相关部门来了。

陈开枝来了。

弄福村男女老少扛着铁铲锄头倾巢出动……

峡谷震响，群山回应。

跨深涧，凿隧道。

当时以石山每公里3万元、土山每公里2万元的造价承包到工程队。机关干部则挂点督战，科级干部每人500米以上，处级干部每人1000米，市县领导每人挂点一条路，官方媒体《右江日报》每星期公布一次各条路的进度。

"这是任务啊！吃住在工地，没日没夜干。"凌云县委原书记黄五同回忆说，弄福公路堪称广州对口帮扶百色、合力攻坚的"标本工程"。

陈开枝每次来都是利用双休日和节假日。他多次到工地现场和修路群众一起搬石头。

一次，几个民工正在用钢钎撬一块大石，坑比较深，几个人呼哧呼哧地弄得汗流浃背，不想陈开枝一行正好经过这个工区。

"大家一起来帮帮。"陈开枝挽起袖子，随行的人都凑了过来，一鼓作气将大石从坑里搬了出来。

站在当地人俗称"鬼门关"旁的高山险崖边，陈开枝看到艺高胆大的民工们腰绑着保险绳，在几十米高的峭壁悬崖上打炮眼，点炮排险，个个身轻如燕，他看得血脉偾张还替工人们捏着一把汗。

在工地现场，陈开枝碰到一位年过古稀的当地老人，正颤颤巍巍地清理石渣。

"您老这么大年纪还来呀？"陈开枝关切地问。

"来。按我们老祖宗传下来的说法，修路架桥是修阴功，我也要出一点力，多活几年。"老人呵呵一笑，说，"你们广州那么远都来帮我们，我们还有什么理由不做呢？以前修不成路，这次有广东帮忙，我们有信心。"

"怎么以前开不成？"陈开枝问道。

"您看那……"老人指着左边白色悬崖上一道划过的路痕，给陈开枝讲述了发生在10年前那场凄惨的修路故事——

那是1986年，当地群众下决心把公路修进山里去，让山里的货物能运出山外，从而摆脱贫困。他们请来各路修路高手，开凿下甲乡汾州到弄福坳的半圆形隧道，尽管炮声隆隆，铁锤飞舞，但因山势险恶，公路修了3年才推进12公里。

1988年夏天，公路来到百敢狮子口绝壁处，那是一个90度笔直的崖面，悬崖下有一个天然的穿洞——响水洞。从县城流下来的泗水河从这里入地后穿山而过，进入弄福浩坤。

"190米的高空作业，人在空中荡来荡去，像吊着个檐老鼠（蝙蝠）。"老人顿了顿，喝了口水，摇摇头，"这猴子都爬不过去的地方，汽车怎么能过去？"

"死了人？"陈开枝其实听人说过。

"是,死了三个。两个浙江人,一个当地人,全部丧生崖底,连尸骨都没有寻回来……"老人叹了口气,说,"听说是惹怒了这里的山神。"

关于这段不堪回首的往事,我们在作家黄小卡、向志文合著的《世纪丰碑》里,有这样详细的记录:

来自浙江青田的王朝明、刘小妹与大山顶上肖坪屯的杨正党、杨胜华组成爆破组,他们把8股导火索绞成一股,一头拴在山顶的石头上,用棉絮垫住绳头,人像风铃一样吊下悬崖高空作业。个子瘦小的刘小妹名字像个姑娘,可他却胆大包天,5米长足有30斤重的钢钎,他竟然可以用嘴叼着在悬崖上爬上爬下。王朝明更有绝招,双腋各挟一箱炸药,在工地面上运动自如。

腊月二十六,大部分民工回家过年,但两个浙江佬和杨家叔侄仍在工地上干着。下午3点,王朝明、刘小妹和杨正党、杨胜华扛着钢枪、炸药导火索,踏着未清完的石渣往悬崖上走去,他们要点燃1988年的最后一炮。

王朝明、刘小妹和杨正党负责把炮窿掏大,往炮窿里灌药,用钢钎舂实,杨胜华负责把电线收回屯里。

5点刚过,10箱炸药舂好了8箱,杨胜华也把电线收拾好,从屯里来到崖边,突然他发现前面的路面在动,在往下沉,他急得大喊:"王朝明!王朝明!"

话音没落,前面的30米长、7.2米宽的路面已经消失,一尺之外变成了一道深深的裂谷……

闷雷似的一声巨响过后,浓烟腾至半空。山顶上的肖坪屯顿时笼罩在一片灰暗中,杨胜华猛地回过神来,连滚带爬地跑回了屯里。尽管全屯人大声呼唤,奋力刨掘,可是王朝明、刘小妹和杨正党却被那2万多方石头堵在响水洞前,再也没有回来。

老人说,那个死去的杨正党还是他的一个亲戚。

弄福坳被称为"鬼门关",10年间讳莫如深,修路的事再没有人提起过。

但为打开弄福的山门，将下甲乡到沙里乡的路程缩短40公里，这"山神"得动，这"鬼门关"得闯。

1998年9月9日，百敢崖的开山炮炸响。

陈开枝对副专员文明说，弄福坳的岩质疏松，地质复杂，再打10年前那种半圆隧道显然不行，你们改打隧道是正确的决定。

上悬崖打隧道，得靠专业队。

打隧道，"阳大同专业队"闻名遐迩。

三班倒，昼夜不停，100多个灯泡，碘钨灯把工地照得亮如白昼。打隧道拉碎石渣，专业队于是把4台拖拉机"大卸八块"后抬上了工地。

在1号隧道，陈开枝碰上了阳大同。在阳大同的身后，机声炮声、钢钎铁锤叮当声，谱成了一支雄壮的筑路协奏曲。

阳大同和陈开枝的喉咙都开着大音量说话。

阳大同说："3个隧道，共138米长。工作面打了3万多个炮眼，用坏了20台钻机，钻断钻杆211条，钻头钻坏1056颗。灌了40多吨炸药，拖拉机拉了3万多车石渣，轮胎已经磨坏了64个……"

清石渣，砌墙填土。

没有推土机，民工们脑洞大开，把犁耙的耙改造成推板，搞了几个土制"推土机"，往牛脖子上一套，效率果真大幅度提高。

从1998年9月开始，至1999年1月，历时4个月，百色人硬是从300米至1300米近乎垂直的陡坡上"掏"出一条感天动地的"天路"来。

刚从广西壮族自治区人大常委会副主任职位上退休的文明对当年的修路经历记忆犹新，他说："（当时）财政拨款每公里只有3万元，在陈开枝的'撮合'下，广州各界的帮扶下，最终凿开了11处绝壁，打通了3个隧道，填平了一个宽80米、深28米的沟壑，才有了这条涵盖12个回头弯的弄福公路。"

路修通了。开通那天，长长的公路上，汽车排着长龙从山脚一路如蛇形蠕动，弄福村比过节还热闹。

"这么大的家伙得要多少粮草才够啊？"路开通那天，村里的老人一辈子没见过汽车，看到这一庞然大物，不知它是何方怪物，便挑了两担粮草放在车头前，还奇怪地问，"怎么不吃？"

还有两个老汉面红耳赤地争论着这大家伙"是公的还是母的"。一个说是母的，一个说不是，还找出证据来："你看，我说是公的嘛！那东西在那儿。"——他看到了汽车的排气管。

在"弄福路精神"的鼓舞下，全百色乡村公路建设烽火遍地，好消息连绵不断，纷至沓来。

田阳县有个义安村，藏在大山深处，蹲在金窝银窝。因为义安地下有锑矿，地上可种农作物，还可以开采石场。

山高路远，开采出来的锑矿和石材，种出的甘蔗、水果，运不出去，即便能卖钱，也是贱卖。

出门爬坡，天旱无水，义安人穷啊！

义安人曾修过路，修一条从义安村接到公路干线的路。但这条八九公里长的路修了好几年也没有修通，修修停停，总是半途而废。

那次从凌云县弄福公路返回广州途中，陈开枝到田阳县考察，在县、乡（镇）、村领导座谈会上，一位当地领导汇报这事，他插话道："为什么会半途而废？"

当地领导答："村里有十多个屯，因为居住分散，谁都想把路修过自己的家门口，所以总是修不通。"

"要想富，先修路，这个道理大家都懂，为什么会发生这样的情况？肯定有历史遗留的问题。"末了，陈开枝说，几年修不好的路，这次要借大会战的东风一鼓作气把它拿下来，有什么困难，广州一定全力协助解决。

也正是广州帮扶资金的支持，义安村各屯不敢再计较前嫌得失。两个月后，陈开枝得知，义安村通向主干线的8.5公里公路修通了，4.5米路宽，还可以通行大卡车。

《增广贤文》里说：贫居闹市无人问，富在深山有远亲。但百色穷在深山也有远亲，广州的一笔笔捐款犹如雪中送炭。

广州市经协办为凌云弄福公路送来20万元捐款。

广州市番禺区支持那坡县乡村公路大会战捐献42万元。

广州市黄埔区捐献30万元用于田东县乡村公路大会战。

……

据不完全统计，在交通大会战中，广东省及广州市和港澳社会各界无偿援助百色地区钱物2亿多元。陈开枝说："扶贫不是一种恩赐，更不是一种救济，而是要扎扎实实干出成果来。没有开凿弄福公路的这种精神和韧性，是干不好扶贫工作的。"

"北有红旗渠，南有弄福路。"国务院扶贫办原副主任吕飞杰到此一"游"，有感而发。

1998年10月9日，百色地区乡村公路大会战现场会在弄福路上的"鬼门关"上召开。地委书记刘咸岳慷慨激昂地说："还有哪一条路比这条路艰难？这条路能修通，还有哪一条路不能修通？"

原本默默无闻的弄福路，声名远播。

时任广东省委书记李长春带着广东山区的市委书记去看弄福路这一扶贫攻坚的"经典工程"后，为这里艰险的地势和恢宏的工程所震撼，感慨地说这是最好的"艰苦创业教育基地"。

他特地让人给他照了一张以公路为背影的照片，并要求广东贫困地区的县、市领导，都来弄福公路照一张照片，拿回去做扶贫攻坚和艰苦奋斗的教材。

副省长欧广源也去了，当他听到修1公里只有3万元钱时，极度惊讶："在广东修1公里路，3万块钱别说买雷管炸药了，就是买汽水都不够，百色这种自力更生的精神可歌可泣。"

如今的弄福路，已经被确定为"艰苦奋斗教育基地"。

百色的交通变迁，陈开枝最有发言权。

2003年8月24日，陈开枝第四十三次到百色时，坐上了从广州直飞百色的航班，那是田阳机场实行军民合用后的第一次包机飞行。

在此之前的42次，陈开枝前往百色都是取道南宁。

那时，他5时多就得起床，吃完早餐，清晨7时10分抵达广州白云机场，从广州飞到南宁，再颠簸六七个钟头才到百色。因为道路曲折，光花在路上的时间就得大半天。车到中途，肚子饿了就每人买一根烤玉米棒，在车上一边啃一边赶路。

20年前百色行路难的困窘，现在的90后、00后听起来就像听"天书"，但确实如此。

"继开通空中航路后，广昆高速、广昆高铁相继开通，12个县很快都能通上高速。"陈开枝说，"通飞机，通高铁，百色离广州近了，离世界近了。"

从机场往百色途经田阳县，一路上是满眼翠绿和农田里弯着腰忙碌的村民。

陈开枝指着大片的芒果树说："喏，路两边就是百色青芒，百色的青芒特别好吃，不酸而且又香又甜，最好的季节就是每年七八月。"

"路通财通，现在百色已经建成了芒果和蔬菜两个产业基地，搞得特别好，产品沿着交通大动脉北上西进，销路甚广。"

陈开枝每次率团到百色总少不了带大家来看看弄福公路，他说：这是落实党中央、国务院"东西部结对帮扶"的成果，是广州与百色扶贫攻坚的"标志"。

那次，他带着30多位来自两广媒体和港澳的爱心人士探访弄福公路，这块曾经开山辟路之地。

"每次看弄福公路都有新的感觉和发现。"陈开枝做得最多的是解释和介绍。他说："为什么当地老百姓把这条公路称为'人间奇迹'？除了工程难度大外，他们深知，解决了他们的行路难问题，就有了脱贫致富的希望。"

车从山顶盘旋往下，钻洞、绕弯，如龙蛇游走，时而腾云，时而驾雾，吓得同行中几个坐在车窗边的女士紧紧闭上眼睛。

在每个参观点上，他不时招呼司机临时停车，带着大家看得很仔细，连镌刻在公路边坡壁上的文字也不漏，然后借题发挥讲一个个关于修公路的故事。

在弄福村口，陈开枝见到村民张国桦。他和这里的其他11户村民是从其他地方搬到路边的，现在家家户户都建起了新楼房。

"通了路就能建房子。"张国桦说。这条路经历过4次"变脸"，1998年大会战时修成，2004年提级改造，2007年铺柏油路，2014年水泥路改扩建。

"后面几次是锦上添花。"张国桦笑着说。1998年那次大会战，真是大场面，他自己也参与了，经常见到陈开枝来，这么多年"陈市长都没有多大变化，还是那个样子，但弄福公路变了一次又一次"。

站在弄福公路边的八仙岩屯，陈开枝介绍说："那时我们来一趟八仙岩屯，县里准备了充足的干粮，翻几座山，爬几十段坡，才能到这里。现在，绕几圈盘山路，十几分钟车程就到了。"

十年反差，恍若隔世。

是奇迹，还是魔法？

在山顶的毛洞村，低矮破旧的房屋自然也不见了。"现在村里养猪、种牛心李，发展特色产业……我们的生态猪、牛心李都卖到你们广东去了。"村干部自豪地说。

一位来自沙里乡阁楼村的陈姓村民骑摩托经过这里，陈开枝问他："弄福公路开通后对你们有什么好？"

陈姓村民摸了摸后脑勺，然后拍了拍屁股下的摩托车："原来去县城要走两天路，到下甲的汾州住一晚，现在骑摩托车也就30分钟。"

陈开枝就是这样的人，见到老百姓喜欢东问西问。

"以前钢筋水泥拉不上来，那一片全是木房草房。"陈开枝指着肖坪屯里一幢幢崭新的二三层小洋楼。他看到路两旁还栽花种树，村貌焕然一新，不停地颔首表示满意。

陈开枝亲自导游，常常一投入就没了时间观念，用时比原计划超出了不少。当大家离开弄福公路，回眸这片莽莽群山时，天上的太阳已经离山头不太远了，云霓已开始变成橙色。

百色"村村通公路大会战"修建大小公路584条5093公里，解决了584个行政村（区）100万人行路难的问题，实现了村村通车的目标。

24年的扶贫时光，百色的交通状况一直在改变中。

如今，百色的路不再"百塞"，无论是通往苗乡还是通往瑶寨，人畅其行，货畅其流。尽管陈开枝近1.80米的身躯稍有弯曲了，脸庞更黝黑了，头发更稀疏了，但他对百色交通的持续关注没有改变。

8. 水啊水

在百色，由于喀斯特地貌渗漏严重，常常是"一场大雨地成河，三日无雨地冒烟"。群众翻山越岭找水、蓄水、挑水成为终其一生的必修课。

到1997年底，全百色地区尚有50多万农村群众饮水困难，好多地方的群众每天只有一桶水能用，半桶用来煮饭菜，半桶在晚上先给小孩子洗脸，然后大人洗，接着用来擦小孩子屁股，大人再用来洗脚，洗完脚又拿去喂牲口。

肩挑水桶，身背竹筒，马驮水袋。

"一水三用贵如油，洗菜洗脚又喂牛。"这曾经是居住在大石山区群众缺水的真实写照。

1998年春节，陈开枝到田东县作登瑶族乡陇接村慰问时，看见一个海军战士挑着一担水迎面走来。

"你是哪个部队的？"陈开枝称赞他，"小伙子不错呀！为贫困群众做好事。"

"我是来陇接村提亲的,不是做好事。"这位战士脸蓦地红了。他说,他在福建厦门当兵,春节到女朋友家提亲。女朋友家当时建了家庭水柜,有水了;他家未建,没水吃。女朋友父母看上他了,就送了他一担"定情水"回礼,让他挑回家。

滴水贵如油可见一斑。

陈开枝深入壮乡瑶寨扶贫了解到,大石山区的饮水问题是个普遍的困难。田阳县有个叫尚兴村的地方,群众打水井太深,井绳得用12根牛绳接起来,把一个小孩子吊下去,让小孩把水舀满,然后先把水桶吊上来,再将小孩吊出洞。

有一个大路村,山歌是这样唱的——

有女莫嫁驮路村,
驮路无油来点灯。
三朝不识夫君面,
没水洗脸认不清。

大路村的旧名叫驮路村。这里山高路险,出门就爬山,运输全靠人背马驮。马驮东西是驮,人背东西跟马驮东西一样苦,所以给村名取了个"驮"字。

驮路村,顾名思义是马驮着东西进出的村落。整个村落坐落在海拔700多米的高山上,可用牛耕的土地仅有581亩,全村234户1132人,人平均只有半亩地。驮路村是喀斯特地形,下场雨,眨眼的时间,雨水就渗漏得一干二净。没有水,祖祖辈辈就在那点薄地上翻来刨去,还刨不出个半饱来。

水啊水!

大石山里饮水太难了!

与水斗的结果,不是其乐无穷,而是心灰意冷。有些村里的女青年宁愿嫁给外地的独眼老头,也不嫁本村人。男人想去做个"倒插门"女婿，人家担心招山里的男人上门，麻烦才刚刚开始，会因此结下一帮穷亲戚……

缺水，危及人类，同样危及动物。

陈开枝听过这样一个令人惊骇的故事：有一个村的村民结伴到附近60多米深的溶洞里去汲水，在挑水回家路上，一群不愿干渴而死的牛马闻到水气，结队狂奔过去，袭击汲水人。村民见牛马不顾一切袭来，为保命个个落荒而逃，人倒桶摔。有个村民被一头渴红了眼的牯牛撞倒在地，水泼在他的身上，把衣衫打湿，这头牯牛喝不到已经渗进地里的水，就啃他身上的湿衣。因为惊吓，这个村民后来生了一场大病……

大石山里常常发生因水而起的惨案。

有个叫龙滩的地方，是严重缺水的大石山区，那里流传着一首民谣：

这里的人好命薄，
捡个田螺是空壳。
一口清水用命换，
跌死坟地无着落。

原来，寨里的水塘一般到九月、十月就干涸了。寨边有个地下岩洞叫落水洞，深数十丈，洞壁陡峭。村民在洞壁的岩缝上插上木条搭成螺旋形栈道，脚踩栈道，手攀洞壁，到洞底去汲水后再把水背上来。洞里水汽氤氲，栈道湿滑，一不小心就跌到洞里。世代以来，有失足而亡的，有气力不足摔死的，有因栈道坍塌丧命的……

老百姓说：喝水像饮人血一样。

这些并非杜撰的惊悚故事，常常令陈开枝听得目瞪而揪心。

"一定要解决百色老百姓的吃水难问题。"陈开枝说。

百色田东县作登瑶族乡有个巴立村，名字的发音与法国的巴黎接近，但这个"巴立"不是那个"巴黎"。人家巴黎是灯红酒绿的大都市，而田东县的巴立村连电都没有，喝水都成为奢侈行为。

巴立村有198户920人。如果论条件，人均耕地比别的村都高，还有大片平地，只是严重缺水，生产上不去，农作物产量低，半数农户还未解决温饱问题。

其实巴立村并不缺水，其屁股就坐在一条地下河上，夜深人静时还能听到水在地底下哼着小曲。巴立村人听着地下的流水声，却忍受着代代相传的干渴。

地下河离地面128米，千年流逝。曾经有村里年轻人架起了竹梯和栈道下到地下河去钓鱼，还在洞里"钓"到锈迹斑斑的手枪。据说当年百色起义时，巴立村就是一个根据地，有革命者为躲避国民党抓捕，在洞里藏身。

村里人回忆，在最缺水的时节，巴立村要由政府安排从52公里以外的田东县城用消防车把水拉到村里，以解决人畜饮水问题。

巴立人不想"坐以待毙"，努力尝试过：大家筹集资金从隔壁德保县隆桑镇陇坛村架一条高压线过来，然后打一口井，把地下水抽上来。但这个尝试以失败告终，因为还差20万元。弄不来20万，就弄不来电；弄不来电，自然就提不上水。

20万元，窒息了巴立村人盼水的丁点渴望，他们只能架起竹梯或栈道下到深洞底下去背水，继续承受这世世代代的干渴与煎熬。

1997年底，广州市到百色老区对口帮扶，巴立村人听说陈开枝去过离巴立村不远的梅林村、陇接村，还做了许多解难济困的事。

"要不找找陈开枝？说不定……"巴立村村支书王进苏找到村主任黄才敏，商量说，"我们写一封信给陈开枝副市长，请求他帮忙解决拉电抽水的经费。"

"这是个好主意。"黄才敏赞同试试。

支委会有人同意，也有人怀疑："陈副市长管广州的事，又管百色的事，还会顾得到小小巴立村的事？"

大部分人都觉得没多大希望。

怀着试试的心情，巴立村委请学校一位老师代笔，以巴立村委的名义给陈开枝写了一封信,诉说巴立村的困难。

末了,信中写道:

敬爱的陈副市长,相信巴立全村群众的疾苦会时刻牵动着您的心。在全村群众脱贫无路、致富无门的困境下,我们只能寄托于您——老区人民的贴心人。

信寄出去后,大家也没太在意,反正也是试一试。

约十天后,一分来信从广州寄到了巴立村村委会,信上这样写道——

来信收悉。自广州市接受对口帮扶任务以来,我先后8次赴广西百色地区,深知山区人民的困苦。我将尽心尽力和你们一起去改变那里的贫穷落后状况。我谢谢大家的信任和勉励。

关于巴立村钻井及架设高压线所缺经费的问题,我将尽力筹措20万元以解燃眉之急……

大家一看,署名正是陈开枝。

那年,广州市供电局邀请陈开枝去参加年会,其间,陈开枝将局长拉到一旁,说:"我让你看一封信,你看能不能省点钱出来,帮拿20万元去办件事。"

局长接过信,看完后慷慨地说:"这20万元我们出。"

不久,20万元钱寄到了。巴立村用13.7万元从德保龙桑架设了一条长2.49公里的高压线和3.5公里的低压线,装了6个变压器。余下的6.4万元加上巴立村村民自筹资金9万元,用作打井提水的经费。

有了水,巴立村把近千亩旱地改为旱涝保收高产水田,成为田东县作登乡第一个率先解决温饱的村。

1998年春节,年初七这天下午,寒气袭人。陈开枝到梅林村慰问后,顺道访问巴立村。当时,村民们见路上驶来一串吉普车,便认定是陈开枝来了，男女老少纷纷自发聚到公路两旁，夹道欢迎。

有的捧上米酒，有的拿来年糕。

酒是家酿，糕是自制。巴立人是第一次见到陈开枝，却那么亲近与熟稔，仿佛他们早已是朋友，是亲戚。

孤寡老人陆呈本听说登门慰问他的人就是陈开枝，就是给巴立人拉电抽水的亲人时，谢了又谢，久久拉住陈开枝的手不愿放开。

巴立人从没料想到，梦寐以求的世代愿望仅凭一纸书信就得到解决。巴立村的老百姓感动了，他们把广州市人民帮扶巴立脱贫解困的功德刻于碑石上，铭记千秋。

巴立村的故事成为佳话。

后来，百色的文艺单位还把这个故事编成一个小话剧，剧名就叫《水的故事》。

水是生命之源泉。

世界著名的玛雅文化、楼兰文化都毁于缺水。

在百色地委和行署的统一部署下，百色"村村通水大会战"的声势不亚于村村通路。

前面多次提到的陇穷村，是个"九分石头一分土，渴死猴子鬼见愁"的地方。因为这个村太典型了，"金木水火土"样样缺，可以说是集贫困之大成。

陇穷村，7个自然屯全部挂在半山腰上。村部所在的陇穷屯像口朝天大锅，锅壁四周的乱石丛中居住着几十户瑶族，锅底那口唯一的水塘，塘面漂着树叶、废纸等东西。

每年不到农历九月，水塘就干枯龟裂了，龟裂的还有瑶族同胞的心田。剩下的4个月，各家各户背着竹筒到石窝里找水，他们用棉花把石缝的水吸起来，再拧到竹筒里去；有的到山下的龙须河里挑，往往回到家仅剩半挑子水。

村民农氏18岁嫁到陇穷村，已经去山下印茶乡龙须河里挑了40年的远水，回程爬两小时的羊肠山道，挑断了10条扁担，摔烂了9只木桶。她为挑水哭过鼻子，发誓如果有来生，一定要嫁到一个有水的地方。

她没有料到的是，她正要把扁担交给自己的儿媳妇、孙媳妇时，水却流到自家水缸里来了，不用挑了。

这完全是托了家庭水柜的福。

陇穷村建了110个家庭水柜。

百色地委刘咸岳把陇穷村选为自己的联系点。为了水，刘咸岳先后9次翻山越岭，到各屯各户的工地去组织施工。

陈开枝听说老伙计建水柜的点在陇穷，还自己掏钱为联系户阮炳坚建了一个家庭水柜，令人深为感动。

1998年底，刘咸岳再次陪陈开枝去陇穷考察。那天，北方强冷空气南下，寒流习习。陈开枝穿着一双运动鞋，在坎坷崎岖的羊肠小道上走了几个小时，从陇穷屯走到陇外屯，再到更二屯，两边乱石丛中见不到一株农作物，偶尔看到几株耐寒的野生植物在风中摇曳。

路上，刘咸岳告诉他的广州老伙计，自己把3个月的工资都"砌"到联系户的家庭水柜上了。

在刘咸岳的联系户阮炳坚家，阮炳坚当着陈开枝的面拧开银晃晃的水龙头，清澈的泉水哗哗地流出。他用粗糙的双手捧起一把泉水送到嘴边，皱纹瞬间甜蜜地舒展开，满脸欣慰。阮炳坚告诉陈开枝，多亏刘书记自己掏了2500元，把32立方米的家庭水柜建好了。

"多亏了刘书记。"他带着陈开枝来到自家的水柜旁，手指着"饮水长思刘书记，脱贫不忘共产党"的字说。

那时，陇穷村的7个屯中，只有村部陇穷屯通公路，陇敏屯、陇外屯等其他6个屯建水柜的水泥全靠肩挑人扛、人海战术。

那是3月下旬，全村110个水柜所需的水泥一时运不上山，眼看就要错过蓄水的黄金季节，领导们十分焦急。这时，武警百色支队派了500多名官兵支援。

把水泥从山脚搬到陇穷，要跨一条河，翻三座山。当时龙须河大桥还没建，40米宽的河面水深浪急，官兵们找来竹筏搭起了便桥，让"天堑变通途"。

翻越高山时，官兵们带上背包绳，将水泥包绑在背上，然后手脚并用，十多公里的山路，每天早出晚归，也只能一个来回。5天的奋战，战士们肩膀磨破了，脚起泡了，皮肤被水泥烧坏了，硬是把100多吨水泥背到了陇穷村的3个屯。

陈开枝算了一笔账，如果这100吨水泥靠陇穷村的瑶胞自己运输，需要3个月的时间。

行署专员马飚的扶贫联系点是德保县定坡村，以极端缺水闻名遐迩。"人畜饮水和乡村公路大会战"期间，马飚负责联系的定坡村以动工早、进度快而名列前茅。

陈开枝听说定坡村在建水柜时，连拌灰浆的水都没有，是马飚指示把县酒厂的水车调来，将水运到路口，再由人背着走过一段山路送到屯里去。最关键的那些天，马飚守在水车边，为群众装满水后，还不忘替群众拧好盖……

"我听了十分感动。"陈开枝打算去看一次马飚专员的示范点，后来因为行程安排被打乱，没有成行，成为一件憾事。

他后来从一份材料中看到，定坡村的"人畜饮水工程大会战"完成水柜70个、水池14座、引水渠3处，共解决1311人的饮水难问题，完成任务达122.9%。

"百色的领导干部带头抓，工作作风够扎实，没有什么困难不能克服。"陈开枝目睹此景说，"这一点，广州的干部应该学习。"

通水那天，是定坡村历史上从未有过的欢庆。

孩子们在水龙头下，荡起清脆的童声嫩语；小伙子掬一捧凉丝丝的泉水，拍上胸脯；姑娘们则轻轻地揉濯，神采在清流中弥漫……

暖暖的秋光里，远山如黛，汽车飞驰。

在百色的石山地区，人们惊奇地发现：在那些田间地头分布着大大小小的圆形、方形蓄水池，大的50~60立方米，小的也有30~40立方米。

这些是用来干什么的呢？

当地人把这种地头水柜形象地称为"母亲水柜"。他们说："我们祖祖辈辈都缺水，这些水柜的水不仅养活了我们，也是浇灌庄稼的生命之水。"

2000年，陈开枝到访凌云县一个偏远的村子，问村里一年收成能解决多少粮食。村干部说，也就8个月的玉米糊，家里没有劳动力挑水的，收成就更差；有劳动力的，去远一点地方挑水来浇一浇地，收成就好些。

陈开枝如醍醐灌顶。

于是，家庭水柜后来又延伸到地头水柜。

所谓地头水柜，即在旱地旁，用砂石、水泥建造容量在数十至上千立方米不等的蓄水池，通过地头水柜收集雨水，为果园、田地、桑树地、沼气池、草地、人畜饮水、加工用水提供充足的水源。

地头水柜是根据一亩地要多少水灌溉来计算的，有的一个小水柜管一个片，有的一个大水柜管几个片。玉米良种有了水浇，产量嗖地就上来了，吃饭的问题解决了。

百色前前后后搞了20多万个地头水柜。

地头水柜藏匿在千山万壑间，被美国的侦察卫星拍到了，还以为是中国建的导弹发射井。据说东南亚某国还派遣特工人员潜入边境一带侦察，发现它们不是新式武器，而是一个用于储水的东西……

百色"村村通水大会战"中，共建成20597个地头水柜、3980个水池、94口井和984处引水工程。

有趣的是，百色把这种蓄水池叫地头水柜，广东则叫水池子。

隆林是百色地区唯一的一个民族自治县，人畜饮水工程任务重大，难度大，基础差。大会战刚开始，人们都为隆林捏一把汗。

陈开枝建议将一批隆林县基层干部送到广东去培训。当时，广东在粤北石灰岩山区的清远、韶关修建水池子，效果很好。那年天旱，山里农民倚靠水池子，灌溉、吃水问题都解决了。

这些基层干部回来后，将学到的整套工作方式方法运用起来，果然奏效，一下子把进度赶上来了，最后还超额完成了任务。全县共建2465个地头水柜、282个水池、162处引水工程，解决了千年遗留下来的53000人的饮水难问题，而且工程质量好，投资少，被评为全广西的工程质量二等奖。

依靠地头水柜，隆林县近万亩地改田顺利，播种插秧。

村民黄弘毅告诉陈开枝，以前，石山人想要吃大米，必须等到生病或者过节时才能买来几斤吃。现在，他们和土山区群众一样，学会了种田插秧，有稻谷亩产达800多斤，家家都有大米吃，每年还能卖出去一部分。

那坡县有一个两姓22户人家、共100口人的小屯子，每年十月到第二年四月，有长达半年之久的枯水期，而屯里只有一处水源，两族人为偷水、抢水，经常打架斗殴，水火不容，有一年还死了人。

问题复杂，相当棘手，都是水惹的祸。

这种情况直到地头水柜建起来，才出现了转机。村里建了57个地头水柜，能够容纳近万立方米的水，使100亩接受灌溉的土地种上了水稻。两族人从此化干戈为玉帛，和和睦睦，相安无事。

这里也有因"柜"制宜的明白人。

隆林县的罗齐钟是富有想象力的人。他围绕地头水柜搞起多种经营，池内养鱼、养鸭，池外种葡萄，栽培食用菌。

现在，尝到甜头的他又动起了脑筋：利用地头水柜进行配套农业综合开发，山上退耕还林，配套种竹、核桃、木豆等，让生态效益和经济效益双提高。

百色，正演绎着一个个关于水的全新律动。

第三章 珠江水长

9. 一起幸福

广州，又名羊城，简称穗。

传说在周朝时，广州连年灾荒，田野失收，人民不得温饱。一天，南海上空忽然出现五朵祥云，五位仙人分别骑着不同毛色、口衔稻穗的仙羊降临广州。仙人将五只仙羊化为石羊留在广州，把稻穗赠给了广州人，从此广州稻穗飘香，永无饥荒……

这就是"羊城"的由来。

1990年春，广州市通过法定程序确定了"广州人精神"为：稻穗鲜花献人民。其寓意是，广州人把创造出来的物质财富（稻穗）和精神财富（鲜花）献给祖国，献给人民。

广州帮扶百色，正是"广州人精神"的生动诠释。

陈开枝除了亲力亲为扶贫，牵线搭桥"做媒人"从来是他的强项。因为他的"撮合"，广州市辖的各区与百色地区各县纷纷"牵手"，缔结"姻缘"。

1997年10月，百色的天穹涂上一片金秋蓝，地上的风物向秋潇洒。陈开枝到百色地区检查扶贫工作，亲自宣布广州百色"结对子帮扶"的区县名单——

芳村区—凌云县

天河区—乐业县

白云区—西林县

越秀区—田阳县（现田阳区）

海珠区—田林县

东山区（今合并至越秀区）—德保县

荔湾区（今合并至芳村区）—靖西县（现靖西市）

番禺市—那坡县

黄埔区—田东县

花都市（现花都区）—平果县（现平果市）

增城市—百色市（现右江区）

广州市经济开发区—隆林各族自治县

经贸帮扶、教育帮扶、科技帮扶、文化帮扶、信息帮扶、旅游帮扶……广州帮扶面大，帮扶机器全方位启动。

陈开枝笑言，这样的"party"是根据广州市各区经济实力强弱，与百色地区各县的贫困程度而定的。譬如，人均国内生产总值11686元的芳村区与国家级的特困县凌云县"结对子"。

在广州，陈开枝一再要求各区（市）把结对帮扶提高到政治高度，对帮扶工作要热情主动，真心诚意，对老区来的"亲戚"不得"门难进、脸难看、话难听、事难办"；他每次到百色考察，都叮嘱各县（市）多走动，不能等、靠、要，立足于自力更生，对每一分钱用好、管好、出效益。

陈开枝"两头讨好"，结对双方互动热络、交往密切，用他的话来说就是"亲戚越走越亲"。

区县牵手，建移民村仍是较为出彩的部分。

东山区投入建设德保的荣华移民村，天河区捐助乐业的甘田马浪平移民村，规模最大的要数芳村区帮助凌云县建设的芳凌移民村——

凌云，历代为州、府、县建制重镇之地，位滇黔桂三省之要塞，山川灵秀，文化昌明。然而，日月山河，沧海桑田，当年"泗城府"的荣耀早已湮灭在历史的风月中。

记得当年的《民族画报》刊发了几幅全国民族地区贫困状况的图片，凌云上了两幅：一幅是《卖山茹》，两个老妇守着几颗山茹在打盹儿；一幅是《耕地》，黑压压的巨石如滩，瘠薄的土地上，一头耕牛转得过头来却怎么也转不过尾……

其实，前面陈开枝听到的"牛卡坳"和"草帽盖丢了地块"故事的发生地，均在凌云。

彼时，凌云县总人口17.62万，辖8个乡、2个镇，总面积2037平方公里，其中丘陵面积占0.1259平方公里，岩溶石山面积占0.0823平方公里。扶贫工作在全百色是最为艰巨最为复杂的县之一，陈开枝于是特别安排芳村区与凌云"结亲"。

其实，一直以来，凌云人都在寻找突围之路，为摆脱贫困不懈努力而上下求索多年。

1997年10月，陈开枝带芳村区的领导到凌云"认亲"。见面会上，凌云县委书记黄五同向广州芳村区介绍"异地办"时，他们毫无反应且面面相觑，因为在广州芳村区那边找不到对接部门。

"异地办？"陈开枝插话道，他似乎也没听明白。

"是的，就是专门负责移民安置工作的办公室。"黄五同回答。

"还有这样一个机构啊！"陈开枝感到新奇。

黄五同于是展开介绍，从1993年3月起，凌云县就着手实施"就地开发和异地开发相结合的路子"，先后开发平塘、伟岭等安置点，将石山区贫困农民迁移到条件优越的土山区进行安置和开发项目。

"开发项目是什么？"陈开枝问。

"主要是白毫茶。"

黄五同说的白毫茶（绿茶），又名白毛茶，因其茶叶芽片白毛茸茸，故而得名，系中国茶树优良品种。此茶条索紧结，白毫显露，形似银针，汤色嫩绿，香气馥郁持久，滋味浓醇鲜爽，回味清甘，有板栗香，因品质超群而名扬国内外。产品畅销全国，远销日本、美国、英国及摩洛哥等世界五大洲的15个国家和地区，被摩洛哥国王哈桑二世称为"茶中极品"。

经过四年实践，凌云平塘、伟岭等安置点共投资525万元，成功安置石山区贫困农民309户1432人，巩固率达95.5%。

在当时，"异地办"恐怕是全国最奇葩的一个政府机构，凌云或许也是全国最早"见异思迁"的县份之一。

平塘、伟岭异地开发的丰富经验，是不是成为后来潞城、江山、金沙等"广州村"规划建设的借鉴，我们不得而知，但芳凌村的移民安置点建设，肯定与凌云前期的异地开发成功有着内在的联系。

翻阅当年的材料，凌云1997年有近2.9万人年人均收入在300元以下，人均有粮200公斤以下。按照计划，其中200户1000人由广州百色市一级开发的大六隆开发区安置，200户1000人则由凌云县内自行消化。

这次会面，凌云表达出把希望寄托在与之结对的芳村区，期望得到芳村区的帮扶。

芳村区是有这样的能力的。《广州市年鉴（1995年）》记载：芳村区GDP 11.63亿元，地方财政收入1.51亿元，农民年人均收入9058元，人均GDP国内生产总值11686元，居广州前列。

凌云县的各项经济指标连芳村区的零头还不到。

从1997年10月至1998年5月，芳村区区委副书记、区长刘学权五次率团共43人到凌云县考察；凌云县委书记黄五同率有关部门共120人到芳村区汇报。

共识，在渐渐形成。

共鸣，在慢慢产生。

频繁的往来，催生了今日的芳凌村。

1997年12月16日，移民新村——芳凌村破土动工。

芳凌村距县城19公里，紧靠省道公路，有茶叶高产示范场。异地安置点分拉桥和伟山两个点，规划投资680万元，其中芳村区无偿援助350万元，凌云县自筹330万元。

1998年，贫困户移民正式进点开发，他们搬进的居住房是70平方米砖瓦结构，且有25平方米的杂物房。开发区配套建有1100立方米和800立方米两个蓄水池，拉通3600米的照明电线路，修筑7公里的场内公路。

异地搬入芳凌村的贫困户户均有茶叶20亩、八角10亩、板栗4亩，户均有5亩粮食作物面积和1亩水田。除了在自家地上种茶叶，还间种木菇、红菇、黄豆等作物，全部在当年解决温饱问题。

一次，在广州帮扶百色的推进会上，陈开枝语调铿锵激昂，说："芳凌村高标准、高速度的建设，一点也不因为它是区县级的帮扶项目而降低要求，应该载入广州帮扶百色地区扶贫攻坚的史册。"

区县拉手，是陈开枝一直关注关心的。

他常说：帮扶是否出成效，关键在是否帮到点子上。

东山区为了帮助德保县振兴经济，使德保县早日摆脱困境，从开发利用德保县本地资源入手，加大八角茴香油种植及其深加工、保健酒类、石材和重晶石等资源的开发，荣华开发区被列入广州市与百色地区帮扶重点的移民异地安置项目。

乐业县利用天河区扶持的资金，投入甘田马浪平移民异地安置和茶叶开发。甘田镇10万亩浩瀚荒山土地肥沃，气候条件得天独厚。天河区帮助启动10万亩板栗工程，修通板洪坳至甘田异地安置场长10公里、宽4.5米的公路，安置600户2900人。为同乐镇六为村，武称乡瑶山屯、平足屯等人畜饮水十分困难的大石山区村屯建蓄水池、家庭水柜……

八仙过海，各显神通。

广州各区的结对帮扶风起云涌，你追我赶：访贫问苦，捐资捐物，助学兴教，通水通路通电，资助农业综合开发，等等。

牵手扶贫，一起幸福。广州以显著的帮扶成果载入中国东西部经济协调合作的史册，铭刻在百色老区人民的心中。

输出一人，脱贫一户。

劳务输出，是广州帮扶百色地区的内容之一。陈开枝要求劳动、妇联、工商联把招聘会搬到百色去，把一批批贫困劳动力输送到珠江三角洲地区务工。

那时候，务工人员普遍文化低，大部分只有初中水平。每说到劳务输出，陈开枝必定讲到素质，讲到学习。在一次劳务输出专车的发车仪式上，他告诫务工人员说："学无止境，不管在哪个工作岗位，都要不断学习。没有技能，打工都找不到好工打，想做个好的打工仔都难。"

当天，岑辉业在现场聆听了陈开枝讲话，他用脑子记下了这句话。

岑辉业来自田林县浪平乡。那年，他只有17岁。

岑辉业所在的村是上几代从四川迁移过来的高山汉族。由于是祖辈迁徙的后代，他们只能住在海拔千米的高山上，生活相当困难。

岑辉业兄弟多，初中刚毕业。1997年，他听乡里的人说广州帮扶百色，来招一批工人到广东珠三角进厂，他就报名了。

第一次出家门，来到茫茫人海的广州，他感觉生疏而害怕。岑辉业被安排进广州花都市一家木材厂做学徒工。

初来乍到，岑辉业当晚在床上翻来覆去"烙烧饼"，一夜未眠。

有一次他走进师父办公室，看见师父正在一个用树根加工成一头黄牛的茶几旁喝茶，一米宽的茶几雕刻精细，栩栩如生。他想：老家山多林茂，到处都有老春树根，等哪天我也搞这样的树根茶几给父亲喝茶。

从那时起，岑辉业对雕刻发生了兴趣，梦想也开始在心中发芽。不久，和他一起去的大部分人都"跳槽"，因为别的厂每天工资有18元，而这家木材厂永远是16元。

"岑辉业，跟我们到电子厂去吧！还待在那个木材厂干什么？工作累不说，工资又少。"

岑辉业回答说："这里能学到技术，别说16元，14元我还干！"

"傻瓜……"

岑辉业才不傻，他有他的想法，他记着陈开枝那句话："没有技能，打工都找不到好工打，想做个好点的打工仔都难。"

在木材厂，岑辉业憋足一股劲，一待就是六年。带锯锯木、电刨刨木、压刨规格、方眼机打眼等，几乎车间的每个工种他都做过。

岑辉业在木材厂学到了基本功。2003年，他辞去木材厂的工作，叩开了广东中山市一家木具厂。这是一家产品外销的高档家具厂家，家具雕龙画凤，全部用电脑操作刻画图案。岑辉业有了基本功，跟师傅学习，进步很快。不到一年，他便懂得运用烙笔绘画和电脑雕刻。

2012年，岑辉业结束15年打工生涯，怀揣100万元资金回到百色开办家具店，并租了一块300多平方米的空地用作家具生产用地。

在他的工厂里，电脑刻绘机、拉锯机、方眼机、吊镖机、万能圆盘机、压刨、平刨等先进的木工机械一应俱全，八仙桌、神台、沙发、鼓凳、官帽椅等古典家具供不应求。

岑辉业经济收入高了，视野开阔了，观念转变了，更重要的是掌握了技能。岑辉业长叹一声说："感恩搭上广州帮扶的机遇，如果没有陈开枝的帮助，我现在很可能还在大山里刨土哩！"

劳务输出成为解决百色群众温饱问题的"短、平、快"项目。到2016年，广州市帮助牵线或接纳的百色地区农村劳动力超过40万人次，每年农村劳动力务工收入均达到10亿元以上。

像岑辉业这样掌握一技之长后，回到家乡办起自己的企业，成为脱贫致富引路人、带头人的，不计其数。

广州对口帮扶百色，在行业对口接触最早、往来最频繁的单位中，教育部门是其一。

陈开枝对教育帮扶"盯"得很紧。他知道，百色的教育扶贫任务艰巨，情况复杂，非一日之功所能解决。

他曾经讲了这样一个故事。

有一次，他到隆林县一个少数民族村寨的小学调研，学校领导告诉他，给六年级学生上课的那位代课老师自己只读过小学五年级，普通话都还讲不准……

陈开枝瞠目结舌："后期怎么没进行学历培训？"

"哪有啊！每年的名额少之又少。"陪同的教育行政部门领导无奈地说。

师者，所以传道授业解惑也。教师不提升学历和更新知识，直接影响的就是教学的质量。

当时，百色的教师培训机构严重不足。尽管各县有教师进修学校负责各县基本的教师培训工作，但地区级的教师培训机构实际上只有右江民族师专一家。

1983年，右江民族师专甫一成立，上级就把教师学历培训、校长培训、教育管理培训等在职师资培训的任务一并交给了它。

偌大个百色地区，数万名教师，仅此一家培训机构，作用无疑是杯水车薪。囿于条件限制，有的老师梦寐以求获得名额，但直至退休都没有接受过一次培训。

右江民族师专曾组织利用暑期对乡村教师做过调查，80%的乡村教师并不知晓该校有这么一个培训教师的职能。

"教育扶贫先从教师培训开始。"陈开枝要求教育主管部门，"挑选全市办学条件最好、教学质量最高的学校承接培训学校的任务。"

作为同行，广州市教委对口帮扶，为百色地区举办培训班，并承担了相应安置费、生活补助费、岗位补贴等项目费用。

1999年1月，第一期150名中小学校校长、职业学校校长以及优秀教师从百色启程，分别前往广州市属中学和东山、荔湾、越秀、海珠区的学校跟班学习培训。

梁智诚是这150名送培教师中的一员。

开课第一天，梁智诚不敢懈怠，早早来到课室，期待、激动、兴奋、澎湃充斥着他的内心。

新的教学理念，新的教学工具，新的教学方法……培训老师妙趣横生的讲课风格让他聚精会神，听得津津有味。

"名师们讲得太精彩了，充满了智慧的火花。"梁智诚说。特别是每一个名师笑容可掬，和蔼可亲，使他体验到教师对学生的关爱，如沐春风。

尽管培训只有短短三个月，但梁智诚在专业教学水平、前沿知识和教学技巧上收获满满，脑洞大开，灵感徐徐扑来。

他跃跃欲试，期待回去后立即在自己的"一亩三分地"试验一番。

从广州培训班回来，梁智诚被任命为田阳民族高中校长。

"学到的东西回来十分管用。"梁智诚十分动情地说,仿佛给沉闷的教学气氛吹来一股清新的风。

梁智诚把在广州学到的先进办学方法和科学的学校管理方法,运用于田阳民族高中创建的实践全过程,大有裨益,成效立竿见影。值得一提的是,这所新学校的教学大楼还是越秀区捐资120万元兴建的,故取名为"越秀楼"。

"获得经验和物质双丰收。"梁智诚说。

2000年,除选派骨干教师赴广州受培训,百色方面邀请广州市教育专家到百色讲学,培训百色地区中小学的校长、教师。同时开设初中物理教师培训班、初中英语教师培训班、中小学音乐教师培训班、职业高中学校教师培训班等。

"授之以鱼"毕竟不是办法,陈开枝又琢磨开了:要一劳永逸解决教师培训的问题,必须"授之以渔"。

他在政协港澳委员及有关人士中穿针引线,动员大家各出一点,建一个继续教育、提高教师能力的培训基地。

于是,百色教育培训中心进入实质操作和建设。广州市教委捐资150万元,广州市政协港澳委员及社会人士资助100万元,百色财政拨款60万元,百色地区教育局自筹50万元,向农行贷款近500万元。培训中心建筑面积8430平方米,总投资850万元,分两期工程,提供学、食、住条件与服务,通过多层次、多渠道、多形式的培训方式,让教师的政治业务素质、教育观念能力素质得到快速提高。

走进这个中心,宽敞的大厅与会堂,明亮、舒适的教室,温馨、整洁的客房……沿着不锈钢扶手拾级而上,那种脚踏实地的坚实感油然而生。

陈开枝参加了落成典礼。那天,许多单位送来画屏。站在其中的一幅山水画前,他驻足良久:群山云雾缭绕,每座山都有一条弯弯山道。这幅画的景致与室内装饰看似反差强烈,实则高度协调。

他浮想联翩,那是给人以寓意的艺术:一个是画中,一个是现实;一个是昨天,一个是今天……

广州为百色培训教学骨干，陈开枝为"始作俑者"。

落成典礼上，面对媒体镜头，陈开枝第一次坦露心迹。他说："百色地区大部分教师长年局限于偏远山区，信息不通，眼界较窄，观念陈旧，人才匮乏，广州市举办的此类学习班和培训班就是针对这一实际情况的举措。"

科技帮扶，是陈开枝广州百色扶贫协作的新思路。

1998年6月，陈开枝推动广州市科委帮扶百色科技信息网络开通，这在当时的广西算是凤毛麟角的项目。

网站建立了12个县（市）节点站，为百色地区提供了大量的科技、经济信息服务。上线第一年，就发布大宗农副产品信息800多条，促成交易金额达7500多万元。据不完全统计，20年来，各县（市、区）通过在网上发布的大宗农副产品信息已促成交易金额超过10亿元。

陈开枝说："小平同志提出'科学技术是第一生产力'，帮扶工作要充分发挥科技的作用。"

送技术、育载体、促脱贫……广州市科委派专家来到百色，对各县产业发展、技术需求进行详细摸底，分类汇总，最后确定启动田东县生物技术快繁农作物良种基地项目、田林县科技培训基地项目、金沙移民点五百亩龙眼早结丰产技术示范项目等4个科技扶贫协作项目，注入资金177万元。

凛冬，田东县林逢镇。

国道边，100多亩连片菜椒基地一片绿油油，白色的辣椒花开得正盛。2000年，黄树华就开始在这里种菜椒。

广州派人来培训前，黄树华种菜椒根本没有农药残留的概念。

"只要能杀虫，什么农药都用。"他说。

"培训后呢？"

"呵呵，培训后就不这么干了。"黄树华说，广州专家的指导让他眼界大开，心灵震撼。他现已引入生物防治病虫害技术、生物制剂代替化学农药，种的菜椒颜值比以前好，在市场上卖得起价。

与黄树华有同感的还有金沙乡移民杨再进。

"当初龙眼果树下苗时，因为没有经验和技术，一株株小树苗存在干枯现象。"

杨再进说，听了龙眼早结丰产技术培训课程后，龙眼种植成活率高，病虫害也少了。

在他的果园里，杨再进兴致盎然："你瞧，三年的龙眼果树现在已经开始挂果，今年预计脱贫，再过两年进入盛产期后收益会更高，致富是稳定了。"

看着压弯枝头的龙眼果，杨再进非常激动地说，多亏陈副市长带来的广州专家，他们不仅亲自授课，还到现场手把手指导……

经陈开枝穿针引线，广州市总工会组团到百色。团员中有全国、省、市劳动模范中的工人技师51名，他们分别到百色饼干厂、广西大华厂、百色氮肥厂、百色兽药厂、百色通机厂等，通过技术咨询、现场示范、专业辅导、专题讲座等方式进行技术扶贫协作，促进这些企业扭亏为盈。

陈开枝特别提到，广州市协作办是广州市政府的职能部门，是广州对口帮扶百色的"参谋部""后勤部"，也是"作战部"。整个筹划、组织、协调，扶贫基金的筹集、管理、分配、划拨、投入和监督，对帮扶项目的立项、论证、选点以及开发实施的监督，都是通过广州市协作办来实现的。戴东和主任、林卫民主任助理、陈良才处长、鲍向阳……可以这么说，扶贫项目的每一片土地都渗透着他们的汗水，每一条扶贫公路都印有他们的足迹。

在广州市协作办的组织下，1997年至1999年两年间，广州就与百色地区签约经贸项目共89个，意向总投入10.61亿元。其中，市协作办直接向平果万亩甘蔗基地项目投入400万元。协调市科委对口帮扶百色地区的科技项目有四个大项，主持和参与举办的各类行业各业务部门的培训班20多个班（期），受培训人数近1000人。

同饮一江水，两广一家亲。

广州市对百色老区帮扶力度之大、领域之广、时间之久、效果之好，堪称全国扶贫工作的一面旗帜。

结对子扶贫，是中国脱贫攻坚创造出来的"独门绝技"。这，绝对是中国特色社会主义的制度优势！

促进广州、百色牵手，陈开枝情结百色，花开百色，果满百色。无疑，他是这一"绝技"的创造者、践行者。

10. 点亮驮娘江

西林县，地处桂滇黔三省（区）接合部，是个"一鸡鸣三省"的地方。2004年10月23日，星期六。

忙碌了一周的人们刚迎来了一个双休日，正盘算着如何度过这个宝贵的假日时，陈开枝又把这个休息时间牺牲了。

陈开枝每次到百色，都是利用星期六、星期天或节假日，为的是广州工作和百色扶贫两不误。

那天早上6时，陈开枝准时起床，然后赶往机场。8时40分，他搭上了飞往南宁的航班。9时50分，陈开枝一行到达南宁机场，然后乘6小时的汽车、在二级公路上颠簸300多公里，中午到达百色，吃完午饭赶往西林县。

车移景易，又见秋草黄。西林县暖阳普照，驮娘江两岸缓坡是或平展或略仄的梯田，满眼都是黄色稻穗，层层叠叠，浅吟低唱。偶尔有割稻的、掼稻的、装谷的、绑稻草的，一片丰收景象。

走了4个多小时的三级路，下午5点左右到达西林。在时任百色市委（2002年地改市）副书记、市纪委书记石卫武，副市长刘先明陪同下，陈开枝立即深入驮娘江梯级电站的弄南、那沙、那劳等电站建设工地检查，了解施工进展情况。

站在那劳电站坝首，拦水大坝巍然矗立在驮娘江上。江水，不时拍打她的胸脯，溅起一朵朵浪花，时而还伴着轻轻的回响。

当得知工程进展顺利，陈开枝高兴地对广州东送电力开发有限公司董事长吕伟东说："这是广州市对口帮扶百色市的首个产业帮扶项目，你们一定要高标准、严要求地建设好，为西林经济建设做贡献，从而达到帮扶的目的。"

车经过普合苗族乡一个村庄时，暮色降临。河湾宽阔的水面上，一叶独木舟正向前划行，舟上站着两个头戴斗笠、腰挂鱼篓的当地村民。一人悠然自得撑船，一人岔开两腿，手持撒网使劲一抛，渔网呼的如孔雀开屏般，哗啦一声进入水里，溅起白色涟漪，圈圈朝外漾开去……

陈开枝走进路边一户人家了解电站征地情况时，主人正在制作扁米。几缕炊烟袅袅中，弥漫着稻叶和扁米的清香。

壮家有尝新的习惯，他们将未完全成熟的谷穗剪回，连壳煮熟，然后用碓来舂，之后出秕糖，制成绿色的扁糯米饭，壮语称"毫母"（扁米）。

握手，落座。话题自然是关于电站的事。

主人盛情，她说"尝新"的第一口，必定要给来自远方最亲近的客人，表示"尝完再说"。

一片笑意绽放在陈开枝黝黑的脸庞。回到西林政府招待所，时针已指向晚上八时。

晚上9点，陈开枝召集开会，听取西林有关驮娘江电站梯级开发的工作汇报，直到11点散会。

这天，陈开枝的工作时间足足有16个小时，不折不扣地。

星期天晚上，陈开枝坐飞机回到广州，进到家里时，五羊城已灯火阑珊，夜色沉沉了。次日，陈开枝又如常地、早早地出现在机关里，上班开会，没有人知道他又匆匆地去百色走了一趟。

陈开枝是用别人打球、钓鱼的时间到百色扶贫的。

造血扶贫，是陈开枝广州帮扶百色极力推动的举措。广州与百色的扶贫协作如何从"输血型"上升到"造血型"？

陈开枝一直在苦苦思索着这个问题。

从1997年始，陈开枝为百色"筑巢引凤"，先后组织广州为百色举办了数十场洽谈会、博览会、招商会、交易会。陈开枝亲自站在百色展位前，义务充当讲解员，介绍百色的资源、物产、风土人情、投资环境。

驮娘江电站梯级开发便是陈开枝牵线引进的首个广州产业帮扶项目。

九曲十八弯的驮娘江属珠江水系上游西江河段源头之一，是西林人的"母亲河"。这条清澈的河流为世世代代两岸民众春种夏耘，秋收冬藏，不断地循环，不知疲倦，不求闻达，年年如此，岁岁这般。

驮娘江是一条有故事的河。

它从远古的句町国走来，闪耀出熠熠生辉的青铜之光，孕育出"岑氏一门三总督"的奇迹，第二次鸦片战争导火索的"西林教案"也发生于此。这些岁月的积淀，承载着记忆的历史厚重，也繁衍了壮家的"干栏"、苗族的芦笙、瑶山的"盘王"、彝人的篝火……

西林县水能资源十分丰富，其中驮娘江流经西林县境河段，总长122.5公里，河面宽60~70米，自然落差为307米，水能蕴藏量达23万千瓦。由于缺少资金开发，2003年10月以前，水能开发量还不到蕴藏量的十分之一。

帮扶——驮娘江两岸人民不但要有水喝，有饭吃，还要有钱花。西林县领导也积极到广州推介驮娘江，同时出台一系列优惠政策，引进外地客商、资金，共同开发驮娘江。

2003年初，陈开枝了解到这一诉求，找到广州东送电力开发有限公司吕伟东，动员他到西林县投资梯级电站。他说："没有足够电能，西林县工业企业发展缓慢，制约了全县经济的发展。"

陈开枝"三顾茅庐"。第三次会面时，他给吕伟东讲了驮娘江那个从远古中走来的悲怆传说——

古时候，有一年西林大旱，无水耕田，无水饮用，人们纷纷逃荒他乡。有一位壮族小伙因家中有70多岁的老母亲无人照料，便留了下来。一天，母亲口渴难耐，小伙背上母亲去找水。他背着母亲翻山越岭，来到离驮娘峡不远的西洋江边，终于看到清澈甘甜的河水。小伙把母亲安顿在一个山崖下，下山去取水给母亲喝。谁知，当他把水取来时，母亲已断气了。小伙失声痛哭，毅然背上母亲投江而去。后人为纪念他的孝举，便把此段江流取名驮娘江……

陈开枝讲得悲凉，吕伟东听得伤感。

故事也好，资源也罢，陈开枝就是想为西林引来一只"金凤凰"落户，参与驮娘江的开发建设。

时光在驮娘江沉淀、酝酿、升华，突然加快了脚步。

2003年7月5日，吕伟东与西林县签订《投资开发合同书》，兴建11个梯级电站，总装机容量12.45万千瓦，总投资9.80亿元。

威后电站装机3.3万千瓦，投资2.55亿元；

斗皇电站装机1.26万千瓦，投资0.97亿元；

弄南电站装机3.22万千瓦，投资2.48亿元；

克林电站装机2.1万千瓦，投资1.54亿元；

……

首期开工克林、那维、斗皇、那劳四个电站。二期开工建成威后、弄南、者甲三个电站。

双方合作渐入佳境。

西林人不由叹服陈开枝的"大手笔"。因为这是一个根治驮娘江水患，利用西林水资源的民心工程、德政工程，也是西林县有史以来一次性引资最多的项目。

8日，西林县成立驮娘江流域水电开发项目协调服务工作指挥部，启动协调征地补偿、供水供电、通信等。四家班子成员追踪服务，解决立项、审批、办证办照、征地等遇到的困难和问题。

10月18日，电站开工仪式在那维电站工地举行。

那天，驮娘江江面飞来一群睁大眼睛的白鹭，在风光旖旎的驮娘江两岸蹁跹翱翔。它们要来见证这历史性的一刻！

陈开枝因公务繁忙没到来，但他专门发来贺电。

驮娘江畔的"明月"终于升起，陈开枝心中的一块石头悄然落地。

2005年8月3日，驮娘江梯级电站首台机组——总装机容量1.13万千瓦的那维电站发电机组发电。这些水流一年就可以发5254万千瓦电量，实现年产值约1400万元。

2006年，驮娘江11座梯级水电站全部建成，其每年6亿度的发电量，为西林县提供1000多万元的财政收入。

这是11个给山区贫困村带来光明和希望的"明月"。驮娘江水位可控了，既调节水位，又防汛抗旱，造福西林人民。

2019年，驮娘江梯级电站（现为广西桂水电力股份有限公司西林发电分公司）每小时发电量45107.44万千瓦时，售电量43681.19万千瓦时，总收入12192.64万元。

2020年7月26日上午，我们来到西林县驮娘江梯级电站之一的那维电站，看到厂区里一片繁忙的景象，厂房里技术人员在细心地巡查发电机，工人们各司其职，坚守岗位……

电站闸门打开，水流飞速直下，溅起雪白的浪花，发出震耳欲聋的轰轰声。一位技术人员笑着说："这些水能变成钱，上游的一分钱，流到这里就变成一块钱了。"

一江流水造福一方百姓。

11座电站矗立在景色秀丽的驮娘江上，绰丽风韵。它们如一颗颗璀璨明珠，不仅输送可再生能源，同时还在防洪、抗旱、观光旅游、生态保护等方面惠泽沿江普合乡、那劳镇两万多名老百姓。

发电：从发电之日起，截至2019年12月底，累计发电超40亿千瓦时。

防洪：提前腾库、错峰削峰，为下游群众防洪减灾发挥调节作用。

灌溉：生态流量、建电灌站，在春耕时把水送到各村屯，送到田间地头。

旅游：拦江大坝拔地而起，蓄水后的驮娘江孕育了美丽的威后湖、新丰湖，呈现湖光潋滟的迷人画卷。

改善生态：开发之前，驮娘江流域每到枯水季节，下游部分河段经常出现长时间断流。沿江部分村民电鱼、炸鱼、毒鱼，造成渔业生殖环境大量被破坏。驮娘江大坝水库建好后，再也没有出现过断流现象，渔业繁殖也相当迅猛……

梯级电站的陆续开发，为西林县水能开发掀开了崭新的一页，沉睡千年的驮娘江的水资源得到充分开发，并带动西林县做好"山水田"文章。从2003年开始，西林县在两岸缓坡地带种植18万亩砂糖橘，沿岸贫困户利用驮娘江缓阔的水面养殖西林麻鸭。2011年，西林县被国家授予"中国砂糖橘之乡"，砂糖橘和西林麻鸭双双获得"国家地理标志保护产品"认证。

梯级电站全部建成后，村民有的开起了农家乐，有的到电站就业上班，改变了贫困生活。

韦永翠是那劳乡人，贫困户子女。她在驮娘江边土生土长，父母都是农民，靠种田、打零工供三个女儿上学。2003年7月，韦永翠师范毕业后，驮娘江水电开发有限公司正在招工，当地人优先。

"我太幸运太幸福了，没有广州亲人，没有陈开枝帮扶，就没有我的今天。"韦永翠说。她一毕业就在家门口上班，公司包吃包住，每月工资都寄给上大一和念高三的两个妹妹做生活费。这份工作改变了她自己的生活轨迹，也拯救了一个贫困的家庭。

在公司行政办公室，韦永翠最初负责与设计、施工、监理三家单位的各种文件、标书、图纸等的上传下达。招投标、概预算、混凝土配合比、施工蓝图，她很快就熟悉了这些拗口的名词，后来调到档案室任档案管理员，将一堆堆资料分类归档，再后来担任秘书、公司中层副职，工作得心应手。

她珍惜这份工作，一干就是17年。

"现在生活好了，老家建起了楼房，还在县城买了房子。"韦永翠说。

驮娘江开发只是陈开枝引进产业帮扶的个案。

除了广州东送电力投资驮娘江梯级开发，经他"拉红线"在百色落户的广东客商还有20多个，投资额达12亿多元。

肖小科是其中的一个。

20年前，肖小科还是广东韶关的一名公务员，后来辞去公职"下海"。

"那时我就听说陈开枝在百色搞扶贫了。"肖小科说。他是在广州百色的一次交易会上认识陈开枝的，被他的精神感召，就到百色凌云县来投资建冶炼厂，从事炼锰生意。

"当时解决了100多名贫困户就业。"肖小科笑言，"后来，自己的事业转型，但转来转去也没有转出百色，最终与'一片叶子'结缘。"

肖小科所说的"一片叶子"，指的是凌云白毫茶叶。

从广东到广西，一晃20年过去。肖小科回忆，他刚到凌云就接触凌云白毫茶，一喝总感觉它与众不同，特别提神醒脑，消暑止渴，解疲生津，帮助消化，增强食欲。

"当时凌云县只有几家小作坊，种茶的没产量，想喝的没处买。"肖小科茅塞顿开，"守着'金库'受穷，对我触动很大。凌云白毫茶是国家名茶，市场上蕴藏着很大的需求潜力，这样的好产品放着不挖掘就可惜了。"

2012年元旦，肖小科做了大量的市场调查和可行性分析后，决定放下经济收入丰厚的炼锰生意，转而投资凌云白毫茶种植。

同年2月，肖小科注册的广西八桂凌云茶业有限公司正式挂牌。

肖小科把多年来累积的资金全部投向凌云白毫茶种植，通过绿色产业帮扶，让更多的贫困户通过种茶摆脱贫困。

万恒修家有四口人，小两口、老母亲、大姐。过去，两夫妇每年都跑外地打工，辛辛苦苦一年都没有挣到钱，是村里的贫困户。

2012年，万恒修承包肖小科流转来的5亩茶田后，夫妻俩一年收入达到10万元。如今，家里盖起了三层楼房，屋里添置了彩电、冰箱、全自动洗衣机等，小日子过得有滋有味。

凌云县泗城镇陇浩村比较偏远，土地稀薄，水源短缺。过去，村里大部分农民仅能种一些玉米，一年的收获只够养一头猪和几只鸡鸭。肖小科的广西八桂凌云茶业有限公司在山上流转土地种植茶树后，农民们承包茶山，走上了勤劳致富的路子。八桂茶叶合作社副社长刘承相说，2013年，陇浩村专门成立了茶业合作社，入社的农户达到86家，农民们承包一亩茶田，稳稳当当地，年收入在1.4万元至1.6万元之间。

肖小科说："陈开枝老领导把我们引过来投资，就是要求我们带领凌云县的贫困户脱贫。当然也要赚钱，说不想赚钱是假话，但赚钱得把周围的贫困户带动起来一块去赚。"

如今，肖小科成立了广西优异茶树品种研究院、广西茶叶良种培育中心等，并与中国农科院、上海复旦大学、湖南茶叶研究所等专门从事茶叶研究和开发的科研院所建立了合作关系，先后承担了"国家星火计划""茶树资源圃品种选育"等十几项开发项目。

短短几年，肖小科把凌云白毫茶种植提上规模，研发走上尖端，加工转为自动化，销售铺开渠道。2014年，凌云白毫茶在第十届国际名茶评比和第十二届国际交易会上分别荣获多项金奖。同年，肖小科的公司也被认定为国家高新技术企业。

2012年，春意蛰居于百色大地，春风甦醒翠绿，又到春茶采撷的季节。

那天太阳独挂，天空蔚蓝。陈开枝来到肖小科的公司调研，他话虽不多，却看得仔细。临别时，他握着肖小科的手，语重心长地说："一定要把企业做大做强，要建立好管理、科研、人才团队，营造凌云白毫茶叶精品品牌，让凌云白毫茶叶享誉全国，走向世界，让更多的贫困或低收入贫困户享受到种茶和制茶的丰厚成果。"

陈开枝话中情愫浓浓，厚望殷殷。

"现在百色市辖内已经有36万亩凌云白毫茶树资源，我们正在与全国知名电子商务平台联合打通网上广销渠道。"肖小科对陈开枝说，"争取在三五年内跻身全国茶企百强。"

肖小科走得更快更稳了。

在肖小科的人生中,他与百色结下一世情缘。他常坦言:"感谢陈开枝的指引带动。"

为百色招商引荐项目,陈开枝不遗余力。

百色铝土矿藏量丰富,陈开枝便牵线请来了广东南海绍祥铝业公司在百色平果县投资兴办平果亚洲铝业公司,项目总投资3亿元人民币,安排就业380人,年创产值超10亿元。第一期工程投产第一季度就创造产值1.1亿元,第二期工程投产就创年产值10亿元。百色林业资源丰富,陈开枝便牵线请来了广东佛山劲达纸业有限公司在百色田林县兴办劲达兴纸业有限公司,总投资2.5亿元人民币,年产12万吨彩色胶印新闻纸项目……

从2003年到2016年,广州、百色先后达成197项经贸协作项目,总投资近百亿元。这些项目在资金、技术、信息、设备、人才培训、产品开发、营销合作等方面带动和促进了百色工业企业的结构调整和产业升级。

陈开枝搭的"桥"不仅延伸到信息、文化、旅游等领域,还延伸到新闻机构媒体:广州日报报业集团投资120万元援建百色右江日报社采编网络信息平台,广州市电视台投资160万元援建百色电视台播控系统,广州人民广播电台投资160万元援建百色人民广播电台采编、播控系统。百色三家媒体的硬件一跃进入广西乃至全国同级媒体的前列。

滴水映日,片叶知秋。"输血"扶贫与"造血"扶贫双管齐下,从此"斑"可窥见陈开枝扶贫措施之"全豹"。

时任广东省委书记李长春说:"沿海对口帮扶要学习全国扶贫状元陈开枝。"

11. 广州那个兄弟

百色老百姓对陈开枝的桩桩往事记忆犹新：累昏在去特困村的路上，醒来继续前行；在贫困家庭和学校掏尽口袋，把所有钱送给孩子……陈开枝的工作，如一幅幅画面凝固在老区人民不可抹去的记忆中。

淳朴的百色人用别样的方式表达对陈开枝的深情厚谊。市政协委员、凌云县文化馆黄兰芬创作了一首名叫《你的心牵挂着百色老区》的歌曲，歌中唱到——

都说边远没有兄弟
都说贫困没有亲戚
你看那个广州兄弟
脚下粘的是百色的黄泥
你的心牵挂着百色老区
无论你走到哪里
都留下你深深的足迹
……

2017年，在中央电视台评选"CCTV年度慈善人物"的盛典现场，评点词是这样点评陈开枝的：

是怎样的贫瘠，竟让你丈量一百次；是怎样的土地，值得你奔走一辈子。悬车未停步，使命燃古稀，唤醒春来百色。

1997年11月13日，是陈开枝第五次到百色调研。他见到前来迎接他的刘咸岳书记时，第一句话就说："今天我要调研你的扶贫点。"

刘书记知道陈开枝从早上5点忙到中午，已十分劳累，而且山高坡陡，道路崎岖，建议他改天再去。

"走吧！老伙计。"陈开枝知道，陇穷是百色地委几任书记的扶贫联系点，"我就要看看你挂的点变得怎样。"

僵持着，陈开枝已经迈开大步往山上走去。

刘书记拗不过他，只好跟着上山。

陈开枝徒步爬山，走在队伍的最前头。

尽管时已初冬，但右江河谷的太阳如盛夏炽热。山高陡峭，羊肠小道，岚气蒸腾，几个身壮如牛的小伙大汗淋漓，气喘吁吁地倚靠在路边的一块大石头上。

快到山顶时，要爬70度的陡坡，早几日染病还未痊愈的陈开枝渐渐地体力不支，呼吸越来越急促，突然脸色苍白，眼前一黑，猝然跌倒在地上。

跟随在陈开枝后面的行署副专员文明愣了瞬间，下意识一把撑住他的头。

倒在地上的陈开枝牙关紧咬，双目微闭，不省人事。随队医生经过半个小时的紧急救治，陈开枝才脱离险境。

陈开枝醒过来，睁开眼，爬起来，拔脚又要上路。

"别去了！"刘书记知道他早上5点起床、7点飞南宁，一路在移民区视察，肯定是给累晕的，便拉住他说，"老伙计，无论如何不能再往上爬了，太危险了。"

"我昏倒已经耽误大家不少时间了，还是快些赶路。"他好像什么事也没有发生，诙谐地说，"放心，百色不脱贫，马克思不会收我的，走吧！陇穷人祖祖辈辈天天爬，我们就不能爬吗？"

陈开枝说着，从文明手上接过临时为他折来的一根树枝当拐杖，拄着又上路了。他仿佛是和这石山坡较上了劲。

陈开枝差点把命丢在那连村名也标着"穷"字的马面山上。说起这事，不少人事后背脊发凉："要是陈副市长醒不过来呢？那怎么向广州人民交代……"

大家都不敢往下想。

陈开枝每听到这事，总是乐哈哈，自信地说："我怎么可能不醒？帮扶百色的扶贫任务没完成，我也不好向广州人民交代啊！"

陈开枝是"玩命"的人。

据说在广州，一次因公出车祸，他全身五处骨折，自己奇迹般地拦了一辆农用车，自己去医院，自己找医生，住上院后才给家里和单位打电话。

"受点伤，离死还远。"陈开枝说来云淡风轻。

2000年元旦，陈开枝冒着阴冷的山雨到百色的贫困村访贫问苦，调研移民开发进展情况。

"去百色之前，他患着重感冒。"陈开枝夫人邓妙珍专门把几天的药做了分装，特别叮嘱他按时服药。

到百色时，夫人怕他忘了吃药，一天又几次打电话提醒。

"别太累。"邓妙珍知道老伴一工作起来就忘了自己是谁。

可陈开枝哪歇得下来啊！日程安排一项不少，还增加了项目。爬坡过坎，攀登跋涉，头一天回到百色饭店，他的脚胀得像只水桶似的。

这是脚静脉血栓又发作了。

"六隆就不要去了。"陪同的百色地区领导见了心痛，劝陈开枝将次日去六隆的行程取消。

"没事，按行程安排走。"陈开枝执意要去。

爬六隆三个小时，返回南宁机场400公里，陈开枝是让人扶着走上飞机的。

回到广州，华灯初上。陈开枝直接被拉到南方医院留医。医生肃然起敬，转而嗔怪随行的同志："陈主席都病成这个样子了，怎么还让他爬山越岭啊！"

"我们哪劝得住陈主席啊！"随行的同事无奈地摊开双手，说，"他已经被百色迷住了，除非你们有什么好解药。"

2019年3月20日,在第一百零九次去百色扶贫时,陈开枝又摔倒了。这是他第三次摔倒在扶贫路上。

陈开枝是19日到达百色的,行程安排得满满当当。

当晚睡了三个多小时,20日一早,他就去百色祈福高中检查学校扩建进度,然后与百色的广东商会座谈。下午他又赶到田阳县第一中学听贫困孤儿的汇报,陪孩子抹了两小时的眼泪……

调研完环保工业园回到市区,过度劳累的陈开枝刚入住宾馆,就摔倒在了洗手间。

"你马上过来……"陈开枝摸索着,打通了秘书王晓建的电话,话没说完,就晕倒过去了。

"糟了。"王晓建推门一看,脑袋嗡的一声。他赶忙拨通120,叫来服务员一起将陈开枝送进百色市人民医院检查。

"颈椎骨折,前额软组织挫裂伤出血。"医生诊断后帮缝了八针,说,"上了年纪的老人,颈部骨质钙化,在摔倒之后没有大幅度的扭转,神奇了,不然很容易危及性命。"

陈开枝在医院躺了一天。22日下午,陈开枝颈部佩戴专业的固定装置,忍着伤痛在人民医院会议室参加市教育基金会新老班子座谈会,对新一届基金会工作提出工作要求,并为助学募捐出谋献策。

23日一大早,陈开枝带伤出席百色祈福高中2019届成人礼暨高考冲刺誓师大会。他勉励同学们学好本领,考出好成绩,争做国家的栋梁之材。

看到陈爷爷脖子"套"着个白色的装置,许多孩子都哭了,哭成了一个个泪人。

24日,陈开枝转回广州南方医院治疗。

对于这次意外,陈开枝并没有"吃一堑,长一智",还归功于自己的"脖颈够硬"。

在南方医院的病房里,老友们指着他的脖子说,"陈开枝你都80岁的人了,悠着点"。幽默的陈开枝还"嘴硬":"我才79岁,过几个月才满80岁。"

言外之意，他还年轻着呢。

遭遇这样一个重大意外，陈开枝似乎也没太往心里去。他拿出一个护颈的装置，云淡风轻地告诉老友们："这个是准备31日去北京坐高铁时佩戴的，看上去没那么夸张。"

陈开枝一边摆弄那些护颈套，一边向来看望他的老友"炫耀"："我一共有三套装置，白天戴一套，夜晚睡觉的时候戴一套。"

"要命的是要戴三个月。"陈开枝自个儿侃侃而谈。

31日，陈开枝准时赴北京参加中国扶贫基金会的理事会议。

他说他这一辈子不知道失眠是什么感觉。因为心无旁骛，他常常倒头就睡。这次受伤，由于伤及脖颈，陈开枝尝到了失眠的滋味。但这次受伤并没有打击到他的自信心，他说自己仍然是扶贫基金会里"年纪最大，身体最好"的那个。

从北京回来后，陈开枝即带着伤痛深入汕尾市、梅州市等革命老区调研，为老区的发展鼓与呼。

"生命不息，扶贫不止"是陈开枝的座右铭，也是这个老共产党员的执着信仰。

从1996年进入百色扶贫到2005年退休，陈开枝连续十个春节、六个元旦是在百色调研或慰问。

2005年2月12日，农历正月初四。

北方冷空气南下，百色冷风瑟瑟，凛冽刺骨。在田东县那坡镇义安村一个叫龙云屯的小村子里，来了一个身材高大、皮肤黝黑的老人，此人正是陈开枝。

这是陈开枝第九次在百色过春节。陈开枝走在蜿蜒曲折、崎岖颠簸的石山路上，他是专程来慰问大石山里的壮族同胞兄弟的。

龙云屯地处大石山区，人多地少，曾是缺地、缺水、缺电的"三缺村"之一。

"是广州那个兄弟来了。"

"快去迎接广州亲人!"

乡亲们簇拥着陈开枝。他走到几位老人面前,握住他们满是老茧的手,一个问题接着一个问题。

"过年家里杀猪没有?"

"孩子们是否都在读书?"

"年轻人有没有外出打工?"

"年纪多大?"

老人们大都不会说普通话,只能用手比画着,一个劲地点头。当一位老人说自己65岁时,陈开枝说:"我今年也是65了。"

"按壮族的风俗,你们可以打'老庚'了。"在旁的人起哄着。

陈开枝听罢开怀大笑:"好好好!拿酒来!"

"老庚"端上来,一碗苞谷酒,陈开枝仰头一饮而尽。

大家热烈地鼓起掌来。

于是,欢声笑语洋溢在屋子里,洋溢在龙云屯里,更洋溢在村民们欢乐的心坎里。

尝一口露天的池水,品一下农家的米酒,搂一搂农民兄弟的肩膀……陈开枝不止一次地对随行的工作人员讲这个道理。

"进农家门,吃农家饭,如果农民兄弟敬过来的酒、端过来的菜,我们不喝不吃,他们就会觉得我们看不起他们,干部群众间的隔阂就产生了。这样的干部怎能同群众打成一片?又怎能赢得群众的信任,进而搞好扶贫工作呢?"陈开枝说,"这么多年来,我一直把自己当作百色的一员,与百色的干部群众一起努力改变百色的落后面貌。现在,百色还有一部分群众没有脱贫,没有走上小康道路。"

陈开枝选择到龙云屯来,其实是来"检查"的。第一次来时,这里的63户人家都住在四面透风的茅草房里,当年艰苦的画面深深留在了陈开枝脑海里。

陈开枝如坐针毡,下决心要为龙云屯做一番事。

后来,广州市和百色市先后对该村帮扶资金120多万元,修通了长16

公里的环屯公路，建起了800立方米的人畜饮水池，解决了饮水问题，还通了卫星电视，建成了卫生室和篮球场等设施，村子的面貌大为改观。

"有多少户建了新房？"陈开枝问。

"53户。都是钢筋混凝土结构房。"村支书回答。

当听到每家都杀了肥猪、包了粽子，孩子们都进了村里的希望小学时，陈开枝脸上露出了欣慰的笑容。

走进"老庚"新建的钢筋水泥小楼，陈开枝亲眼看到灶头上挂的腊肉，走到屋后还看到养的几头猪和几只羊……

离开龙云屯，陈开枝站在车门前向村民们挥手告别。热情的村民捧着一串串亲手做的粽子，纷纷跑到陈开枝乘坐的中巴车门前，拦住他，争相将粽子塞到他的手中。这是乡亲们对陈开枝最纯朴、最真挚的感情表达。

陈开枝捧着粽子，在车门前足足站了五六分钟……

事后，陈开枝的百色老伙计们从他秘书嘴里知道，这一次百色之行前，陈开枝的结肠炎就发作了，为此一周来只能天天喝白粥，累得他全身无力。

诗人艾青说："为什么我的眼里常含泪水？因为我对这土地爱得深沉。"陈开枝同样"常含泪水"，同样对百色"这土地爱得深沉"。

自1996年踏上百色红土地那天起，自喝下贫困户那口带酸的玉米糊那天后，陈开枝的一举一动都渗透着对这片土地和人民的深深情、满满爱。

人民没有忘记他。

党和政府没有忘记他。

2002年4月，中共中央宣传部组织开展陈开枝同志先进事迹的宣传报道活动。28日，新华社播发长篇通讯：《生命不息，扶贫不止——广州市政协主席陈开枝百色扶贫纪事》；当晚，中央电视台在《新闻联播》节目中用六分钟的时间，以"生命不息，扶贫不止——记广州市政协主席陈开枝"为题，报道了陈开枝的先进事迹；29日，《人民日报》在头版的位置上刊登了《一位共产党员的"百姓情结"——广州市政协主席陈开枝百色扶贫记》，并同期发表了题为《心中装着老百姓》的短评；《人民政协报》也发表了题为《一个纯粹的共产党员》的评论员文章……

时任广东省委书记李长春曾在陈开枝第二十一次赴百色后感动地说："去三次五次，不是什么难事。去了二十多次，陈开枝真的是不简单，了不起啊！"

陈开枝到百色过年有过两次"迟到"。

2000年正月初五，晨霭轻绕，田东县祥周镇步兵村75岁的老人黄正国心里犯嘀咕："为我们安置工程剪彩时，他不是说要来百色过年吗？"

陈开枝曾多次到安置点调研慰问，黄正国曾和他握过三次手。

"他会来，是必定的，说不来才是怪事呢。"黄正国节前半个月就打听到消息，听说他全家人都要来。

这个春节，政协百色工委主任蒋龙哪儿也没去，也在等着老朋友的到来。他又一次拿起广州发来的传真，对着"赴百色地区慰问人员名单"仔细端详：有六人是不标职务的，其中一位是邓妙珍，往下是陈志实、张洲，陈睿雯的名字后面还有一个括号："3岁"！往后还有陈志华等三人。

蒋龙心想，陈开枝一家三代，连小孙女也打算一起到百色来了！

原计划是初六，后来改了初七，来时只见陈开枝伉俪，却没见他们的儿孙。蒋龙一问，才知道小睿雯突然感冒了。

那些天，内蒙古、新疆正遭受大雪灾，寒流翻越岭南，广州节前一直暖和，节后突然降温。这来得不是时候的寒潮，打乱了陈开枝"全家扶贫"计划，因为小睿雯感冒，只好把家里除邓妙珍的其他买好的机票退了。

尽管陈开枝的儿孙没能来，却能看出，他是想把对百色老区人民的亲情影响和延伸到全家人，延伸到下一代，把亲情代代相传下去。

还有一次"迟到"是2002年春节。

"今年陈主席怎么不见来了？"过了正月初十，还不见陈开枝到百色的消息。

每逢佳节倍思亲，百色人民想他了。

正说着，陈开枝来了，正月十一到百色，比往年迟了几天。他一户一户地嘘寒问暖,一个学校一个基地地细心查看,陪同他的人似乎没有看出什么异常。

其实,就在大家纳闷"他老人家怎么不见来"时,陈开枝家里"出了大事"。

正月初四,两个小偷在他家行窃的时候,被陈开枝80岁的兄嫂撞见,小偷对两位老人痛下毒手!当陈开枝打开家门时,愕然发现倒在血泊中的亲人。

全家笼罩在一片悲恸之中。

见陈开枝心情很低落,大家都劝他,这个春节不要去百色了。

"人死不能复生,我想我大哥和大嫂如果知道我要去百色,也一定会同意的。"陈开枝料理完兄嫂的后事,马上牵挂起百色的扶贫工作。因为他已联络了一批爱心企业家到百色拜年,要给百色人民送去2300万元的"大红包"。

陈开枝曾遭遇车祸的几处骨折旧伤,常常会复发,可他依然每天行程500公里,坐车或步行10小时以上,攀高寒石山,走崎岖山路,脚面经常肿得连鞋子都脱不下来。

常陪同他左右的时任广西壮族自治区市委书记马飚感叹地说:"动真情,真扶贫,陈开枝主席就是内心强大的'超人',他的体内蕴含着对百色人无可比拟的爱!"

陈开枝还有一段坐"专机"到百色扶贫的逸事。

那是2000年元旦,当时盛传"千年虫"对飞机飞行可能会造成干扰。因为恐慌,这天在广州飞往南宁的班机上,宽大的机舱里只有陈开枝一行几个人。

有人开玩笑说:"陈开枝待遇够高了,'专机'送去百色扶贫了。"

也有人说陈开枝是在"玩命",这天还敢坐飞机!

为此,陈开枝这天坐飞机扶贫的"逸事"流传开来,许多人为之感慨。时隔一年后,陈开枝又是元旦这一天坐飞机去百色。

那天，陈开枝从广州直奔乐业，没有在百色停留，而是途中进了凌云县伶站瑶族乡陶化乡的岩流寨。不同的是，这次他到了住在山顶最高处的瑶族腊学达家，爬了好长一段陡峭的山路。

腊学达正在做晚饭。陈开枝掀开锅盖，锅头里正煮着一锅肥猪肉。

"你这猪肉是自己养的，还是买的？"

"自己养的，元旦杀一头卖，留一头过年。"腊学达回答说。

"有没有打工？"

"有啊！就是打工才挣到钱养猪了。您看，还有只母猪，刚下了一窝猪崽哩。"

陈开枝笑了，陪同的自治区政协百色地区工委主任卢新贵、地委副书记张少康也笑了。

陈开枝拍了拍腊学达的肩膀："你做得很好，广开生财门路，千方百计增加收入。"

进入乐业县城已是灯火通明，山城里这条唯一的街道亮如白日。透过车窗，夜色之下，车子匆匆驶过，街上的人与物还依稀清晰。陈开枝透过车窗的茶色玻璃，看到前往下榻宾馆的街边黑压压的一片，站满了人。

"广州那个兄弟来了。"乐业人闻讯，自发地站到街道两旁夹道欢迎他。他们想看看从广州来的远方亲人，看看陈开枝。

此时，陈开枝的心头一震，眼睛湿润了起来，泪花瞬间模糊了眼前的情景。自己只不过是做了一点微不足道的事情，这些淳朴的乡亲却拿出这么大的热情，这么隆重的礼节。

还有一件事至今传为美谈。

那时，受助学校的老师经常对小学生说，你们能在这么好的教室里念书，要感谢广州亲人，感谢陈开枝爷爷，你们要懂得感恩。然后告诉孩子们："像我们这些穷乡僻壤的学校呀，一般车都不会来的，只有陈爷爷的扶贫吉普车才会来。以后你们见到有吉普车来，要记得行一个少先队礼。"

有一次，陈开枝前往凌云县逻楼镇调研，途经一个名叫三台坡的山坳时，车刚转弯就看到几个调皮的男生在放学路上打成一团，还有两个正朝着路坎下比赛尿尿。

听到喇叭声响，打架的停下来，撒尿的也转过身来，齐齐向吉普车行少先队礼，其中一个裤子都还没来得及提起来。

车驶过后，打架的重来，撒尿的继续。

"太可爱了。"陈开枝呵呵一笑。

一次，《南方日报》《广州日报》，还有电视台一众记者随行采访，陈开枝在车上给他们讲了这个故事。记者都说不可能吧，以为是陈主席又给大家讲个笑话提提神而已。正说"不可能"的时候，前面一群小学生看见吉普车来，真的齐刷刷举起右手向采访车行少先队队礼……

百色无疑是陈开枝最为牵肠挂肚的地方。

扶贫新村的进展怎样？

义务教育还缺多少资金？

贫困户是否有足够的口粮？

贫困学生的生活费和学费怎样筹措？

陈开枝慈祥简朴。在百色，不论在农村还是城市，只要你提起陈开枝这个名字，几乎妇孺皆知。

"知道，知道。就是那个经常掏光钱给贫困孩子的憨厚老人。"

"他是我们百色的荣誉市民，是我们百色人啦！"

1998年，陈开枝由常务副市长升任广州市政协主席，不再分管扶贫工作。

"看来以后陈主席不会来百色了。"有人担心。

"陈主席帮百色太多了，他太累了，也该休息了。"也有人表示理解。

陈开枝的百色老伙计问他："你这下升了官，换了岗位，年纪也大了，以后还来不来？"

陈开枝坚定地说："来！"

履新不到一个月，陈开枝又筹集到250万元赶到百色。他说："我是一名共产党员，为人民服务的责任没变，扶贫的义务没变。我以后会来得更勤，筹款更多。"

也是这一年，陈开枝在匿名投票的100多名候选人中被评为"全国扶贫状元"。事先陈开枝并不知道，评上后通知他去北京开会领奖他才知道。

这次评选颇具戏剧性。

历年来，往往是各省份或部门竭尽全力推荐自己的人选，可这一次，广西说我们不推荐自己的人了，我们推荐广东的陈开枝同志。国务院扶贫办也说，我们扶贫办也推荐陈开枝。

他们不约而同把名额拿出来留给了同一个人，开创了该项评选工作异地推荐的先例，也是目前唯一的一例。全国扶贫状元，陈开枝是实至名归。

2005年春节期间，陈开枝又到百色扶贫。百色市委市政府的领导商量着要送一样礼物给陈开枝做纪念，但他们思来想去不知送什么好，于是请来书法家悬腕挥毫"大好人陈开枝"六个字，然后找人装裱好，再署上"中共百色市委员会　百色市人民政府"的落款。

在那晚举行的扶贫捐赠晚会上，陈开枝宣布三点："一、我已到了国家规定的退休年龄，要退休了，但我仍然一如既往关心、参与百色的扶贫事业；二、为百色扶贫事业身体力行，坚持到生命的最后一刻；三、退休后，我还要来百色扶贫50次，凑足100次。"

台下的人闻之动容，不禁潸然泪下。

陈开枝的老家在广东云浮，离广州不足200公里。从13岁离家将近60年，他回家次数还不足50次，而为非亲非故、千里之外的百色，他郑重承诺扶贫100次。

陈开枝说："我和百色人民结下了深厚的情谊，我永远热爱这块红土地，心甘情愿继续当百色人民的打工仔。我筹不到大款，就筹小款，筹不到小款，就捐出三个月的退休金。"

他还说："我的扶贫生涯，前期是履行职责，后期是自发自愿。任何一次我都可以退出：5次、10次、20次，但这样的做法我对不起百色人民的期待，对不起广州人民的重托，更对不起我陪同小平同志的11天！"

在陈开枝的眼里，扶贫不是一种恩赐，更不是一种救济，而是一定要扶真贫、真扶贫，如果从名利出发，他早就可以功成身退了。

在百色，陈开枝还是"百色市荣誉市民""百色市人民政府顾问""百色市教育基金会名誉会长""百色祈福高中名誉校长""百色学院客座教授""百色义工"……

乃尚权曾担任了十年百色扶贫办主任。说到陈开枝，他的声音有点哽咽了："不是每一棵树都能开在喀斯特山石上，但红豆树做到了。陈开枝就是这样的树——红豆树。"

"百色的哪个寨哪个村，他都可以数得来。"每次乃尚权陪同陈开枝去扶贫，在下午2点吃上午饭、晚上9点吃上晚饭，才属于正常的，"第一天和当地领导研究工作到深夜，第二天天刚亮就上山，工作至少14个小时。"

"我被陈开枝主席'骂'了三次。"百色市政府副秘书长李正生说。

李正生从1997年调到百色扶贫办工作了十六年，记不清陪同陈开枝多少次，却记得被"骂"过三回。

"每一次都醍醐灌顶，幸福受用。"李正生说，自己是在"骂"中获得新知，在"骂"中成长，在"骂"中得到提升和进步。

他谈起第一次被"骂"的经过——

那是2010年7月的一天，陈开枝带几个爱心企业家到百色调研教育扶贫，住在百色鑫鑫大酒店，晚餐则安排在另外一间酒店。

下午6时，李正生从鑫鑫大酒店陪同陈开枝一行同坐一部面包车前往。乘电梯到五楼时，陈开枝问："是哪个房间？"

李正生一下子懵了，急忙掏出手机欲打电话。

"怎么事先不对接好呢？"陈开枝语气不重，但柔中带刚，"当了领导就不干具体活了？"

李正生脸红到耳根，问了服务生才知道具体房间，责怪自己怎么不事先打个电话先与接待部门沟通好呢？

"细节决定成败。"陈开枝语重心长地对李正生说，"接待也是一门学问啊！"

"他给我上了一堂现代礼仪教育课。"李正生说，其实陈主席为人随和，但那天的客人都是前来献爱心的，而接待工作是体现一个地方、一个人的素质诚意，马虎不得，所以主席不满意。

百色市教育基金会理事长石卫武在他的长篇文章《我零距离接触的大好人陈开枝》里写道：

1996年至2017年，时间跨越了两个世纪，21年，一代人的时空，100次的真情帮扶，他让我这个在百色工作了近50年的百色人，万分感动，值得我学习！学习！再学习！

在百色，从右江百里河谷到大石山区，从壮乡瑶寨到苗家彝村，人们对陈开枝有一个共同的充满感情而又朴实无华的称谓，这就是"大好人"。

那坡是广西甚至中国境内著名的贫困县，和越南接壤。当时全县总人口20万人中，有5万人处于贫困和暂时无法脱贫的状态。那年春节，陈开枝探访一个黑衣壮村寨。

进村前，一路上张挂的红布横额，一律把广州的来者称为"亲人"。这种称呼一点也不矫饰，是由衷的，出自肺腑的真诚。

黑衣壮的歌声，黑衣壮的真诚，黑衣壮的热情，同样，黑衣壮所处的环境里，几乎找不到一块堪称平整的田，那石头缝里种出来的玉米和农作物，无一不是陈开枝的牵挂。

陈开枝在看望正在"茅改瓦"的一个壮族农家时说：如此艰难，只能用"坚韧"两个字加以形容。

其实，秉持这种坚韧精神的，还包括他自己。

那坡人民亲切地称呼陈开枝是"老朋友"，是"广州亲人"。村民用惊叹的眼光打量着他："这么大的领导，随和得像一位邻家老伯。"

村干部说："特别真实，完全没有距离感。"

临别的时候，满身泥土气息的黑衣壮踩着鼓点，男男女女唱起了那首《你的心牵挂着百色老区》歌曲——

都说远水难救近火
都说远亲不如近邻
你看广州的那个兄弟
千里迢迢又来到老区
啊，广州的兄弟呀
你的心牵挂着百色老区

那是阳光下的放歌，那是百色人最崇敬的表达。

第四章
兴教扶智

12. 百色的"大眼睛"

1991年5月,一组"我要读书"的照片触动着无数国人柔软的心:大眼睛苏明娟,大鼻涕胡善辉,小光头张天义……

其中,小女孩苏明娟那双清澈黑亮的大眼睛,透着对读书的渴望与无助,成了整个社会的关切和牵挂。

随后,这张"大眼睛"照片被中国青少年发展基金会选为"希望工程"的宣传标志。

"大眼睛"女孩苏明娟一夜成名,她的命运也因此彻底改变。

百色也有一双渴望读书的"大眼睛",她就是周标亮。1992年,一场意外的大火把周标亮的家烧个精光,她因此辍学。

也是这一年,广西第一所希望小学诞生在周标亮的家乡——百色地区平果县凤梧乡仕仁村。一天,老师突然来到她家,告诉她"你可以重新到学校读书了"。

周标亮的学费来自邓小平同志给希望工程的捐款,她和邓红霞等25名失学儿童有幸成为邓小平的资助对象。

1997年8月,周标亮考入广西田东民族师范学校。毕业后,她毅然决定回到家乡,到她曾就读的希望小学当一名教师。

"家乡的贫困是因为教育的落后,我要回到家乡,点燃大山的希望之光。"周标亮深情地表示。

周标亮是幸运的。

1997年,百色还有多少双像苏明娟、周标亮这样的"大眼睛"?

我们从当年的一份资料中查阅到:3.6万双!

彼时,百色地区387个中心村没有完整的小学校舍、4个乡没有初中。小学生在校辍学率为5.15%,有的县高达12.4%;初中生辍学率为

10.82％，有的县高达21.26％。

因为贫困而失学，因为愚昧而贫困，这样的恶性循环，困扰着贫困地区的为政者。

周标亮考上田东师范的这一年，陈开枝来到了百色。

在田东县作登乡陇穷村的陇穷屯，陈开枝感叹造物主实在不公平，创造了无数沃土河谷，却给这里留下一个山川"石碓"。整个屯唯一的平地就是"石碓"底部的小学校。

学校摇摇欲坠，倾斜的木房子似乎支撑不起沉重的屋顶。

不知是谁找来一根木头，从屋外呈45度角伸向木梁，木头着地端压着一块沉重的大石头，用来固定木头。学校旁边是一个储水的水塘，水面漂着一层飞虫。每到夏季，水塘会发出令人作呕的气味。

陈开枝看了看，窗户上没有玻璃，可怜兮兮地钉着几根破木条。

他走进教室，光线很暗。地板坑坑洼洼，凹凸不平，一条用木板和石块架设的板凳上坐着6个学生。走进隔壁教室，课桌要么"缺手断脚"，要么破破烂烂，有的孩子站着上课。

陈开枝进来时，孩子们大声地读着课文，与其说是读，不如说更像是在唱读。

"当——当——当……"课间休息时，顽皮的孩子们稍微一跑，整个楼梯都在晃动。

"危房，危房！严重的安全隐患。"陈开枝情不自禁地惊叫。

教导主任颜仁成是地地道道的陇穷村人，家住陇弄屯，20世纪80年代初在陇穷小学就读，后来到作登瑶族乡大阪附中读初中，再后来考上百色民族师范学校，毕业后回到母校陇穷小学任教。

他对陈开枝说："教室很暗，阴雨天孩子们都看不清黑板和课本上的字。外面下大雨，教室里下小雨。"

他一边说一边比画。

颜仁成就是在"石碓"底下这间简陋的木房子里读完小学课程的，这里曾经装载过多少瑶家孩子的童年梦想啊！

后来，他走出了大山，可当他再次回到山的怀抱时，状况依旧。他对陈开枝说："陇穷村应有学堂，有学识才不会穷下去。"

说这话时，陈开枝看到颜仁成眼里闪动着期待的目光。

在田东县，陈开枝还调研了另一个教学点。学校是20世纪六七十年代建起来的，黄泥浆粘着片石砌的墙，没有抹灰，就这样风雨剥蚀地裸露着，泥浆已经脱落，裂纹纵横。

陈开枝低头，侧身走进低矮窄小的教室。教室的门窗残破，课桌也是破破烂烂，有些还是用杉木板架在树杈上，小黑板活像一张愁得灰白的小脸。

教室旁边是教师的房间，约10平方米，一位姓杨的老师瘦骨嶙峋。陈开枝过去摸了摸杨老师用木板搭成的单人床，床上没有被子，像样一点的家当是一顶用银白色编织袋缝补的蚊帐，一个破旧的两抽屉办公桌戳在屋角。杨老师长年累月趴在这张桌子上批改作业，日久天长，桌面上竟然磨出了两道凹痕。

屋门口一侧是灶台，一侧是鸡窝。杨老师要自行到山上拾柴火点火，每当做饭时，屋里灌满了烟，开裂的泥墙熏得漆黑。

"你一个月工资多少？"陈开枝问。

"100多块。"

"怎么这么少？"

"我还是民办教师，没转正。"

走出学校，陈开枝当场洒泪。从那个时候起，陈开枝对百色的基础教育有着切肤之痛。

靖西县有一所学校，白天房子是教室，晚上用来关牛，因为教室是借老百姓的牛圈开设的。陈开枝老远就看到一个十来岁的孩子趴在窗户上，一打听，是个失学儿童。

老师告诉陈开枝："这个孩子家里很穷，家里一共六口人，父亲有病，母亲智障，还有弟弟妹妹。"

"像这样的贫困孩子全村还有多少？"陈开枝问。

"23个，其中8个因为贫困已经失学了。"老师回答。

无数揪心落泪的故事让人难以置信，以至于认为我们是在杜撰，似乎那是100年前发生的事情。其实，我们从作家向志文、黄小卡当年的文字里可以找到佐证——

之一

靖西县龙临镇龙明小学有三个班的孩子"流离失所"，好不容易借到一间民房，也只能容下一个班，还有两个班的同学只能就读"露天学校"。这不是长久之计，日晒雨淋的，孩子们如何承受得起？学校只好挤出办公室做教室，但老师们又成了"游击队员"。

之二

西林县八大河乡五定村罗桃教学点，教室竟设在代课老师刘永祥的家中。这个点仅有20多户村民，18个学生，分两个年级教学。每月只领100多元工资的刘老师心疼山里的娃仔，把自家的三开间房子腾出一间做教室，18个孩子才有了一个临时的上课空间。

之三

1999年5月30日21时20分，隆林县金钟山乡初中校园一片静谧，教室灯火明亮，同学们还在聚精会神地上晚自修。轰的一声巨响，师生们从教室里鱼贯而出，望着塌陷的那间学生宿舍。还好，宿舍里没有人。那间已有20多年历史的老屋子，在几阵大雨之后，腐朽的松木横条再也承担不起重压，颓然倒下。

之四

在百色市大楞乡弄外小学，居住在六居屯的孩子竟要走五六个小时的山路。在校舍不足的时候，孩子们只好在放晚学之后，蜗居在白天上课的教室，躺在课桌上，枕着课本，做着寂寞的风铃梦。

之五

1998年国庆期间，隆林县者保乡上捧村完小一片寂静，老师和同学们各自在家度假。嘎——轰隆，断裂声和着一声巨响，一栋陈旧的瓦房轰然坍塌……人们循声涌出家门，奔到小学校园，扪心扼腕，惊魂未定。就在前两天，学校的老师发现横梁和墙体出现了新的裂痕，当机立断把学生迁到别处上课，又正好是国庆放假期间，否则……老师、家长、学生按着怦怦狂跳的胸口，望着尘土弥漫的废墟发愣。

校舍太烂，道路太远，家里太穷，山里孩子读书难可想而知。很多偏远民族地区早婚早育屡见不鲜。

在乐业县，一位村干部还给陈开枝讲了一个真实的"笑话"。他说两个一年级的小学生打架，打输的那个对打赢的那个说，你别神气，我姐夫上三年级了。打赢的那个说，你姐夫在上三年级有什么了不起，我爸去过县城，你爸还没去过……

陈开枝开始不信，后来县教育局的人证实是"真实的故事"，他哭笑不得。

在隆林县，陈开枝还听说曾有七名学生自动"废弃"大学生的学籍。原来，这七名学生寒窗苦读，每餐一碗素粉，凭勤奋和聪慧拿到大学录取通知书后，因为家庭困难，父母拿不出上大学的费用，只好放弃了入学的机会。

他们几个人中，有的把大学录取通知书撕了，进深山承包土地种果树去了；有的把大学录取通知书揣在怀里，下广东打工去了；也有的在大学录取通知书上写上"绝书"，抗议人生的不公平……

"贫困学生最容易走极端，要不愤世嫉俗，要不过分自卑。"陈开枝说。孩子会有思想，你也是人，我也是人，为什么我就这么穷？

面对飘摇的危房，陈开枝惶恐不定；面对校舍的不足，陈开枝困惑不安；面对因贫困上不起大学的学生，陈开枝心急如焚。

试想，连学校课堂和桌椅都没保障，谈何教学质量的提高？

"再穷也不能穷教育，再苦也不能苦孩子。"那位世纪伟人邓小平的教诲，时刻在陈开枝的脑海里浮现。

陈开枝心里明白：大石山区群众贫困的原因除了恶劣的自然环境，更重要的原因是这些地方的基础教育极端落后，没有对教育的投入，造成人的素质低下和人才匮乏。

"扶贫要扶到根子上。"他暗下决心：扶贫先扶智，治穷先治愚。治愚，要从改善教学基础设施抓起。

陈开枝暗下决心，要为百色先建50所希望学校。

当时，广州的扶贫资金主要用于扶贫开发，并没有教育投入计划。办50所学校，需要很多很多的钱。

怎么办？陈开枝发动社会力量，动用各方资源。

从百色回来，陈开枝邀请广州市总工会主席陈伟光、副主席褟兆强到百色去"走一走"，并推荐他们到西林县去"看一看"。

西林县号称广西"省尾"，陈伟光直接插到最边远的足别苗族乡。穿越大山腹地的崇山峻岭，他们真正体验了一把什么叫偏僻、闭塞、落后，这里的教育贫困程度给了他们一次淋漓尽致的展示，学校就是当地经济贫困落后的一个窗口和标本。

当时，足别苗族乡中心小学还是20世纪50年代建的校舍，破烂的村居与学校那幢年久失修、破旧不堪的校舍成了"难兄难弟"。学校饭堂、宿舍和教室的建筑用料是泥墙和石片，学校残缺的建筑与村民低矮的茅屋共同呈现那个时代的映像。

足别苗族乡中心小学有500多个学生，大家挤在9间既窄小又阴暗的教室里，其中有4间还是借用乡政府的旧平房。教室里普遍缺少课桌椅，大多数的班级只能三四个学生挤在一张破旧的课桌上。174名住宿生住在教室一角，那是用竹篾围出的地方，一张床居然要挤上7个人。教师只好分散到农户去借宿，过着"流浪"的生活。

电化教学、电脑，这些对广州学生来说，早已成为司空见惯的"玩具"，但足别苗族乡中心小学的教具里，除了斑驳的圆规和角尺，就只有一台老掉牙的油印机。

"每年有70多名适龄儿童因贫困失学。"回到广州，陈伟光是流着眼泪跟陈开枝谈起走访足别苗族乡中心小学的感受的。

很快,市总工会在工会系统发起献爱心活动,筹措资金50万元,为足别苗族乡中心小学新建了一栋教学大楼及部分教师和学生宿舍,并添置一些课桌椅和教学设备。

资金迅速到位,当地群众、干部、师生投工投劳,工程进度快,质量好,地方政府也给予这项工程一路绿灯。

广州市总工会为这所学校起了一个很好的校名:穗工足别民族同心希望学校。

学校建成后,屹立在苗岭之上,成为方圆几十里最雄伟最漂亮的建筑物。

不只足别民族同心学校,市总工会还捐资兴建了陇穷小学。

1998年11月16日。下午3时18分。

这天,陇穷村鞭炮阵阵,鼓乐声声。凝聚了广州200万职工爱心的陇穷小学同心教学楼动工,地委书记刘咸岳等一众领导、嘉宾亲自参加,刘咸岳率先铲起一锹泥土挥向奠基石。

风渗雨蚀的老教室被众人一推,轰然倒下。翌年7月,一栋崭新的教学楼巍然矗立在陇穷村。

14日下午,同心教学楼举行盛大落成典礼,殷红的长条幅从楼顶一直垂到楼底:

广州亲人扶助希望工程芳名传万代;
陇穷民众发展老区教育瑶乡展宏图。

陈开枝委托广州市总工会主席陈伟光等八位代表来到陇穷村,与刘咸岳书记一起为陇穷村孩子的未来剪彩。

那天,最高兴的是陇穷村的孩子。他们拆掉课桌课椅的"垫桌石",换上飘着油漆芬芳的新桌椅,在宽敞明亮的教室里尽情地唱呀,跳呀。孩子们脸上都是如花的笑靥。

羊城亲人献爱心恩泽后代；
瑶山民众建新校福在明天。

村民们请人书写了这副对联，悬挂在村口那青灰色的石壁上，让它篆刻在陇穷瑶族同胞的心坎里。

广州市总工会一共为百色地区建校助学筹集150万元，除了足别小学、陇穷小学，还新建了作登初中、大慈小学，一共4所希望学校（教学楼），全部取名为"同心教学楼"。陈伟光说，工人要关心社会，社会才会关心工人，这就是"同心"的含义。

陈伟光将"同心"凝成淳朴的言辞。

陈开枝心里释然了，他深情叮嘱当地村干部一定要百分之百把孩子送进学校。

作为广州市分管对口帮扶百色的领导，陈开枝看到最多也最让他心酸的，是辍学儿童。

陈开枝说："教育扶贫是长远的、根本的，一个人受了教育可以帮助自己的家庭脱贫，还能影响整个村子的氛围，这比救济式的扶贫更加有效。"

在田东县弄接村，流传着陈开枝"三顾瑶村"的佳话。

弄接村是一个坐落在大石山窝里的瑶族村。

陈开枝第一次到陇接小学是1996年11月30日。学校里有161名学生，4个年级，4名老师，2间教室。

所谓教室，其实是由三堵低矮的石头墙支起的破烂不堪的房子：天面上的梁椽已经断的断、塌的塌，纷纷飘落下虫蛀的粉末。破碎的瓦片稀稀疏疏，已不能把屋顶盖密，千疮百孔地从屋顶上漏下来的大大小小光束，如同筛眼。

再看看房子四周，那是用石头砌起来的半堵石墙，门和窗用一些树木掩起来，既不挡风，也不挡雨。

更令人惊悚的是，黑板是用一块老人的寿板做的，板面既不平整也没涂黑。破裂的黑板上一片灰白的粉末蒙着，粉笔写上去的字迹，让人无法辨认。

老师教完一年级的拼音，转过身又教三年级的数学。

看到这一情景，陈开枝第一次知道什么叫"复式教学"。他当即东拼西凑了4万多元，交给村支书作为盖校舍的前期费用。

第二次，教室盖起来了，还建了个球场，学校又给陈开枝写了封信，说教室不够用，能否支持再多建几间。陈开枝又筹了一笔款送来。

第三次到陇接村，陈开枝带来了香港同胞的5万元捐赠款。一听又可以添新桌椅，孩子们激动得把巴掌都拍红了。

听到孩子的一声声"感谢陈爷爷"，陈开枝连擦泪眼。

广州市的教育现代化、社会化和国际化起步较早。早在1987年，全市200多所薄弱学校完成改造，1990年就在全国率先高标准完成"普九"并推进"普高"，成绩斐然。

反观陇接村的一幕幕，陈开枝感到震惊……

羊城广州，车水马龙，一派繁华富裕。

百色老区，人迹稀少，彰显贫困荒僻。

震惊之余，陈开枝坚定了"扶贫先扶智、治贫先治愚"的工作思路和"教育扶贫断穷根"的坚定理念。他提出教育工程要具战略性，要以普及九年义务教育为重点，提高普及率，同时提高贫困地区教师的整体教学水平和质量等。

从2000年开始，广州对口百色扶贫从开发扶贫转变为教育扶贫，陈开枝尝试要把百色失学儿童百分之百送回学校去。

陈开枝把在百色耳闻目睹的"震惊"传递给广州，发动更多的广州人前来帮扶百色。他四处奔走，将广东广州对口教育帮扶从政府行为转化为社会行动，做教育帮扶的桥梁、中介和鼓动者。

最先做出反应的是广州市教委。1997年起，广州市教委发起"广州—百色手拉手救助贫困学生"。

共青团是最活跃的群体，也是最先捐资为百色建希望学校的单位之一。

交一次"特别团费"活动。
援助百色失学儿童扶孤助学"1（家）+1"活动。
发动全市少先队员开展"拣回一颗爱心"行动。
举办了"情牵珠江源，广州—百色心连心"活动。
开展"广州—百色"互访夏令营。
……

走出去：广州20多名四至六年级的小学生在广州市青少年发展基金会叔叔阿姨们的带领下，一路风尘，一路颠簸，辗转1000多公里，从江之尾跋涉到江之头来。

在隆林各族自治县德峨乡中心小学，他们看到了来自壮、彝、苗、仡佬等5个少数民族的同龄人。这些少数民族孩子为来自广州的小客人采集山里的各种果子，广州的孩子们则给山里的小伙伴送上了各种文具和图书。

孩子们在一起取长补短，互相勉励，互助互学，"拉钩上钓，一百年是朋友"……

请进来：通过"一帮一"活动，将百色的孩子邀请到广州去"手拉手"。

宋忠诚就是被邀请到广州参加"手拉手"活动的幸运儿。

那年，宋忠诚9岁，苗族，家住西林县一个名叫"上马草"的小山村。

上马草是一个自然村，隶属西林县那佐苗族乡，那里离县城最远，90余公里，汽车颠簸着从早到晚也只能赶得个来回。上马草离乡政府所在地最远，涉几道溪，翻几道坡，穿几片林子，上坎下崖，来回不少于40公里山路。

小小的山村，上马草算是边远中的边远，如同进入另一个世界。宋忠诚就读于上马草小学。

学校是几间泥墙草房，窗没有窗棂，门没有门扇，风可以四季穿堂进屋，雨和阳光随时可以从漏水的天面灌下来，外面是什么季节，教室里就是什么季节。没有课桌，课桌是木板搭在木桩上的；没有椅子，学生坐的是整根横在地上的大树干。学校连一个上下课铃都没有，只能敲挂在树枝上的半片铧犁作为上下课的信号。

山村的条件实在太差，县里从十分紧缺的财政里挤出一笔钱来，办了一个"民族班"，宋忠诚于是被招到县城来读书。

民族班设在县三小，即八洋小学内。

宋忠诚来到广州市，一切都是那么新鲜，一切又都是那么突然。

在羊城"手拉手"的几天里，所见所闻，所知所悟，拓宽了宋忠诚的视野，他仿佛一下子长大了，懂事了，不调皮了。回到西林，他把广州小朋友送的小礼物全部转送给民族班的同学。同学们仿佛也一起跟他一下子长大了一样，全班掀起学习高潮。宋忠诚学业成绩噌地上来了，所在班级也被评为优秀班级。

宋忠诚学习目的变得明确了：一定要认真学习，将来把家乡建设得像广州一样美好。

1999年元月，广州市团委组织54名团员代表来到百色进行教育扶贫。他们见到了"连绵不绝的大山只生长着岩石和荒草，偶尔一个小小的村寨也是杳无声息，没有鸡鸣狗叫，也没有炊烟袅袅"，感叹着"被百色人民改造恶劣环境的气势所震撼，被他们自信而高昂的情绪所感染"。

在广州市团委的号召下，团委机关和市直各部门的团组织，共为百色地区捐款95万元，全部用于建希望学校，筹集专项助学金48万元，结对救助了1140名百色地区失学儿童，帮助他们重返校园，还捐赠了一批书籍、文具、衣物。

2000年的春天，广州市第七届"杰出（十佳）青年"奔赴百色，他们除了为百色筹款50万元建"红军桥"、参加弄福公路"广州—百色青年友谊亭落成典礼"，还捐资20万元兴建了凌云县下甲的"广州杰青希望小学"。

教育扶贫是广州百色扶贫协作的最大特色。

百色地区边境线上有靖西、那坡两个县，陆地边境线长360.5公里，土地面积5562平方公里，人口76.17万人，有10个乡（镇）与越南接壤。

硝烟散尽后，边民渴望和平安宁，期望提高基础教育，无奈学校投入不足，教育设施落后。陈开枝获悉，坐卧不安。他发动广东广州社会力量为边境学校捐资，提升国门形象。

从陈开枝提供的相关资料，我们查到1998年至2002年，靖西、那坡两个边境县得到广东广州社会各界捐款的情况——

靖西：广州投入资金465万元，共建13所（幢）中小学。其建筑面积为10194平方米，解决4676名学生上学。

那坡：广州投入资金542万元，共建14所（幢）中学。其建筑面积为4658.6平方米，解决学生上学976人。

这些为百色老区兴教助学的钱，无论是从单位经费中挤出来的，还是从个人口袋里掏出的，或是去义卖挣来的，都热乎乎的炙人，就像广州人的心那么热乎。就是这热乎温暖着百色老区孩子们的心，激励着他们走出困境，走向未来……

将教育送到了家门口，从根本上改变了山区孩子命运的起点，缩短了他们被困现状与梦想和希望之间的距离，同时也提高了接受教育人员的比例。

乐业县地处百色地区西北高寒山区一隅，是百色地区的国家级贫困县，县财政困难，群众贫困面大，学生辍学率高。陈开枝把乐业县作为"广州—百色手拉手"教育扶贫的重点县之一。

除了给"广州—百色手拉手"活动帮扶特困生项目共300名共计17.3万元，陈开枝还亲自为乐业高中化缘。

那是2000年7月，乐业县拟兴建全县唯一一所高中。在此之前，乐业县还没有一所标准高中。

经费缺口大，难以为继，眼见无法在新学年把教学楼建好，乐业县委书记韦纯良十分着急。他知道陈开枝主席正在凌云视察，便火急火燎地找到陈主席，并竹筒倒豆子般把困难诉说了一番。

陈开枝只听不语。沉默片刻，韦纯良才听到他小声地自语道："人家化缘，我只好又去化人家的缘了。"

几天后，陈开枝召开广州市宗教界会议，为乐业高中教学楼"化"到了80万元！仅乐业县，广州市宗教界就捐赠了130万元。

韦纯良当面感激致谢，陈开枝嘱咐他，"抓紧工程进度，注意质量"。加上地区拨款和县里筹措的50万元，不到一年时间，乐业就建成了全县城最高最漂亮的六层教学大楼。乐业县从此有了一所标准高中。

跟着陈开枝的脚步，广州市宗教界的"善行"不止于乐业。

20世纪90年代末，百色还有两个乡没有初中。广州市宗教界捐资100万元，建了隆林的龙滩中学和乐业的同乐中学，终结了百色地区乡一级没有初中的历史。

2000年，百色地区田林县发生了一场百年不遇的洪灾，水毁严重。潞城瑶族乡红旗小学被暴发的山洪冲毁了校舍，200多名学生失去他们心爱的学堂，只好在临时借用的民房或临时搭起的油毡棚里上课，面临日晒雨淋、难以完成学业的困境。

当陈开枝把紧急求助信发给广州市宗教界后，他们二话没说，立即捐赠20万元，为失去学校的这200名瑶族孩子建了一所坚固、漂亮的新学校。

"光彩小学"是广州市帮扶百色地区兴教的一个重要组成部分。在陈开枝的撮合下，广州市光彩事业考察团于1997年9月前来百色老区考察，除了给不少学校当场捐款，还无偿捐款兴建田阳百里光彩小学和那审光彩小学！

1998年8月，广州市光彩事业考察团第二次到百色来，又当场捐赠30万元，再建一所光彩小学……

那一幢幢高大崭新的教学大楼拔地而起，屹立在这片红土地上，也屹立在老区人民的心中，如同一座座丰碑。

瑶族女学生唐树眉，家庭极度困难，在乐业中学上到初二就坚持不下去了，面临辍学的危险。

因为"广州—百色手拉手"，广州市天河区的邓晓莹女士两次资助，唐树眉才得以继续上学。唐树眉十分珍惜这难得的学习机会，努力刻苦，进步很快，在"百色地区中小学生航模比赛"中荣获二等奖，学习成绩在班上一跃为第二名，还被评为"学雷锋"活动的标兵。

"邓阿姨，感谢您！我一定会学习邓阿姨乐于助人的品德。"唐树眉写信把这个进步向邓晓莹汇报。

"一是做人，二是读书。"邓阿姨不忘嘱咐她。

和唐树眉极为相像的，还有乐业中学初二的刘小艳。当面临失学时，她得到广州市天河区叶小燕女士的无私援助，才得以继续学业。刘小艳以"1999全国中学生英语知识能力竞赛"全国一等奖的成绩，回报了社会对她的关爱。

田林县是广西土地面积最大的县份，彼时，全县有11个行政村16个自然屯的人没有上过初中。其中，黎艳上到六年级就辍学了，如果不是广州的好心人几次把黎艳找回来送到学校，那么这"没人上过初中的自然屯"，就仍是16个，而不是15个了。

百色的"大眼睛"闪动着感激，闪动着慰藉，闪动着欢乐的泪水。

挖掉穷根，靠的是教育。

陈开枝认为，教育扶贫要解决好，师资是首要问题。

2000年7月，广东省委书记李长春率队来广西签订教育对口支援的协议。9月2日，新学年伊始，广东省教育厅厅长郑德涛率领广东省教育扶贫考察团到右江师专进行扶贫调研，并举行华南师大与右江师专对口帮扶座谈会。

就像当年陈开枝被越洋电话召回来赶赴百色一样，华南师大校长颜泽贤教授也是为了落实帮扶计划，提前结束在日本的访问，赶赴百色的。

事实上，华南师大与右江师专"牵手"，是由陈开枝一手操办的。当时，百色只有一所右江民族师范高等专科学校（现为百色学院），陈开枝于是打上了自己母校——华南师范大学的"主意"。

右江师专党委书记周炳群清楚地记得7月9日那个深夜，陈开枝与他和校长何毛堂在下榻的酒店长谈。陈开枝要求右江师专抓住机遇，尽快与华南师大接头，连联系的细节也都替他们安排好了。

"你们两所高校领导签协议时，我一定到场。"陈开枝爽朗地表示。

陈开枝说到做到。9月2日这天，他从乐业县风尘仆仆地赶回百色城，与广东教育扶贫考察团会合，参加《华南师范大学与广西右江民族师范高等专科学校结对帮扶协议书》签署仪式。

颜泽贤和何毛堂两位校长分别代表华南师大与右江民族师专签署了结对帮扶的协议书。颜泽贤校长在讲话中一再表示帮扶工作定位在以智力扶贫为主，物质力所能及。

当晚，陈开枝在右江民族师专做了题为《21世纪在召唤》的报告。演讲中，陈开枝以亲身经历讲了年轻人中"师范生"这一群体的特征，讲了师范学校这个"母机"的重要性，讲师范生与师范学校在教育事业中的位置，讲教育与整个社会的关系与作用，从而说明他热心于撮合华南师大与右江师专结对的原因，为右江师专寻找华南师大这个对子的过程，以及他对此寄予的厚望。

"要充分利用华南师大支援这一有利条件，内因为主，外援为辅。"陈开枝建议华南师大组织一些学生骨干到百色接受革命传统教育、国情教育和艰苦奋斗教育。

"帮扶是双向互利互动，相得益彰。"陈开枝说。

在华南师大与右江民族师专的结对子帮扶中，陈开枝毅然接过右江民族师专颁发给他的客座教授聘任书。作为华南师大校友会名誉会长，陈开枝又成了右江民族师专中的一员，这是两地高校赋予陈开枝的荣誉使命。

10天之后，华南师范大学对口援助专家组一行六人，来到右江民族师专落实双方结对帮扶计划,并开始援教工作。第一批援教工程项目投资60万元,包括多媒体教室、网络电脑室等。

特别值得一提的是,华南师大的有效帮扶对右江民族师专筹建百色学院、专科升本科的项目起了很大的推动和帮助作用。

除了华南师大与右江民族师专这一对大学组,陈开枝还促成广东省、广州市101所学校与广西、百色101所学校结对子扶贫协作,受援学校遍布百色地区9个国家级贫困县的40个乡镇。

广州百色签署学校结对支援协定后,广州方面以开拓的精神,高效地开展这一对口支援行动,把帮扶工作搞得扎扎实实而又雷厉风行。他们向对口支援百色地区的45所学校派驻支教队员,给予受援学校更切实、更具体、更有效的支援。

陈开枝提起广州市中星小学有一位老师叫古娜芬,新婚蜜月没过,就别夫离家,不远千里到百色地区田林乐里一小援教,其事迹感人至深,难能可贵。

据统计,自1997年以来,广东省及广州市社会各界和港澳同胞共捐款4亿多元,在百色兴建希望中、小学,幼儿园和各类培训中心共242所。这些学校惠及百色12个县(区)70多个乡镇,解决了8万多名少年儿童的入学难问题。

汽车在百色大石山区的公路上颠簸、盘旋,透过车窗看到,一幢幢洁白而富有现代气息的教学楼或矗立公路边,或坐落在山坳里,与周边的青山绿树交相映衬。

"现在,学校是村里最好的建筑!"一路上,面露微笑的当地干部一边向我们介绍,一边发出这样的感慨。

20年后再来采访,我们走进每一所学校,教室明亮,教学设备先进,软硬设施可与城里的学校媲美。

迄今,百色适龄儿童入学率达到了99.9%。全百色12个县(区)实现了"普九"。百色的孩子们上学不再难,他们不用交一分钱,还喝上了营养奶，吃上了营养餐。

陈开枝也终于看到：远山里的大眼睛正呈现着盈盈的笑意。

13. 为人"祈福"

祈福高中是陈开枝教育扶贫的浓墨之笔。

翻开百色教育史，只稀疏记下简单的发展脉络：中华人民共和国成立之初，全地区仅有普通中学9所，在校学生2555人，其中高中生仅为322人。20世纪90年代末，平均每一万人中在校高中生也仅为311人。

当时，全百色地区优质教育资源匮乏，重点高中只有1962年创建的百色高中一所，占地面积仅116亩，校舍面积不足5万平方米。县一级的高中学位也十分有限，导致多数学生初中毕业后就外出务工，严重制约了当地经济发展和人才培养。

百色干部群众期望再建一所像百色高中这样的学校，让更多高中学子升入大学。

这种期望如盼久旱之甘霖。

梁文化时任百色地区教育局局长，他当时向从广州来帮扶的陈开枝主席汇报时说："主席，百色地区高中教育成为百色地区培养高级人才的'瓶颈'，全地区只有一所重点高中，每年只能招生330人，整个地区每年高考考上本科人数区区100多人，还比不上一个巴马县的上线人数。"

陈开枝主席听得眼睛都湿润了。

新建一所高中需要巨额资金投入，谈何容易！

陈开枝积极倡议，一方面让百色加紧筹划，一方面四处奔走筹钱。几经排寻，多方物色，最后，他选中了彭磷基！

彭磷基先生身材适中，结实健朗，黝黑的皮肤泛着饱经风霜的光泽，一副金丝眼镜后是一双慈眉善目，闪着智睿，明亮而犀利。

祖籍广州番禺的彭磷基，父亲彭国仪那辈子去香港谋生。彭磷基第一次回到钟村老宅是在1972年。那年，在香港成立隆辉公司，从事建筑、地产等行业的他回到广州参加中国出口商品交易会，30岁出头，英姿勃发，事业有成。

彭磷基的祖父彭寿春就是一位慈善家，一生乐善好施，而且彭家还建有"彭乐善堂"，常常向乡里施粥舍饭、施药施棺，以助乡邻为乐，深受乡人敬重。

"穷则独善其身，达则兼济天下"是彭磷基的家训，自小就印在他的心底，并随着年纪的增长越来越深刻，成为他终生的人生原则。日后，彭磷基作为广东炎黄文化研究会副会长，在研究中华文化和总结自己事业时，深知"慈善与孝悌"在中华文化中的价值。

1984年1月，彭磷基在番禺宾馆设宴为母亲祝寿。举起酒杯，他说："我愿年年岁岁都在家乡为慈母祝寿，愿妈妈与家乡一起福寿永年。"7月，彭磷基兑现诺言，回番禺投资建设"隆辉工业村"，是为"孝"。

彭磷基有着强烈的现代科技意识和聪慧的商业头脑。至1988年，彭磷基公司已成为世界电脑生产的三大电脑商之一。

陈开枝任广州市常务副市长期间，两人相互认识，却并不熟悉。

多年后彭磷基回忆说，他是从报纸上读到关于陈开枝为人、为政的报道的，特别是陈开枝到百色扶贫的事迹，也都是从香港的报纸上得知的。对陈开枝竭尽全力帮扶百色贫苦农民脱贫致富，晕倒在扶贫路上，把百色地区的扶贫攻坚视为己任以及陈开枝的人格风范，扶贫助困，"化缘"建校助学的精神十分敬佩。

风云际会。陈开枝1998年担任广州市政协主席，彭磷基是广州市政协香港地区委员，两人之间接触、交往机会频繁，相互间也有了进一步的了解，而且日渐加深。共同的"百色情怀"，使他们遇到了人生知己。

彭先生为陈开枝全力扶贫的精神所感动。同样，陈开枝也为彭磷基在广州番禺投资兴建的广州市番禺祈福新村所折服。

广州市番禺区钟村，佛子岭。

这里水函沼泽，锈色斑斑，熏臭烘烘。泥泞和杂草里只有蚊蝇、毒蝎、蚂蟥。这里养不成鱼虾，种不成荷藕，辟不成牧场。

偌大的一片地，自古以来都没有人在这片地上盖过一间茅寮，荒芜得让人不屑一顾。

改革开放时期，番禺区土地珍贵。好田好地，投资商无须太多太大投入就能赚到钱，自然不择手段。

唯有这佛子岭，十多个开发商来考察，都激不起一点投资兴趣。"只有'笨蛋'才把钱扔在这地方！"来者摇摇头，捂着鼻子走了。

开发佛子岭，是番禺区政府的长久期待，但多少外地投资商都拂袖而去，还扬言投资此地者必为"笨蛋"。

这一次，"笨蛋"彭磷基来了！

彭磷基的目光投向了佛子岭，一方面出于赤子之心，一方面出于不占农田和屋村。番禺的领导也希望与彭磷基合作，共同搞一个能代表番禺的"大制作"。双方的视点都落在大型屋村的建设上。

根植于这片土地的彭磷基，决心改写荒冈佛子岭，祈福新村于1991年初破土动工，11月16日开售。

祈福新村分三期，共征地6500亩，炸山头，填沼泽，建楼宇，挖湖栽树，把绿色的生机赋予这片亘古的荒坡，把佛子岭荒坡开发成如今的人间"桃花源"，并被冠以最美好的名字——祈福！

"祈福"的成功让彭磷基声名远播，那一幢幢小楼的红色屋顶整齐排列，让广州、香港等地的购房者趋之若鹜，赞不绝口。

祈福新村是现代化的低密度环保屋村，75%的土地用作绿化、道路和公共设施。一个现代化社区应有的设施应有尽有，并有完善的交通网络贯通香港、广州等各主要地区。

至于新村别墅的内部设计装修，更是兼有实用和高雅的特点。彭磷基"祈福"他的屋村"常住常新"。

为人祈祷和创造幸福，"祈福"成为一种品牌和象征。彭磷基开发的小区获"全国城市物业管理优秀住宅小区""全国房地产开发企业综合效益百强"等一系列荣誉。

8年后,因为陈开枝的牵线搭桥,彭磷基把满载着关爱的"祈福"送到百色老区来了。

彭磷基于1987年被选为广州市政协委员。

1999年3月,在广州市政协八届二次会议上,陈开枝主席向与会的港澳委员介绍百色的贫困状况,详细说明广州市的对口帮扶百色地区是党中央、国务院交给广东和广州的光荣任务。

彭磷基那天参加了会议。

和许多港澳委员一样,彭磷基深受触动,提出组织委员到百色走一走、看一看。6月,陈开枝带队,广州市政协组织了20多位港澳委员到百色参观调研。出行前,彭磷基和其他委员都已捐出资金。

但陈开枝还"揪"住彭磷基不放。

在陈开枝的眼里,彭磷基总是朴实且彬彬有礼,态度和蔼而平易近人,给人一种天然的亲近感。

自从决定要在百色地区建一所新重点高中作为重大的教育扶贫项目后,陈开枝一直牵挂着这件事情。陈开枝知道,从发展的需要,百色地区应该兴建这所高中。陈开枝也知道,百色地区要建立这所高中最大的困难在资金,而且不是几十万、几百万能解决的。

从凌云调研回百色途中,大家参观伶站乡岩流瑶寨。岩流瑶寨是百色大石山区的一个"标本",也是扶贫攻坚艰难的一个"注脚",又是"观念落后致穷"的典型例子。

访贫问苦需要攀上公路边坡坎,然后沿石缝而上,不少年轻人都是双手扶着两边的石褶而上,可彭磷基在石褶上行进时,矫健而敏捷,没有一点气喘。

参观结束时,他人都已登车,唯独不见彭磷基。夫人孟丽红急了,到处寻找,才发现彭磷基还在一贫困户屋子里与瑶胞攀谈:孩子上学多远,家长是否都送小孩读书……

陈开枝很细心，一路上边观察彭磷基边聊天。彭磷基不时触景生情，感慨少时的家贫。

"看了岩流瑶寨，心情沉重。"彭磷基说。

陈开枝对彭磷基有了十足的信心。他的"信心"来自对彭磷基同情弱者、举善施义、扶贫助困的了解和敬重，从某种意义上讲，彭磷基的"心情沉重"与百色老区的这种"沉重"同在一个"场"上。

彭磷基的人格风范和魅力，让陈开枝看到他身上有着中华传统的美德：宽容，仁爱，善义。

祈福高中，无论是彭磷基对慈善义举的选择，还是陈开枝对彭磷基奉献大爱的选择，抑或是彭磷基、陈开枝与百色三者之间相互选择，最终都是对理想的选择！

百色囿于贫困，彭磷基帮扶百色，慷慨捐资是情理之中。

当听到彭磷基捐巨资援建一所高起点、高规格、高质量的高级中学的消息时，百色地委、行署主要领导刘咸岳、马飚指示："择一处最好的地方建这所学校，只要看上，什么地方都可以要！"

陈开枝带广州市政协港澳委员到百色贫困地区考察的当天晚上，他把梁文化叫到跟前，说："彭磷基先生为百色地区教育局捐款500万元，建设一所重点高中，规模1000人。学校地址由你选，这笔款只能用于建设投资，不得用于征地和其他项目。"

梁文化既喜又忧，喜的是多年的夙愿终于实现了，忧的是当时连学校地址都不知道在哪里。

梁文化压力大，他组成一个团队，为这所重点高中选择校址，连续多天在城里、城外踩点。

城北的湖畔、城东大道旁、城南那毕乡间……梁文化带着一车人寻寻觅觅，总是找不到理想的地方。

1999年农历八月十四日中秋节前夕，陈开枝派时任广州市政协副秘书长李树青、纪可光两人专程赶赴百色再次踩点，时任百色地区行政公署

（现百色市政府）副秘书长黄保算、百色市地区教育局（现百色市教育局）副局长黎展森全程陪同，几个人开着车子从那毕乡转到城西，从百色职业高中、百色财经学校、百色经济干部管理学校转到右江民族技工学校的门前，正口干舌燥、精疲力竭的时候，技工学校校长陆利锋、党支部书记谭汉芬已在学校大门口等候。

车子鸣个喇叭，司机打方向盘，转进了民族技工学校。

跟随校长、书记走进校内再往临江的坡前一站，舒目眺望，但见右江河水从眼前流过，江上船影绰绰，江北的鹅城尽收眼底，楼宇错落有致，让人心旷神怡。

"就这里了，风水宝地！"李树青、纪可光喜出望外，两人异口同声大声说道。

"是呀！再好不过的地方了！"大家交口称赞。

真是踏破铁鞋无觅处，得来全不费工夫。参加选址的人几天都打不起精神，这会儿突然像被打了鸡血，兴奋不已，喜悦难收。

回城后立即向地区分管的党政领导张少康、卢新贵汇报，分管领导与主要领导沟通后当晚也都欣然同意，并指示立即做进一步的勘察、论证。

研讨会、协调会、现场办公会……

会上有不同意见。有人认为，右江民族技工学校在这里建校已有二十多个春夏秋冬，有过辉煌，不能弃之。也有人说，随着教育机制中毕业生分配制度的改革，技校的生源渐少，技校良好的教学资源不能得到充分利用，将面临去向的抉择……

弦外之音、言外之意都听得明白。

经过充分研讨和分析论证，最终结论是：扩展右江民族技校，辟为地区重点高中，同时保留技校部分专业，实行"一校两制"，既为这重点高中提供了最好的校址，也化解了技校生存发展中存在的实际困难，一举两得！

中秋节当天，早餐后，李树青、纪可光在乘汽车从百色返广州的路途中盛赞"是一块办学读书的龙脉宝地",立马打电话向陈开枝汇报。

此时,陈开枝正在北京学习,听后拍板同意。

祈福高中校址被确定下来。

这是那年中秋节送给为百色新建一所重点高中忙碌奔波于广州与百色两地之间的广州亲人的甜美礼物!

2000年2月20日,广西百色祈福高级中学奠基。

瞬间,"祈福"如一道耀眼的光芒进入百色人的视线。陈开枝把盛大而隆重的典礼视为对彭磷基先生义举功德的赞扬和表彰,是对彭磷基先生身上所体现的中华民族扶贫济困传统美德的弘扬。

在奠基典礼上,陈开枝说:"彭磷基先生不是什么巨商富豪,他捐出的钱是他勤劳致富所得。他不远千里到百色来捐助教育事业,就是因为他怀有香港和百色同饮一江水,同为中华儿女的骨肉之情。就是因为他怀有对邓小平和他战斗过的地方的敬仰之情,怀有对贫困地区父老乡亲的满怀深情。"

陈开枝还说,彭磷基的义举,利在当代,功在千秋。我们要学习彭磷基先生对祖国的赤子之情,尽全力把学校建设好。

陈开枝、彭磷基、孟丽红以及百色地方领导为奠基石铲上第一铲土,奠定的不仅是一块基石,更是播下一粒基础教育的种子。若干年后,它一定会枝繁叶茂,桃李硕硕。

工期短,工程量大,项目交叉复杂,质量要求高。陈开枝立下军令状:8月底之前完工,9月1日准时开学。

当天傍晚,许是有太多关注与牵挂的缘故,陈开枝和彭磷基不由自主双双来到建设工地上。

典礼现场还没来得及清理,"国运兴衰,系于教育;教育振兴,全民有责"的大幅对联迎着右江江风猎猎作响。

他们注视着,倾听着……

百色祈福高中建设在陈开枝的心头分量很重,他把广州政协的"虚工"拿来"实做",组成一支团队来服务百色祈福高中:陈纪萱副主席成了"总代理";李树青主任成了"大内管家",援建百色祈福高中的每一笔捐赠都经过她的手;纪可光副主任不出一个月就到百色一次,检查督促工程质量和速度。这个"团队"为百色祈福高中的建成默默无闻地辛劳着,无怨无悔地付出着。

2000年7月9日,陈开枝亲赴百色祈福高中调研。

听完祈福高中建设的汇报后,陈开枝发言了。他从大门工程的云浮石条说起,说到建筑物的排污、供水、供电必须齐备规范等问题。

陈开枝是云浮人,深知云浮石条的特性,便提出了施工时该注意的事项。他知道,主体工程和配套工程必须同步抓好,否则不光会影响工程的工期,还会留下后遗症。在会上,陈开枝还在教师招聘的考试、审核、调动一系列工作上做了指示,在招生的宣传、发动与名额分配问题上提出意见……

祈福高中专题汇报会整整开了一个半小时。开会时,外边月色明朗。当然,没有谁会记起两个多小时前在祈福高中建设工地上的那场大雨。这个忘却绝不仅仅是因为外面天色的缘故,而是因为人们忘我工作的缘故。

多年之后,陈开枝谈及那段日子,深有感触地说:"人家彭先生都这样了,我们能不这样吗?"

陈开枝说的"彭先生都这样了",是除了巨额投资的因素,还有背后默默的关注和准备。

百色祈福高中还在筹建时,彭磷基即派来了广州祈福学校的小学校长叶尔安。叶尔安是在当年4月来到学校建筑工地的,听说学校在9月1日开学,她满打满算不足5个月的时间,工地上才冒出几处高高低低的脚手架。到了8月,学校还只是个雏形,叶校长这下就焦急了,她把这种担心反映到彭磷基那里去。彭磷基只是习惯地微笑说:"按计划培训老师不变。"

2000年8月,彭磷基还亲自用电话对来应聘的英语老师进行"远程"考试。

教师培训结束,离开学只有几天时间了。叶尔安回到学校一看,脚手架是拆了，校舍仿佛一夜之间建了起来。叶校长高兴之余，发现按计划所要求的树木草地仍是一片泥泞，又再次"反映"到彭磷基那里，而彭磷基仍然是以那招牌式的微笑和那句话回答她。8月31日这天一早，叶校长到学校时，惊讶地发现，那些该种树的地方，树全长起来了，而且好像这些树已在那里生长了很久似的，草地是绿茵茵的，全看不出是一夜之间种上去的痕迹……

叶尔安并不知道这工程背后的故事。

百色祈福高中第一期的基建工程量很大。陈开枝特别提出要派得力的干将参与筹建。于是，天降大任于斯人，百色地区教育局副局长覃玉林被钦定兼任祈福高中首任校长。

综合楼5层，教室6层，教工宿舍6层，学生宿舍5层，以及校门工程、回建工程、道路工程、水电工程、运动场工程、绿化工程、挡土墙工程等等。"工程同时在春节后开工，工期在8月25日全部完成并验收合格。"覃玉林说。

进场的工程队最多时有18个，场地交叉、立体施工，协调工程之间的矛盾，成了最大的困难。施工管理者必须做到科学合理地安排与协调，当然最大的问题是要保证质量。

学校领导轮流在施工现场全程监守，吃饭由家人把三餐送到工地来，再让家人把脏衣服带回家去洗。每天天刚蒙蒙亮就把工人从床上叫起来，因此落了个"半夜鸡叫"的绰号。

大家都很累，但工人们都说："陈开枝那么关心，彭磷基先生无私地捐赠那么多钱给我们建学校，学校建好是我们享福，我们累点没什么。"

9月1日上午，百色祈福高中和全国所有学校一道，同时在校园升起了猎猎飘扬的五星红旗。

彭磷基亲自担任名誉校长。

那天，45盆鲜花、100面迎风彩旗把祈福高中装点得壮丽多姿，呈现出一派盛大节日的景象。一幢幢教学楼披着节日的盛装，4只大红气球悬挂着4幅巨大标语，十分引人注目。科技大楼上垂吊下来的巨型对联上写道:"磷基先生捐资祈福高中启华诞,老区人民倾力百色教育谱新章。"

百色地委副书记张少康主持典礼,陈开枝、彭磷基与百色地委书记高雄、行署专员马飚为百色祈福高中揭牌。高雄动情地说:百色祈福高中能顺利建成,这一砖一瓦、一栋栋新楼,饱含着陈开枝主席和彭先生对百色地区教育事业的真诚奉献和炽烈爱心,凝聚了广州亲人、香港同胞对百色人民的一片真情。

陈开枝登上新建成的科技和教学大楼。他打开明亮的窗玻璃,阳光和江风迎面而来,江水悠悠,满目波光,顿时豁然开朗。

"百色祈福高中做到当年决策,当年捐赠,当年开工,当年开学,是一个教育帮扶的'深圳速度'和'百色精神'的典范。"陈开枝说。

"百色祈福高中"的校名,是彭磷基先生亲自敲定的。

为什么取名"祈福"?

陈开枝揭开了这个谜。他说:彭磷基旨在要把这所学校办成番禺祈福学校的姐妹学校,借鉴和吸收祈福学校先进的、成功的教学、管理方法和办学理念。

番禺祈福学校是彭磷基的得意之作,这所与祈福新村交相辉映的实验学校不仅雅洁幽静,而且设备齐全,倾注了彭磷基的心血、汗水和资金。

在"祈福"家族里,番禺祈福学校又有了百色祈福高中这一好姐妹。

一次在前往百色的途中,因飞机晚点,在广州白云机场,陈开枝与彭磷基借"机"交流和商谈百色祈福高中的建设事宜。

彭磷基说:"要把祈福学校复制并影响到百色的祈福高中。建,就要建最好的!"

"这是我建校的初衷和信条。"彭磷基凡事务求完美。

祈福学校如此!

百色祈福高中亦如此!

彭磷基当即决定:再捐款200万元,使援建百色祈福高中一期工程达到700万元!

"建筑物可以留给后人几十年，而教育却能影响后人上百年！"彭磷基说。

很多人不明白，为什么冠名"祈福"？

"祈福"是彭磷基英文名字"Clird"的译音，巧合地译出"祈福"这吉祥的中文，且十分悦耳。

"祈福"，其实也寄托着彭磷基对人生的思考、目标，以至于新村、学校、酒店的名字都少不了"祈福"。它体现中国的传统文化内涵，也寄托着人们对彭磷基的铭记。

作为彭磷基"祈福"家族中的一员，百色祈福高中所用的校徽图案与广州市祈福学校的校徽同出一脉：校徽为圆形，如同盛开的花朵。环内是英文CLIFFORD（祈福）和SCHOOL（学校），下方的绶带是中文"祈福学校"，中间是英文"祈福"与"学校"的第一个字母C和S，上面是一本正在翻开的书本图案。

正因为同属"祈福"，百色也因而得福。

如今，祈福校徽不管缀在哪个孩子的校服上，那就是希望。

彭磷基不仅慷慨捐赠巨资，从学校的选址、规划、设计、建设到教师的招聘、学校的管理等，都予以极大关注。

2000年4月，百色祈福高中建设如火如荼的时期，彭磷基给百色祈福高中的校长及全体员工写了一封信，为百色祈福高中的建设鼓劲加油——

广西百色地区祈福高级中学：

尊敬的校长、副校长、全体老师及员工：

在千禧年刚开始，人类刚跨进21世纪，广西百色地区祈福高级中学新校舍快要落成，即将进行招生开学之际，我内心感到由衷的喜悦，并再次向你们表示热烈祝贺和衷心的感谢！

我在海内外艰苦拼搏几十年，深深体会到教育之重要。当今世界的竞争，主要是科技与人才的竞争，而科技与人才，归根到底是教育。"教育为立国之本。"因此，当我回到国内投资发展实业的同时，我在家乡也投资兴办教育，建立起各级教育机构，期望为国家培育人才。我把兴办教育作为我人生事业的重要组成部分，并为此而竭尽全力。

抱着同样一个目的，我为百色地区捐资办学。我愿为当地的建设与发展尽自己一份绵力。我希望在新校舍建成的基础上，大家再接再厉，同心协力，在短期内把学校办出特色，办出水平，办成当地一流学校。为实现此目标，我恳切希望：

1. 坚持"三个面向"，坚持开拓创新。这对新办学校尤其重要。要大胆探索，勇于创新，开拓进取，只有这样，学校才能办出特色，办出水平。

2. 从严治学，从严治校，严格管理。要养成尊师爱生，教书育人，勤奋好学，积极向上，遵守纪律，热爱祖国的良好校风。

3. 建立一支高素质的师资队伍和精干的员工队伍。为此，要建立完善严密的用人机制，坚持"用人唯贤"原则。把真正熟悉教育、热爱教育、懂得办学、德才兼备的人才吸引进来，绝不能把学校变成照顾安排人员的场所。大家一定要出以公心，互相监督。

4. 把品学兼优的学生招进来。要完善招生机制，严格把好招生质量关，建立激励机制，鼓励学生勤奋向上。学校有个高起点，才有可能办成当地一流的学校。让我们为办好百色地区祈福高级中学而共同奋斗吧！

谨致

敬礼！

广州市番禺祈福新村房地产有限公司彭磷基

2000年4月18日

彭磷基以"祈福"于人为己任。

几次老区之行，彭磷基先生的百色情愫越来越浓厚。2001年正月初十这一天，他委托老朋友陈开枝带来了百色祈福高中第二期工程的500万元捐款！

这消息是陈开枝宣布的。

同时宣布的还包括彭磷基决定连续10年每年资助20万元作为该校的

"奖教奖学金"。

"这何止是巨资？这是一种真诚执着的精神。"陈开枝说。

9月1日，陈开枝陪同彭磷基再次来到祈福高中参加第二期工程竣工典礼。细心的陈开枝看了看，虽然典礼开在同一个位置，但师生多了一倍，楼房也多了几幢，校园更美丽，活力更充沛，学生更自信了。

在陈开枝的安排下，彭磷基为台下的孩子做报告。他说："我希望大家都做一个对社会有用的成功的人。我所说的成功不仅是指出名、发财，而是要成为一个有知识水平、凭实力进取的人，一个敢于克服困难、始终不渝向理想迈进的人，一个百折不挠、坚忍自信的人，一个荣辱不惊、淡泊名利、有骨气的人，一个经受世事历练还可以保持善良内心、宽厚仁爱的人。而且我们还应该充满爱心，关怀社会，愿意为他人服务，为社会造福。这样的人生就有价值、有意义。最后我送各位一句话：要做一个自知、自爱、自信、自强、自律、自立的人……"

陈开枝坦言自己也是第一次听彭磷基做报告，报告精彩、动人，通篇是激励的话，自己也在聆听中深受鼓舞。

"可惜还缺个图书馆。"在新教学楼参观时，陈开枝无意中说道。

"我来完善它！"听者有心，彭磷基当即许诺再捐资100万元为祈福高中建一个图书馆！

陈开枝说："你投入百色祈福高中的总款项已经1650万元了，如果再加这100万元，已达1750万元了。"

在一旁的彭磷基夫人孟丽红女士插话道："凑个整数吧！再加50万元，加成1800万元吧！"

在祈福事业中，彭磷基结识了孟丽红。孟丽红能干、漂亮，有一片爱心、善心。他们在工作中成为挚友，喜结良缘。孟丽红曾多次随彭磷基到百色来扶贫。

陈开枝听后十分感动，因为他心里清楚，除了祈福高中，彭磷基和孟丽红伉俪还在右江区建设祈福小学，在其他县也有捐资助学。

彭磷基说："有钱出钱，有力出力，多捐助一点，贫困的孩子就能够早成材，多成材，国家就有希望。"

彭磷基、孟丽红伉俪累计捐赠3000多万元巨资，祈福高中科技楼、图书馆、校园网、图书资料、教学设备等软硬件设施……崭新的语音室，先进的实验室，藏书达10多万册的图书室，教学设施在整个广西地市高中屈指可数。祈福高中，正向广西一流、全国知名的优质品牌学校迈进。

在百色祈福高中，陈开枝对每一届入校的新生都要重复彭磷基那传奇的励志故事。

彭磷基生于20世纪40年代初的香港，从小锻炼出百折不挠、自强不息的毅力，聪颖过人，读书一目十行，甚至倒背如流，从小学到初中的成绩都是名列前茅。

彭磷基把书读好不仅是因为分数，还因为奖学金。

彭家四个孩子，家庭并不富裕，甚至十分普通。身为长兄的彭磷基为了不增加父母的负担，把自己那份学费省下来让给弟妹。"拿奖学金读书"已成为他唯一的出路，少一个学期拿不到奖学金，他就要因为家里交不起学费而辍学。

从初中到高中，父母没为他付一分学费，全是他以优异的学习成绩为自己挣得的。

读完高中，彭磷基考取了香港大学，但他为了更高的目标，放弃了在港岛入学，又以优异的成绩考取了美国印第安纳州工学院土木工程系，开始走上艰难坎坷的异国求学之路。

在香港时，彭磷基靠奖学金，基本不用父母操心学费。但到美国读书，是父亲东挪西借、倾其所有，好不容易凑到了5000美元作为彭磷基的求学费用。

十几岁的彭磷基背起简单的行囊，负笈远渡重洋。他坐着邮船，风颠浪簸，抵达美国的蒙特尔。他下意识地摸了摸怀里的钱，身上的钱已不足500美元了。囊中羞涩让他生起一种恐慌感，船靠岸了他还迟迟不敢下船，是整船旅客最后一个上岸的人。

从家里带来的钱维持不到一个学期就已告罄。

彭磷基在中餐馆里洗过盘子，当过侍应生，还在医院做过清洁工，重活、脏活，甚至是被认为"下贱"和"不吉利"的工作也都干过。冬天，他早早地冒着大雪跑半个小时的路程到工作地点上班，然后必须在7点以前赶回学校上课，待到从打工的餐馆11点打烊关门回来，还得秉烛读书，把当天的功课做完后才能睡觉。

尽管已十分卖力挣生活费，但彭磷基的日子还常常出现"经济危机"。考试期间，他用所有钱买了一条大面包，然后切成均匀的一小块一小块，给自己规定每餐只吃两小块，不能多吃，要按计划靠这条大面包度过学校考试这一个多星期的时间。

以骄人的成绩从美国印第安纳州工学院毕业后，彭磷基又考上加拿大麦基尔大学硕士研究生。在加拿大读研究生的苦累比在美国读大学本科时的艰辛有过之而无不及，但彭磷基以坚韧不拔的毅力闯过一道又一道貌似过不去的坎。

"苦其心志，劳其筋骨。"陈开枝给孩子们说，"彭磷基日后的成功得益于他苦难的求学经历，经历过艰苦磨炼，就是一种财富，可以练就承受巨大压力的体魄和精神。"

陈开枝于是继续讲彭磷基的故事，故事还很惊悚——

彭磷基在美国读书时，课余在一家医院当清洁工。太平间里弥漫着尸臭，笼罩着恐怖。有一次，他不出声，埋头在停尸房搞卫生，把下班的时间忘了。负责开关停尸房的老头认为彭磷基已下班离开，不留神把门关上，自己走了。彭磷基打扫完毕要出去，才发现门被关死了，无论怎么呼喊也没人来开门。

无奈之下，彭磷基只好孤身一人待在冷飕飕的、满屋尸体横陈的停尸房里过夜。长夜里，几十具尸体鬼影幢幢，他又冷又饿又怕，瑟缩在房角里。实在挺不住了，他只好扯下一张盖尸体的毯子裹着身子，还不失幽默地向尸体道声"不好意思"。

就这么一直被困到次日黎明，待另一具尸体送来，有人把停尸房的门开了，他才跳了出来，还把开门的洋人吓了一跳，大叫一声跌倒在地……

陈开枝讲述的彭磷基在美国读书时的"传奇"，以及他对人生理想追求的坚韧意志、奋发精神，激励着一代又一代祈福高中的学子。

百色祈福高中是广州教育扶贫的一面旗帜，一个缩影。

陈开枝挂念着祈福高中的每一个孩子。每一次到百色，他都要前往祈福高中"打卡"，鼓励孩子们潜心向学，努力上进。

2017年12月9日，陈开枝来到祈福高中，开心地和孩子们在一起。"距离高考还有180天，很关键。我来给'广州班'的同学们打个气。广州人爱拼搏，你们叫'广州班'，也要奋力拼搏。但是身体一定不要出问题，要根据自己的情况有规划地复习。"陈开枝叮嘱大家。

"陈爷爷好！"正在祈福高中高三"广州班"就读的黄伟涛，高兴地上前与陈开枝握手打招呼，"陈爷爷不仅给我们物质上的帮助，让我们山区的孩子上得起学，享受好的教育资源，也给我们树立了精神榜样。我会一步一个脚印走下去，希望以后能像陈爷爷一样回报社会。"

那天，一个饱含激情的学生专门为陈开枝朗诵了一首自创的诗文。他吟诵道："陈爷爷，我们感谢您，是您给予了我们第二次生命，我们将奋发学习，以回报您的关爱。"

陈开枝的泪水又下来了，他用一只手不停地擦着眼睛。

这一幕被摄进镜头，百色的群众通过当天的电视节目《百色新闻》看到了。

百色祈福高中招收的学生有90%是壮族、苗族、仡佬族等少数民族，有40%是家庭贫困学生。先后有7000多位贫困家庭的学生得到广州亲人的资助。

韦少标，就是获得资助的幸运孩子。

2001年8月，出生在凌云县下甲乡平怀村的韦少标初中未毕业，因为家庭贫困，父母无法承担高中学费，他放弃学业，选择回家务农。

韦少标正在地里埋头干活，忙得满头大汗。

"少标，你赶紧回学校去。"有人冲着他喊。

他抬起头来，是本村的一个村民。

"有什么事？"

"校长带话来，说有一个考试机会，如果考试通过了，就可以免费去广州读书。"

韦少标一听，丢下锄头就往回跑。

那时候，村里普遍没有电话，通信特别不方便。农村有一个赶圩的风俗，就是每隔四天有一个集市，需要购买东西或交易就集中在这一天到镇上"赶街"。

初中的校长知道广州祈福学校在百色招考三个特困生的消息后，想到成绩好又刻苦的韦少标，于是满街找熟人帮带话回去，正好碰到来"赶街"的韦少标同村村民。

直到今天，韦少标依然记得获得消息时的那份惊喜与激动。

他最终抓住了这个难得的机会。在经历层层筛选之后，韦少标以全额奖学金学生的身份入读祈福新村学校两年，高三时再回到百色并成为祈福高中第三届"广州班"中的一员。2005年，他完成高中学业，考入广西大学商学院。

从2000年9月百色祈福高中正式招生，短短三年就成为广西示范性高中。建校20年来，祈福高中已经帮助3万多名寒门学子圆梦，其中有5000多位贫困学生得到广州亲人的资助，改变了自己和家人的命运，并培养了一万多名进入重点大学的学生。

彭磷基和孟丽红到百色时，一律被称为"亲人"。既是"亲人"，对亲人向来疼爱有加的彭磷基，自然对百色老区的孩子们关爱有加。

2014年12月，彭磷基、孟丽红又向百色教育基金会捐款人民币300万元，用10年时间在百色祈福高中开办"孟丽红—新长城自强班"，给予受助学生每人每年2500元的资助。

"进来的是高中生，出去的是大学生！"百色祈福高中连续多年荣获百色市教学质量一等奖，多年夺得百色市高考理科、文科状元，高考成绩各项指标多年在百色市名列前茅。它的建成,为百色地区提供了一所高档次、高水平的教育基地,成为培育百色英才的摇篮,极大地促进百色地区教育事业的发展。

据相关资料介绍,从办学至今,有10人考入清华大学、北京大学等国际著名学府,400多人考取国家"985工程"院校,3000多人考取"211工程"院校。百色祈福高中的本科上线率达98%,王牌班级"广州班"的学生更是全部进入"985高校"就读。所谓广州班,即受到广州地区的部分企业家捐助,班里的学生往往品学兼优但家庭贫困,入读后不用担心学费和生活费。

值得一提的是,祈福高中建成后的第五年,就出了一个广西高考理科状元。周勇禄以715分的成绩考入清华大学,达到许多百年老校难以达到的高度,创造了百色高考神话。

百色祈福高中在"爱"中诞生。

2014年12月11日,陈开枝主席第八十八次到百色帮扶,他陪同彭磷基及其夫人孟丽红到祈福高中出席"广州助学班""孟丽红—新长城自强班"捐款仪式暨爱心见面会。

会上,陈开枝勉励同学们:"要努力学习,用最优异的成绩报答彭磷基及其夫人孟丽红的爱心。"他还说,贫困不可怕,可怕的是自己不努力;父母不由自己选择,但命运由自己掌握;大家要奋发学习,不但要上清华、北大,还要上哈佛、麻省理工、剑桥,要飞出大山……

20年来,学校以"爱的传承"为校园文化,秉持"为国育才,为民育子;追求一流,奉献辉煌"的办学理念,以"诚信、开拓、高效、创优"为校训,形成了"敬业、博学、求精、奉献"的教风,"自强、自律、勤学、奋进"的学风。

陈开枝说:"教师苦教、学生苦读的拼搏精神,正成为祈福人感恩思报、传递爱心的强大动力。"

木棉花开,红酡满枝。

明末清初,广东番禺学者屈大均有咏西江两岸的木棉诗云:"西江最是木棉多,夹岸珊瑚千万柯。又似烛龙衔十日,照人天半玉颜酡。"木棉依旧葱茏,祈福亦已迅猛发展,日新月异,才人辈出。

广州教育扶贫的成就,是岁月把举善者的善事、真情积累而成的,并印记在历史的功德簿上……

"广州城边木棉花,花开十丈如丹霞。"年已八旬的陈开枝情定祈福,情缘未了。只要木棉还会花开,他还会再来,一如既往。

14. 7个民族251朵花

2000年8月3日。

广西壮族自治区党委书记曹伯纯到百色的靖西、那坡等边境县壮村苗寨调研并访贫问苦。

上午,大雨滂沱,天像裂开了无数道口子,雨水倾泻而下。曹伯纯从那坡县城出发,冒雨驱车前往靖西县。

在吞盘乡孟麻街,曹伯纯走进壮族农户黄秀清家。他打量着这户贫困人家的家境和陈设,与黄秀清唠家常。

黄秀清夫妻俩病魔缠身,家境搞不上来;孟麻地势低洼,每年雨季都受到洪涝灾害,一家人收入不足900元……

交谈中,一个光着脚板,长得眉清目秀的男孩从里屋走了出来,见堂屋里客人多,礼貌地点点头,怯生生地缩了回去。

"过来过来。"曹伯纯招呼他过去坐在自己身边。

"你叫什么名字?"

"卢生昌。"

"今年读几年级了?"

"已经读到初一了,但现在……"卢生昌欲言又止。

"现在怎么了?"

"我……没钱交学费，在家。"卢生昌低着头，攥着打满补丁的衣襟，哭了。

其实，卢生昌非常喜欢读书，成绩也好。就在刚才，卢生昌正蜷在屋角，借着从破屋漏进来的亮光自学初二的课程。

原来，黄秀清结婚后，生下卢生昌。孩子嗷嗷待哺时，她的老公卢康华去找牛，误入中越边境雷区而不幸被地雷炸死。后来黄秀清带着不满两岁的儿子改嫁到黄家，由于家庭贫困，父母把能借到钱的地方全都跑遍，最终都没能借到两个孩子的学费。

曹伯纯沉默良久。

离开黄秀清家时，曹伯纯拍了拍卢生昌的肩膀说："还是要上学，学好文化知识才能改变家乡。"说着，他与卢生昌握了握手。

卢生昌感受到这双大手的温暖。

8月底的一天，村支书火急火燎地来到黄秀清家，通知卢生昌8月30日到百色地区民族师范附小"郑柱成少数民族助学班"报到，然后免费升入百色高中初中部读书。

口讯是一级一级传下来的，待传到村支书时，离报到的时间只剩一天了。

卢生昌是由开小店的堂婶送到百色的。从村到县的7元车费，从县到百色的18元车费，都由堂婶支付。堂婶还给卢生昌买了一套新衣服，将他送进了一个完全崭新的生活环境。

"郑柱成少数民族助学班"第一期计划招收100名贫困的少数民族学生，最后是101名。

这个"尾数"就是卢生昌。

原来，100名学生早已招收满档，是曹伯纯书记调研结束，回到南宁后，走了陈开枝的"后门"。陈开枝找郑柱成先生协商，促成此事。

卢生昌是以第101个名额"打尖"进入助学班的。

郑柱成是谁？

郑柱成少数民族助学班又是怎么回事？

这，得从陈开枝说起——

彼时，郑柱成是广州市政协港澳地区委员、广州市荣誉市民、香港日成玩具制品有限公司董事长，陈开枝则是广州市政协主席。他们的"交集"是政协这个平台。

郑柱成祖籍广东省南海，在香港出生长大。郑家两代人历经从内地入港，离港回内地，又再返港的迁离往返。

创业之初，郑柱成涉足过建筑业、制衣业、化工业、食品业、养殖业等众多领域。丰富的经历，除了让他饱尝创业的艰辛，累积了更多的经验和知识，还让他领略到事业成功的喜悦。

之后，郑柱成的事业在香港、内地以及在美国、加拿大、欧洲、东南亚发展起来，经营领域涉及玩具制造、化学工业、林业化工、生化工业、地产、保健娱乐、高科技等。

尽管事业有成，郑柱成却淡泊名利，从不炫耀。他说，自己的人生事业和个人情感都紧系在祖国的身上，与祖国共命运。

陈开枝初次与郑柱成相见时，为了表示对郑先生的尊重，不是简单电话约见，而是亲自前去拜访，头两次不遇，第三次终于见到。对陈开枝的"三顾茅庐"，郑柱成感动不已，最终二人成为挚交。

在广州市政协八届二次会议上，郑柱成是最积极响应陈开枝请港澳委员到百色去"走一走"的委员之一，并最后成为"一条道上"的人。

到百色之前，郑柱成特别找到陈开枝，问道："到百色需要做些什么？"

陈开枝对郑柱成的豁达、信赖和坦诚十分敬佩。于是，他把百色老区民族教育的状况向郑柱成做了详细的介绍。陈开枝说，百色边远贫困山区特别需要人才，但有不少可以打造的人才苗子因为家庭困难而辍学，好苗子被夭折，被湮没。

"希望能直接扶持到这些孩子的身上。"陈开枝最后说。

陈开枝让李树青具体与郑柱成对接，设计出独具特色的教育扶贫项目。

"建校已达到一定的量，助教助学奖还没跟上来。"陈开枝认为帮扶应当更具体些、更深入些、更具民族特色和更具规模。

郑柱成跟百色其实有过一段刻骨铭心的交往。

抗日战争时期，香港居民离港大逃亡。那是1945年初，年幼的郑柱成随姨妈逃难（港人称之为"走难"），依稀记得，当年乘船从水路溯珠江而上，辗转千里，历经波折来到百色。他当年看到那块以"百色"取名的洗衣石，如今还立在大码头旁。

幸运的是，在百色这个偏僻贫穷陌生的小山城，他们得到许多素不相识的当地老百姓的周济……扶危济困的思想从此在这个幼小的心灵里萌芽。抗战结束之后，他才又回到了香港，从而走向社会。

漫漫的"走难"生涯，从香港到广西百色，他体验到人世间的安与危，善与恶，强与弱，乐与苦，得与失，求与舍。

也许是这场遭遇，为日后郑柱成的百色"善行"积淀着情感基础。

陈开枝说，他和郑柱成有相似的身世，有一段相同的"走难"经历。郑柱成生活简朴，不嗜烟酒，谦逊和蔼，在广州口碑很好，而且十分热心公益事业。

儿时留在郑柱成脑海里的百色只是一种模糊的概念和符号：大大的洗衣石，骑楼下的木屐声，如泣如诉的粤曲吟唱……此次重返，郑柱成有意把百色作为自己人生事业的一个具体情愫驿站。

1999年，郑柱成随陈开枝一进入百色，就特别留心观察，并琢磨如何帮扶百色教育。

在陇穷村，郑柱成看到了"具象"：村民们菜色的面庞，目光呆滞，身心疲倦，衣衫褴褛……在这些贫困户的身边，是一群活蹦乱跳的孩子，他们好奇地张着生动活泼的双眼。郑柱成想，如果下一代得不到及时有效的资助，不用多久，这一代也就轮回到他们父母一代，沦陷到贫困和愚昧的苦海。

鲁迅那句"救救孩子"振聋发聩的呐喊，赫然浮上郑柱成的脑海。

调研之后，陈开枝在百色主持召开座谈会。

会上大家谈观感，委员们发言有的慷慨激昂，有的热情洋溢。郑柱成没有发言，只见他掏出钢笔，在一张纸上写着什么，然后交给陈开枝。

陈开枝接过字条，眼睛一亮，喜悦顿时涌上眉梢。他看了看郑柱成，向他会意地点了点头。

"我现在宣布一个消息。"陈开枝站了起来，环顾在座的港澳委员，大声说，"郑柱成先生决定捐资500万元，每年100万元，共5年，用于开办少数民族助学班和设立奖学奖教基金。"

顿时，场上响起了热烈掌声。

郑柱成站起来，目光炯炯有神，透出洒脱。

他频频抱拳致意。

掌声止息，陈开枝提议，郑柱成资助的这两项教育扶贫项目都冠以"郑柱成"的名字。这一提议又博得了一阵长久而热烈的掌声。

《安徒生童话》里讲述了一个这样的故事：一只小天鹅小时候被称为"丑小鸭"，备受歧视欺凌，后来它慢慢长大了，有了丰满的羽毛和强劲的翅膀，长成一只美丽的白天鹅，然后展翅向高天飞翔……

郑柱成资助了251个"丑小鸭"。

韦元方系田阳县洞靖乡弄岩村丁潭屯人，壮族。

靖安小学离韦元方的家大约有2公里的路程，学校连个电铃都买不起。不知谁从哪里捡来一个旧的灭火器当钟，敲起来，声音倒也脆亮。

学校穷，韦元方家更穷。为给妈妈和二姐治病，家里早已债台高筑，两个姐姐相继辍学。韦元方天资聪颖，学习成绩一直名列前茅，年年被评为"三好学生"。

上小学的费用不算多，考上前三名还可以免学杂费，韦元方就是靠奖学金读完小学的。

到了小学六年级，很快就要上初中了。韦元方的二姐不幸患上了心脏病，家里该卖的都卖了。

从家庭境况来看，韦元方失学是板上钉钉的事了。

幸运的是，"郑柱成少数民族助学班"把韦元方的不幸命运改写了。助学班只选招边远山区特别贫困的少数民族学生，为他们提供从小学五年级到高中的学习机会，帮助他们成才。

韦元方顺利考上了第一期。

曾嵘，1986年11月出生于靖西县南坡乡逢鸡村百鸡屯。在她1岁和5岁时，父母相继逝世，三姐弟加上已70岁的祖母，全靠两个叔叔养活。两个叔叔穷得叮当响，连老婆还没娶上，能供他们祖孙四人吃住就阿弥陀佛了，哪还有钱供她三姐弟读书？

2000年春，读完五年级第一学期的曾嵘，下学期就无法再上学，眼看着连小学都不能毕业。

"多么希望有人来帮助呀！"曾嵘无数次在内心这样呐喊，那是稚嫩孩子撕心裂肺的呼救。

仿佛是冥冥之中，"郑柱成少数民族助学班"伸出关爱的手，把曾嵘从绝望中拯救出来。

而曾嵘也考上了。

不幸的孩子各有各的不幸，但不幸的孩子都有一个共同的愿望："读书！"

那坡县达腊村的彝族，是彝族支系中的一支，称白彝。白彝世世代代过着游耕生活，每年农历四月初，金竹青翠，竹影婆娑，白彝在这时节举行"跳弓节"，祭祀祖先，祈求丰收。彝族男女老幼从四面八方聚集在一个种有金竹丛的地方翩翩起舞，祈求神圣的金竹赐予彝人幸福和安康。

梁春蜜来自达腊村，也是考助学班的一名学生。

梁春蜜的爷爷梁绍安当过乡长，20世纪50年代曾作为少数民族观礼团代表，到北京参加国庆活动，和毛主席握过手，跟周总理同桌吃过饭。梁绍安不识字，到北京成了一个睁眼瞎，看不懂街道牌子，看不懂商店招牌，连厕所哪边是男是女都认不出。

吃尽了不识字的苦头，他只好辞去干部职务回乡当农民。

"广州恩人是在为我们彝族种'金竹'呀!"梁绍安为孙女考进"郑柱成少数民族助学班"而高兴,感郑柱成之恩,戴陈开枝之德。

彝族人崇尚金竹,视金竹为神圣。所以彝族人常把赐福于他们的善者称为"种金竹的人"。

梁绍安说,当年彝族老祖宗被追赶,是仙人给他们那片金竹,做成了弓箭,才把敌人击退的。现在郑柱成先生就是"仙人",他办的助学班,把自己的孙女接到百色,供她上初中、高中,考大学,让她有本事,这本事就是打败愚昧和贫困的"弓箭"。

根据《章程》,"郑柱成少数民族助学班"的学生必须是除汉族以外的边境、边远山区、贫困乡村的家庭经济特别困难的少数民族,且思想品德好,学习成绩优良,身体健康,有培养前途。

陈开枝说:"名额由地区分到各县,各县再根据名额分配,严格挑选,以1:2确定预选人员,进行文化基础知识测试(语文、数学),然后由地区教育局负责到各县逐一面试选择。"

"招生非常严格。"陈开枝说。

一次,陈开枝在介绍助学班学生的政审是由各县组织部来把关并经地区分管领导审批时,下面的人轰地都笑了。

"哈哈,这不是等同于招干吗?"有人觉得太较真了。

"也不至于这么严吧?"也有人不屑一顾。

郑柱成却为陈开枝点赞,说"就应该严格准入门槛"。

"郑柱成少数民族助学班"第一期101名学生于2000年2月20日在百色民师附小开班。

郑柱成因故未能参加开班典礼。陈开枝从广州带一个"观摩团"来参加助学班的开班仪式,他要为这些孩子举行一次别开生面的"放飞"礼仪,将他们送进一个铺满鲜花希望的人生。

彝族女孩苏晓琼代表助学班的学生发言,她用略显稚嫩的童声表达对郑柱成和陈开枝的感激之情——

春天来了,春风的脚步近了,我们穷居深山的娃娃终于盼来了广州的亲人,盼来了我们101名民族班学生的恩人——香港日成玩具制品有限公司董事长兼总经理郑柱成先生。是郑先生的慷慨解囊,使我们来到了从不敢想象的学校,来到这环境幽雅的校园;是郑先生的雪中送炭,使我们摆脱了失学的险境,实现了求学的梦想。我们知道,郑先生为我们读书捐赠的钱是他从每一次节约中得来的。郑先生为我们倾注多一分关爱的同时,也在牺牲多一分享受。在这里,我代表101名助学班的学生和所有接受郑先生援助的学生,向郑先生表示深深的感谢!

那天,苏晓琼身着一套鲜艳的彝族服装,成了仪式上最注目的焦点,也是最幸福的孩子。

苏晓琼家住百色地区那坡县城乡镇的一个小山村。那里山很高,路很远,是个连牛羊都懒得爬上去的地方。父母很辛苦地种植每一株农作物,饲养每一只家禽,但因没有文化,又经常遭受自然灾害或一场瘟疫,让家里一贫如洗。她的父母跟天下所有父母一样,为生活奔波,为生存劳碌,想让自己的孩子上最好的学校,读很多的书,懂更多的事情。

然而,一个连基本生活都不能保证的家庭,又怎么可能让孩子上好学呢?

"我知道学习机会来之不易,我一定会努力,长大以后为改变家乡的落后面貌,为建设新百色贡献力量!"苏晓琼在发言中表示。

全国首例"少数民族助学班"的学生来自壮族、瑶族、苗族、彝族、仡佬族,是地地道道的特少数民族。

1999年第一期招101人;2001年第二期招100人;2002年第三期招50人。三期共251人,其中男生127人,女生124人;按民族来划分,壮族57人,瑶族121人,苗族51人,彝族17人,仡佬族5人。

现在回过头来看,陈开枝当初设计这一教育扶贫项目可谓用心良苦,有着非凡的意义。

2000年4月10日，阳光明媚，风和日丽。

上午8时30分，郑柱成一家人在陈开枝和百色地委书记高雄、行署专员马飚、常务副专员文明的陪同下到民师附小看望"少数民族助学班"的学生。

孩子们终于见到了日思夜想的恩人。101个孩子就像一群活泼可爱的雀儿拥向母雀，围着郑柱成和陈开枝，或坐，或站。

那天，孩子们有的含着笑，有的噙着泪，一直把陈开枝和郑柱成一家人簇拥着，拉着亲人们的手不肯松开。

平时寡言少语的郑柱成，脸上泛起兴奋和喜悦的红光。

"开班时不能来，我好想你们啊！"郑柱成打开话匣。

"我们也想您！"孩子齐声说。

"今天见面了，本来想说许多话，一高兴不知说什么了。"

站在一旁的陈开枝打趣道："郑先生一下子多了101个孩子，当然高兴啰。"

郑柱成也笑了，乐滋滋地说："上次回到家告诉夫人说我们又多了101个孩子，夫人一下子懵了，忙问我，哪里来的101个孩子啊？"

郑柱成把到百色办"少数民族助学班"的事告诉夫人，夫人听了很高兴，说："那真算是我们的孩子了，我们要好好培养他们成才！"

"下次要让她来看看孩子。"陈开枝笑着说。

"对，要让她来。"郑柱成说着，又弯下身子，关心地问围在身边的学生，"到百色来，生活上惯不惯？学习怎样？有什么困难？"

孩子们个个举起小手。

苏晓琼说：我来自那坡县，彝族。我在这里一点也不寂寞与孤独，觉得自己像一棵小树苗在阳光雨露下成长。

严风语说：我来自田东县，瑶族。我一定要努力学习，赶上城里的孩子，将来当一名教师。

杨艳梅说：我来自隆林县，苗族。郑伯伯拿出自己的血汗钱帮助我们，我们非常感激，是您的爱心照亮了我们的前途。

情到真时，笑容像花儿一样灿烂。

郑柱成是第一次与助学班的孩子相聚。他看完助学班的生活、学习设施后，又观看素质教育成果汇报演出，台上台下同唱一首歌，现场高潮迭起。

郑柱成被感动得热泪盈眶。

郑柱成不曾流泪。人生拼搏，事业风浪，无论逆境或是顺境，他都没流过泪，到百色却几次泪水涟涟。他说：也许是感情积淀的缘故，久违的喜怒哀乐会从尘封的岁月远处苏醒过来，人就会有善感。

欢聚总嫌时间匆匆。告别时，陈开枝提议来个大合照。

照相本是个平常的事，郑柱成从来是"任人摆布"，该怎么照就怎么照，照完也就罢了。这次工作人员搞完大合影和分班照后，郑柱成说："我看还要分一个县一个县地照。"

"好——"陈开枝带头鼓掌。

百色有12个县（市），因此"折腾"了12次。郑柱成又提出"分一个民族一个民族地照"，陈开枝担心郑柱成行程太满，多次受累，身体扛不住。

"没问题。"郑柱成说。

壮、瑶、苗、彝……最后上来的是一男一女，两个仡佬族学生。

女孩子叫韦剑勋，穿一身镶着大花边的仡佬族服装，鲜艳夺目。她圆圆的脸泛着红润，眼睛像两汪清澈的泉水。快门摁下后，韦剑勋紧拉着郑柱成的手不放。

孩子哭了，那如同断线珍珠的泪水，滴到了郑柱成的手上。

泪是感情最真诚的流露。

韦剑勋家住隆林各族自治县长发乡卡保村。仡佬族是百色的特少数民族，居住在闭塞的山区腹部，民风古朴，还保留着男尊女卑的风俗习惯。仡佬族的小女孩生下来，就注定被"拴"在仡佬冲里，然后早早嫁人、生儿育女，再被"拴"在丈夫家里。

老辈人说，仡佬人居于高山大谷，世代被人欺负，外面世道险恶，如果不"拴"住女孩，保不准会被骗出事。

韦剑勋家庭经济状况并不好，大姐、二姐出嫁了，大哥分家了，只剩下两老、三姐和她，一家四口，打下的粮食仅够糊口。更令韦剑勋不安的是仡佬族的传统观念。

韦剑勋生下来，她的父母就按仡佬族风俗给她打造了一个银镯，一条银项链。银镯的花纹十分好看，银项链也做工很精细。但这银镯、银项链的寓意就是要"拴住"，不要离开仡佬冲，不能掌握自己命运，不能选择自己的生活。

家里已没有钱可用在韦剑勋身上了，她面临着世代仡佬女人走不出大山的深深辙印：学会插秧织布，等待出嫁，生儿育女。

韦剑勋偏偏爱读书。自己如果能读上书，她想成为一名教师或医生，成为一名工程师或科学家……

干完家务活后，韦剑勋总喜欢爬到家门口那株金丝榔木树上看书。夏日里，榔木枝繁叶茂，招来习习山风。上五年级后，她待在树上的时间越来越长，她要跨过仡佬冲古老的沟坎。

正是"郑柱成少数民族助学班"帮助韦剑勋实现了"跨越"。

韦剑勋的父亲韦祖金是一个知恩图报的人，他知道小女被郑柱成先生录取到百色读书，非常感动。

2000年6月3日，作家岑隆业先生到韦祖金家采访。韦祖金用仡佬语与他的妻子韦美玉不知说了些什么，韦美玉就进到卧房去了。

岑隆业听到里间窸窸窣窣地在翻东西，接着韦祖金也进去了。

岑隆业正在纳闷的时候，韦祖金夫妇将一只银镯和一条银项链交给他。韦祖金担心普通话表达不准确，便用仡佬话嘱咐女儿韦剑勋写一封信。

信写好了。韦祖金把信和银镯、银项链捧在双手上，慎重地交给作家岑隆业，说："请你务必替我们家把东西送给郑柱成先生。这是女儿韦剑勋的东西，务必请郑先生收下，感谢先生大恩大德，培养韦剑勋。"

接过信和银镯、银项链，岑隆业瞬间泪崩。这礼物分量太沉重了，他哽咽着说："请你放心，我一定会当面把礼物送上。"

岑隆业买了一个红色礼品盒把银镯和银项链精心包装起来，还在信封后面做了这样的注释："仡佬族风俗，女孩生下，便置下此物留她日后使用，意在将她'拴住'。将此物转赠，视为最珍贵的礼物，亦是最为放心、最诚意的付托，故其家人有等于把韦剑勋交给您之说。"

2000年7月10日，郑柱成携妻儿到百色参加第二期"郑柱成少数民族助学班"捐赠仪式。岑隆业前往南宁机场迎接，把韦祖金家人托付的这份礼物带上。

车上，岑隆业把礼物郑重地交给了郑柱成。

郑柱成还以为韦剑勋是个男孩。他看了看信封后面的注释，问岑隆业："女孩？你没搞错吧？"

"没错，就是您上两个月来的时候，那个穿红衣裳、一直坐您身边的女孩，哭的那个。"

"哦，是她。记得！记得！"这一提示，郑柱成便记起了，连声说道。

"哇！好看好看！"礼物在车上的人手中传看，最后又回到郑柱成的手上。

"代我谢谢她家人。"郑柱成转身把银镯、银项链和信交给他夫人，说，"这份礼物要好好珍藏起来。"

当日，在百色民师附小举行郑柱成先生再捐270万元办"少数民族助学班"的捐赠仪式中，被安排在台上的两个学生代表，一个穿红衣的仡佬族学生和一位穿白色衣裙的彝族学生。

其中一个便是韦剑勋。

陈开枝说："郑柱成是一位博爱者。"

创业成功的同时，郑柱成和郑梁焕珍伉俪以扶贫助学为己任，热心公益：1998年，出资100万元成立"郑柱成扶困助学金"；2000年，捐资215万元建设广州市第一一五中学"日成教学楼"；2001年，在广州白云区太和镇成立"郑梁焕珍助学创优金";2002年,捐资260万元设立了新长城郑柱成助学金;2003年,捐出155万元在西安科技大学设立帮困助学金……

听说百色老区的教育扶贫急需支持和帮助,他们毫不犹豫就把巨资投放到百色助学、奖学、奖教。

郑柱成是个很低调的人。他一再强调,给百色老区做的这些事,只为责任之故、情感之故,从不图什么回报。

考入"助学班"的孩子从小学五六年级至高中毕业,其七八年学习期间的生活费、医疗费、被服费、学杂费、水电费、课本费、日用品费、用具费,全部在郑柱成捐赠的资金中开支。

刚从穷乡僻壤的山村来到陌生城市,有孤儿,有单亲家庭,尤其是民族风俗习惯独特的民族生,难免自卑、内向、孤僻、敏感。他们诚实、纯朴,但视野狭窄,见识不多,害怕与人交往,害怕跟人说话。不少学生文化基础薄弱,信心不足,觉得完成学业难度大,学习跟不上。

如何帮助孩子们过学习关、生活关、心理关、成长关?

百色高中安排苏桂芬、陆秀蕊两位对初中教学特别擅长的教师为"助学班"的班主任,向学生传授各学科的学习方法,像妈妈一样照顾着"助学班"的孩子们,让他们在呵护和关爱中迅速成长。

陆成云打球意外受伤住院,校领导、管理员、班主任、同学天天去看望他、护理他,并送去水果和炖鸡。性情孤僻的陆成云感动极了,说"出院后一定更加努力学习,才能对得起大家"。果然,他期末考试成绩优异,冲到全年级第二。

卢生昌进班时,成绩不太好。开学初,卢生昌给恩人郑柱成先生写了一封"暑假生活汇报",50多个字中,病句、错别字占了一半多。后来他勤奋用功,不懂就问,问老师,问同学,双休日、空余时间都在拼,凭着顽强的意志后来居上,期中考试挤进年级第三十六名,期末考试排在年级第九名。校长特地在全校师生大会上为他颁发学习进步奖。

3班班长苏晓琼,开始也很自卑,经过一学期的学习,走出了自卑,显示出自信,不仅学习勤奋,而且组织协调能力强。在课堂上、在晚会上、在校运会上、在球场上表现出一种开朗、乐观、主动的心态。参加完"穗、港、百三地少年手拉手"夏令营,这个彝族女孩子用全英语演讲征服了全场。

2001年9月,郑柱成与陈开枝到百色访问田东县作登乡陇接瑶寨时,与"助学班"学生颜凤梧、颜凤行、兰立锋不期而遇。孩子们高兴地拉着他的手,诉说感激之情,叙说思念之情,纷纷向他们汇报学习情况,情如故亲。

郑柱成很感动,对陈开枝说:"孩子们真的变了。"

陈开枝笑了,笑得那么欣慰!

2002年2月22日晚,百色高中举行"郑柱成先生资助少数民族助学班学生学习成果汇报会",少数民族助学班的251名学生以歌舞的方式向亲人表达感激之情,汇报他们的成长与学习成绩。

隆林仡佬族学生郭青表演山歌《唱唱咱们的郑爷爷》:"我这苦孩跌山崖,是你把孩救出来,供孩读书教又养,此恩用歌唱出来。"隆林的苗族学生王秀梅登台唱了一首《雨天,陈开枝爷爷来到小山村》……

看着这群曾经的"丑小鸭"在阳光雨露的照耀下,身影矫健,优美自如,正在蜕变成美丽的"白天鹅",郑柱成开心地笑了。

2004年2月,郑柱成先生因病不幸离开人世。噩耗传来,熟悉他的百色市领导、师生非常悲痛,百色市委、市政府派出代表,包括受资助的学生前往香港参加悼念活动。

10月7日,尚沉浸在无限悲痛中的郑梁焕珍来到百色,含泪对受捐助的学生说:"虽然爷爷走了,但是请你们放心,奶奶一定会完成爷爷的遗愿,替他照顾好你们,让你们继续在知识的天空中自由翱翔。"

话虽质朴,却用情真切。

20年前,"助学班"的251名孩子带着亲人的嘱托,带着渴望改变命运的决心,在郑柱成一家人的关爱中迈进他们成长的摇篮——百色高中,他们在这里学习、成长。

"郑柱成少数民族助学班"251名民族学生分别于2006年、2007年、2008年高中毕业,并考上了理想的大学,其中考上重点大学126人、二本108人。

2006年高考,隆林各族自治县克长乡苗族学生王开文考上华南热带农业大学植保系,成为村里第一名大学生。在大学里,他成绩优异,年年被评为优秀大学生,获颁发一等奖学金。如今他已是桂林市种养责任公司的副董事长。

王开文专门赋诗一首在报纸上公开发表,感激资助他的恩人。他说:"没有郑柱成爷爷和家人的资助,我们现在可能还过着面朝黄土背朝天的生活。他让我们走出大山,寻找自己的人生舞台,对此我们表示深深的感谢。"

喜从天降
郑柱成先生给我一双
能飞的翅膀
从此,我成了一只彩蝶
飞到了这座温馨的校园
采摘人世间最纯最甜的蜜
从此,一个苗族的后代
点燃了一盏永不熄灭的心灯

瑶族学生韦付庭是凌云县人,曾就读"郑柱成少数民族助学班"。考上大学后,他选择回家乡工作,用自己的青春和智慧改变家乡落后的面貌。如今,他已担任凌云县伶站瑶族乡党委副书记、乡长。

陈开枝说,当年郑柱成撒下的希望种子,如今已长成独立自强的参天大树;当年那群一脸稚气、艰难求学的孩子,现在都已成为社会有用之人。王金龙也是其中的一个。王金龙现是西林县委组织部的一名干部,他说他永远忘不掉20年前的那一幕。

2000年,是龙年。

王金龙的幸运就发生在这一年,有说是因为他的名字里含有"龙"字。

那天晚上,星空晴朗,全家人刚刚吃完晚饭,围在火炉边烤火。

"吱"的一声,推门进来的是班主任和校长。王金龙见老师登门,还以为是例行家访,挪了个位置后正想出门。

"金龙你也坐。"班主任忙叫住他。

在火炉旁,他们寒暄一会儿后,校长说:"金龙被选去百色读书了,是一位香港老板资助的。"

"哦。"父亲一听,嘴巴张成了个"O"形。

"是陈开枝牵线搭的桥。"校长告诉金龙的父亲,郑柱成来到百色资助251个贫困少数民族小孩,成绩也要好。

那年王金龙14岁。他坐在旁边听,懵懵懂懂的,像是在梦境。

家里贫困是真实的。母亲身体不好,父亲为了供他姐弟五人上学,到山里割松油,每天要割2000棵松树,至少要跑10公里的路。

半个月收一次松油,然后用卖得的那点松油钱来支撑五个人读书。

每次看到父亲那瘦弱的身体支撑着九个人的家时,懂事的王金龙打算辍学,和父亲一起割松油,让弟弟妹妹完成学业。

"感谢政府。"本分的父亲没有更多好听的话说,转过身来摸摸金龙的头,用苗话说,"去了好好读书。"

接下来的六年半时间,是王金龙一生最美好的时光,他接受了全市最好的教育。

高中毕业后,王金龙考上了大学,成了苗寨里有史以来第一个大学生,成了全寨子的骄傲。

大学毕业后,王金龙谨记陈开枝爷爷和郑柱成爷爷的那句话:"努力学习,改变家乡落后面貌。"他毅然回到了老家,成为一名基层干部,一名回报社会、温暖他人的扶贫干部。

与王金龙同感的还有汪平等。

2000年2月17日，是汪平等抹不去记忆的一天，刻骨铭心。

"平等！平等！"凌晨3点，汪平等被母亲从睡梦中推醒，他惺忪着睁开眼。母亲说："赶快起来，吃点饭，要赶路到百中街搭车去乐业县城，要不然赶不上往百色的车，耽搁开学报到。"

母亲很早起来准备好了饭菜。从家到乐业县城要先走两小时的山路到百中街上，然后乘坐三个半小时的班车才到县城。

"鸡肉？"汪平等看着桌上摆着的一盆鸡肉，心里一阵紧缩。他明白，家里唯一的一只刚孵完鸡娃、还在坐月子的老母鸡肯定被父亲杀来为他送行了。

汪平等匆忙刨了几口饭，一点胃口都没有。

"快点。"母亲催着说，到县城的班车一天只有早晨6点半一趟，去晚了赶不上或者人多挤不上就得等第二天了。

汪平等摇了摇头，表示已经饱了。母亲担心他赶车路上饿，帮他打包了一份饭菜放在出行装衣物的布袋里。

天还没亮，父亲早已制好了竹火把。汪平等扛着布袋行李，母亲打着火把，两个人一起走出寂静的瑶寨，赶夜路去搭车。

当天，母子两人到了乐业县城，去百色的班车已经赶不上了，只能等第二天的班车。由于没钱住旅馆，那天晚上，母子俩就蜷缩在汽车站候车厅的椅子上过了一夜。

乐业有"小东北"之称，夜晚异常寒冷，凛冽刺骨。体弱多病、身单力薄的母亲害怕儿子冻着感冒，把她那件缝缝补补、破烂的外套披在汪平等身上。看着母亲在寒风中蜷缩着，汪平等心里难受得暗自流泪。

上午7点，母亲把儿子送上了开往百色的班车。班车将要开动之际，母亲从怀里掏出一个厚厚的布块，打开，从里面数了又数，拿出一沓五角、一元、两元的钱递给汪平等，叮嘱道："有30块钱，要节省着用一学期。"

后来，汪平等才知道，母亲在送他上车后为了节省车费，独自从县城走15小时小路才回到家。

汪平等在心里默默发誓：一定要好好珍惜陈开枝爷爷和郑柱成爷爷给予的学习机会，报答母爱。

在"郑柱成少数民族助学班"，汪平等和其他250个小朋友一样，住、吃、学、行全包，连提桶、洗衣粉、晾衣架、牙膏牙刷、卫生纸等生活用品都配齐，走进教室，课桌上有漂亮的大书包、新课本及学习用具……

汪平等从"郑柱成少数民族助学班"考上了大学。毕业后，他通过自身的努力考入了百色市税务系统，成为百色市税务局的一名干部，并回到家乡乐业县办税征收服务大厅工作，多次被评为"优秀公务员""优秀共产党员"。

如今，从"郑柱成少数民族助学班"走出的孩子，正在用他们的行动回馈这个社会。

郑柱成用爱心铸造的"郑柱成少数民族助学班"，也成为教育扶贫的一个品牌。

据初步统计，由陈开枝牵线搭桥，郑柱成和郑梁焕珍伉俪从1999年以来在百色老区进行教育扶贫累计捐资2000多万元人民币。其中，用于百色高中的"郑柱成少数民族助学班"就达750万元。

2014年12月12日，陈开枝参加郑柱成资助的少数民族班代表座谈会。当看到当年的那些农村少数民族学生，现在个个长大成才，当了老师、医生、护士、公务员、新闻工作者、法律工作者、个体工商户、农村经济组织负责人等，他欣慰地说："如果没有当初办的少数民族班，就不会有你们的今天，你们是靠知识改变了命运。"

满怀香江爱，情牵珠江源。

2016年1月15日，陈开枝再次率郑梁焕珍及其儿子郑国樑、女儿郑洁盈一家三口来到百色高中，举行"国樑助学班""郑柱成爱心助学传承班"的冠名仪式。一个家庭的扶贫大爱，仍在延续……

百年大计教育为本，教育大计教师为本。1998年梁文化刚从乐业县委书记调任百色地区教育局长，百色地区教师合格率只有50%，教师文化素质较低，部分教师小学毕业教小学，初中毕业教初中，高中毕业教高中。

全市教师队伍中还有1万多名民办教师。由于教师队伍学历不达标，教育教学质量较低。陈开枝同志牵线搭桥，由港澳委员捐款150万元，2000年建成了教师培训中心。百色地区教育局加强教师培训，从2000年至2005年新培训教师5万人次，义务教育阶段教师合格提高到94%，为教育质量提高打下了良好基础。

15. 跟我去百色

对教育扶贫，陈开枝可谓情有独钟，给予特别的重视与投入。

"如果不解决教育问题，纯粹去解决生活问题，就不能解决根本问题。"陈开枝这个不会说豪言壮语的人，凭着多年的扶贫经验，深深意识到"教育扶贫"才是阻断贫困代际传递的治本之策，才是改变一个家庭命运的钥匙。

陈开枝无论到哪个乡村调研，都一定到当地的学校去；无论到哪个农户家，都要问孩子读书的情况。然后回到广州转述孩子们的现状，感动更多的爱心企业跟他去百色。

多年的扶贫助学实践，陈开枝对百色教育的帮扶有了全方位的认识，不仅是学校设施设备硬件改善，更重要的是教师素质、教学水平的软件提高。为此，他绞尽脑汁，千方百计募筹更多的资金投入百色地区教育领域。

跟我走吧！
天亮就出发
它近在心灵
却远在天涯……

陈开枝的"快乐老家"俨然是在百色。他四处奔走，为百色筹来一批批建校资金。

他的善举在广东家喻户晓，在港澳地区同样众所周知。许多爱心人士被他的执着所感动，为他的精神所折服，纷纷投奔到陈开枝的"门下"，跟着他到百色走教育扶贫的"最后一公里"。

刘小钢是其中一个。

跟陈开枝到百色去的前夕，刘小钢遇到一桩难事。

那是正月初九晚上，刘小钢年事已高的母亲不幸摔了一跤，造成了骨折。父亲为了搀扶倒在地上的母亲，用力过猛，一时气力不支，也老毛病发作。二老当晚都同时紧急住进医院了。

这一夜，刘小钢一夜未眠。让她焦灼的是，第二天她要跟陈开枝到百色扶贫，往返机票都已经买好了，上午10点起飞。

"陈叔叔（刘小钢一直这样称呼陈开枝），我父母昨晚都住进医院了。"在医院父母病榻前，刘小钢给陈开枝主席打电话。

"现病情稳定了没有？我过来看看。"陈开枝一听，心想：糟了，老领导的身体一直都不太好。

"还好，我是想问一下广州到南宁是否有下午的航班？"

"这样，你这次就先不用去了，好好照顾父母。"

"没事，我上午把父母的事处理完以后，下午就可以乘飞机赶过去，追上队伍。"

无奈，广州到南宁没有下午的航班。

怎么办？到百色去，还是留下来照顾父母？

一边是义，一边是孝。

最终，刘小钢从医院出发直奔飞机场，跟随赴百色调研的队伍一道登机。

当陈开枝把情况跟同行的团员说起，大家看着刘小钢疲惫不堪的神态，一边鼓掌，一边感动得落泪。

那一次，刘小钢代表捐赠者讲话。

我是第一次到百色来，感谢老区人民和百色地区党委、政府给了自己一个表达心意的机会。陈叔叔是看着我长大的，但我长大后并不常见到陈叔叔，因为他很忙。后来，我在报刊上常看到报道他的文章，知道他多年来已到百色扶贫几十次了，还晕倒在扶贫的路上，我十分敬佩陈叔叔的为人，很让我感动。近来陈叔叔四处为百色筹钱建学校，这是陈叔叔的一片爱心，因为教育跟不上，扶贫就不会有好结果。陈叔叔为百色这么做，把我深深感动了，所以我跟陈叔叔说："下次去百色，也把我带去，我也要为百色老区的教育尽一点绵薄之力。"这次，陈叔叔就把我带来了……

刘小钢的发言质朴，没有讲稿，全是推心置腹的肺腑之言。她还说："见到老区人民的日子还没有完全好起来，我心里就不舒服，就希望多为老区做点事。所以，百色老区人民有什么事要我做的，不要客气，我会尽力去做。"

刘小钢说完，场下一片掌声。

为刘小钢的真诚鼓掌！

为"陈叔叔"的真情鼓掌！

刘小钢在广州还不算是个"富人"，只是做生意养家糊口，供儿子读书，捐赠的不是公司的钱，掏的是自己的腰包。当刘小钢说要拿出自己50多万元钱给百色老区建学校时，陈开枝主席问："捐了这50多万元，儿子学费、生活费够不够？"

"应该还凑合着。"

"要是有困难，就不要捐了。"

"在别的地方再省一省吧！"刘小钢说。

11日，刘小钢和陈开枝一行到田林六隆开发区希望小学参加奠基仪式。回到百色，晚饭后已是8点多了。这时，刘小钢接到了一个电话。这个电话把她原先打算参加一个汇报会的计划打消了。她连夜赶回南宁，赶次日南宁到广州的早班飞机去了！

不用说，这个电话是从广州医院打来的。

夜色朦胧，载着刘小钢赶回南宁的车子徐徐开动，车载音乐《好人一生平安》的歌曲，好像是特地为她祝愿……

在陈开枝办公室对面的柜上，摆放着他与邓小平、江泽民、胡锦涛、李鹏、朱镕基、温家宝等中央领导人的合影，很多人认为他是"显摆"。

陈开枝听后付之一笑："我哪还需要'显摆'？"

其实，他习惯于每天打开办公室就能注目到那些相片，然后思考扶贫工作的得失，扶贫工作的忧患，扶贫工作的责任……

"忧患也好，责任也罢，如果只停留在口头上，那也只能是空想。"陈开枝常常思考之后这么对自己说，也是对党组织说。

1999年，陈开枝到凌云县的沙里瑶族乡调研，有搬迁的移民问："新地方有没有学校？如果没有学校，我们就不去，怕耽误孩子读书。"

"对啊！我们这辈子没文化才受穷，不能让下一代也受没文化的穷了。"

陈开枝意识到，即使开发区建起来了，如果学校建不起来，终归不能把移民留下来，那么这样的开发区无疑是失败的。

然而，扶贫资金挪不过来，全部投进扶贫开发区建设了，相配套的学校建设资金就只能靠陈开枝另外去筹集了。

陈开枝暗下决心，要把开发区的学校与开发区的基础设施同步建成。他邀请广州有实力的热心单位或企业"跟我到百色去看看"。

在平果金沙异地安置总场，镇泰金沙学校是清一色洁白的外墙，高大而庄重，与场部大楼、商场各自雄踞一座削平的山头，遥相对望。

镇泰金沙希望学校总投资120万元。其中，陈开枝引荐镇泰集团公司投入75万元，是百色六个开发区所建学校中规模较大的一所。

教学楼共3层，12间教室，3间教师办公室。教师宿舍、学生宿舍与食堂，成犄角状在教学大楼边展开，是方圆百里最大最漂亮的建筑。

镇泰金沙希望学校是一所初中与小学合一的联合学校，能容纳中小学生600人。学校1997年5月开工，1998年2月已有5个班开学上课，有350名学生到这所学校就读。

镇泰集团何以如此慷慨,如此热心?

原来,镇泰集团是由广州市政协委员、广州市荣誉市民黄铁诚先生(董事长),广州市荣誉市民、广州市白云区政协常委卢沅棠先生(副董事长),陆洪珠先生(执行董事),苏纪英先生(执行董事)四位股东联合创办的,集团由香港镇泰有限公司演变而来,改革开放之初就在广州办厂。当时整个镇泰集团有员工2万余人,年产值约16亿港元,以生产高质、先进的高科技玩具为主,产品全部销往北美洲、欧洲等。

陈开枝知道镇泰集团一直支持社会公益事业,捐赠重点放在贫困地区的文化教育事业。1997年初,陈开枝给镇泰集团的老总们写信,希望他们为百色老区建设一所学校。

镇泰集团老总们于是连连说:"好。"

陈开枝利用港澳优势对百色地区进行帮扶。他说:"镇泰捐资兴建金沙学校,是广州市与港澳特殊的地理关系而形成的区位优势。"

与此同时,广州珠江投资公司捐资180万元建成田东县江山移民开发区的江山小学。

广东省国讯通信总公司和广州市好又多公司各捐资50万元建成田林县六隆开发区的六隆中学和好又多小学。

广州市东山区捐资30万元建成德保荣华开发区国合小学和东山小学。

田林潞城开发区的央边、伟缝、八洞、百站、旺吉、渭六、岩才等移民区的教学点也在建点时同期兴建。

陈开枝奔波劳碌的汗水,浸透了用于百色老区建校的每一分钱,注满了这些希望学校的每一条墙基。

"广东的企业家要感恩小平的改革开放政策,企业在发展的同时,要尽社会责任,向小平学习,捐资助学。"陈开枝多次在广州的不同场合谈到1992年6月和10月,邓小平以"一位老共产党员"的名义为百色希望工程捐款5000元,资助平果希望小学周标亮等25名辍学儿童重返校园完成学业的故事，鼓励爱心人士弘扬世纪伟人精神，做慈善要有热心、有恒心。

符家耀是广东湛江人，1961年当兵到广西。1979年自卫反击战时，他三次到百色，应该说，是对百色知根知底的。从部队转业到地方后，几经辗转，调到广州市工商联任副会长兼秘书长。1996年，广州市对口帮扶百色，陈开枝第一次组团前往百色调研。符家耀主动找到陈开枝，要求给工商联"机会"。陈开枝被说服了，增加了三个名额。

符家耀回忆，他是和陈凯旋、严锐忠随陈开枝到百色的，让他惊讶的是，百色的境况和他十几年前见到的没什么两样。带着扶贫的爱心，每到一个贫困村，他们见到学校破烂不堪，就当场捐钱给学校修缮，把身上的现金掏得精光。

"我真的看不得那种场景。"陈凯旋是个穷苦农民的儿子，高中毕业后到县城打工，20岁开始学做小生意，24岁那年攒够了钱在普宁盖起了房，买了城市户口，成了"城里人"。后来到广州创立了"立白牌"洗衣粉。

陈凯旋成了广州市先富起来的其中一员。

"我今天的好日子是邓小平给的，百色是邓小平革命的地方，那里还那么穷，没水喝，没电用，连住地也只是巴掌大块的地方。我挣了几个钱，就应该拿点出来济困。"陈凯旋跟着陈开枝一路行走，一路"撒"钱，先是1万元，后来5万元……

从百色回到广州后，符家耀介绍百色之行的所见所闻和感受，发动私营老板为百色老区捐资建校——就是一个内容，百色革命老区还需要广州的帮扶。

"说到百色，我们最熟知的就是邓小平，就是百色起义。"符家耀在会上说，"当年革命，建立红色政权，流血甚至付出生命代价，目的就是为了过上好日子，但几十年过去了，老区还很穷，希望我们这些先富起来的人，向他们伸出援助之手，慷慨解囊扶贫济困……"

符家耀话音刚落，场下的人就纷纷开始捐款。

黄振业：30万元。

黄文仔：20万元。

谢仲余：10万元。

……

那天的募捐会，当场就为百色老区捐到了近百万元善款。

黄振业也曾"修"过"贫穷"这一课，他是广州市政协常委。1978年高中毕业后，他当过民办教师，开过家电修理站，也曾借贷买车跑运输，拉土石、揽工程什么都干过。"1984年，我经营失败，为债务曾在水泥管里住了三个月。"黄振业不讳言那段痛苦的日子。

曾经的贫困、曾经的失败给了他人生启迪，为他日后在商场上大显身手打下了基础。

黄振业有很强烈的时代意识。他率领益通集团实施了几何级数的三次跳跃：从第一步的工业投资向第二次的房地产和公路投资，再向第三次的金融投资，参与由全国工商联牵头组建的第一家民营银行——中国民生银行的筹办，并成为当时民生银行中投资最大的个人股东。

在帮扶百色的募捐会上，他捐出30万元，表达的是对百色革命老区的一种深深情怀。

宏宇集团公司董事长黄文仔风度翩翩，双目明亮，总给人一种自信、自悦、自得的印象。由番禺县（现为番禺区）榄核镇的一名国家干部"下海"承包企业，黄文仔从钢材贸易起步，其业务领域涉足物业管理、房地产开发、商业贸易、制造业、金融、信息咨询等领域，最终成就他的"宏宇"大业。时任广州市海珠区政协委员的黄文仔没有忘记自己对社会所承担的公益责任，在为新疆"献井"时，他献了10口井，20万元。无独有偶，在为百色老区的教育事业募捐时，他也是捐款20万元。

黄文仔的"民族情结"深厚，是广州市民族团结进步表彰的先进个人。一个广州企业家，为何对百色老区的各族群众有如此爱心？

"我记得陈开枝主席说过，百色还很贫困，如果不很好地解决，最终富了的地方也会被拖累，会给整个社会增加压力与负担。"黄文仔说，为百色做点好事，就会觉得充实，他很愿意跟陈开枝一起扶贫济困。

谢仲余是全国政协委员，有颗金子般的心。毕业于广州宇宙电机学校的他，从开办金象五金机械工场起家，自己动手，加工小五金杂件，烧焊，开创广州市第一个上门烧焊的服务项目。此后又投入300万元购买一家国企厂房，办起了金象电焊机厂，先后成功研制7个型号的电焊机并投入生产。

在为百色老区扶贫募捐会上，谢仲余出口应捐10万元。之所以如此，是他有着深沉的爱心，特别是对贫困者弱者，他的爱心表现得尤为强烈和突出。

2001年9月，陈开枝赴欧洲参加广州招商及"巴黎—广州文化周"活动。路过香港时，他想起隆林县和西林县还有学校没建，便借在港短暂的停留时间，拜会谭氏二兄弟三姐妹，争取谭兆基金对百色教育扶贫的投入。

谭兆老先生祖籍江门新会双水镇，出身贫寒，是香港知名实业家。事业有成后热衷慈善，善举遍及全球，其人格在粤港传为美谈。谭老生前身患重病，捐出善款创办"谭兆慈善基金"，先后在宗教、医疗、赈灾、市政建设方面给全国各地捐赠了大批善款，金额达2亿元之多，仅在广东一省就捐资兴建了近70所学校和教育机构。

谭志峰是谭兆先生的长子、广州市政协委员。在陈开枝牵线搭桥之下，他与弟妹讨论后，决定让"谭兆慈善基金"兴教之举惠泽百色教育。

2001年9月28日，陈开枝第29次前来百色时，特地请来了香港谭兆基金的代表王晓慧女士。

一路风尘，载着对百色教育事业的牵挂，也载着帮扶亲人的深情厚谊，刚卸下行囊，陈开枝、王晓慧一行就立即前往相关拟资助的学校进行调研，听取各县受助学校的建设打算汇报，还就受助项目如何严格、规范地做好规划和呈报的问题做了指导，达到项目科学规划、高起点、设计合理、实用、功能全面，以及严格资金管理和审核制度，来保证"谭兆慈善基金"建设出一流的学校，创造未来的一流教学质量。

王晓慧女士还不辞劳苦深入靖西、那坡等受惠县的学校进行指导，完善既定项目。

陈开枝的百色之行仿佛都在重复着一种模式。这种"重复",正是百色民族教育的福音。

前面写到的郑柱成和郑梁焕珍伉俪捐款举办"郑柱成少数民族学习班",他们朴素豁达、倾情教育、乐于助学的高尚情怀也影响着他的儿子、女儿。

凌云县品村小学坐落在群山环抱的山洼里,校舍破旧低矮。陈开枝请来郑柱成的儿子郑国樑、女儿郑洁盈先后捐资80多万元重新兴建。

学校仿佛在一夜间"天翻地覆",淳朴的村民们用唢呐声和山歌声迎接陈开枝和郑国樑、郑洁盈的到来。

"谁是陈主席?"

"谁是郑国樑先生?"

"郑洁盈小姐就不用猜了,最漂亮那个准是。"

乡亲们砍来榕枝做成龙门让恩人走过,采来山花扎成花环让恩人戴,激动和振奋道出的是久违的心情。

"要说我为什么做这件事,要先感谢陈主席。他给了我一个机会,让我能做我喜欢做的事,做我应该做的事。"郑国樑坦言道。

2000年2月21日下午,陈开枝从百色返回广州途中,在南宁候机时,巧遇广州市汽车博览中心总经理练卫飞先生。因为练卫飞久闻陈开枝百色扶贫的事迹,很敬仰陈开枝的人格风范,正愁无缘相识。这次机缘巧合,两人话题少不了谈到教育帮扶。当陈开枝向练卫飞介绍此次赴百色,了解到教师培训中心建设还有一些资金缺口时,练卫飞表示一定要为百色教育扶贫工作做点贡献,当即捐款50万元……

练卫飞说:"捐资助学,教育扶贫,陈主席一说就说到我心里去。我当即捐款,并非冲动。我们的心是相通的,他知道我的所思,我也知道他的所想,更重要的是我敬佩他的人格。"

广州市东安房地产开发有限公司的钟其彬,捐资50万元给德保兴建荣华初中教学楼后，又决定拿出15万元救助德保10名特困生，供他们读完高中。这10名学生是德保县严格考核挑选出来、品学兼优的特困生，他们都一样面临辍学。

钟其彬的这笔资助款是委托陈开枝带到德保，亲自交给这10个学生的，双方还签订受助协议。

此外，香港谭志峰给百色靖西、那坡、隆林、西林等县援助资金425万元，建设了8所学校；香港陈昌湖为百色民族体育中学捐款300万元……

黄首达在百色靖西完成了小学到高中学业，幼时条件非常艰苦，通过努力读书，考上西南大学，取得法学和会计学的本科双学位，并进修了中央财经大学研究生、清华大学经管学院EMBA，现任华美国际投资集团董事、副总裁、华美金融CEO。

黄首达对贫困有着深切的体会，不论是从安永，摩根士丹利，到LG Display（乐金显示），还是到华美集团，他怀揣梦想，体验过"三更灯火五更鸡"的奋斗滋味，见过凌晨4点的洛杉矶，凌晨4点的香港，凌晨4点的广州……星光不问赶路人，时光不负有心人。现作为集团高管的他，在追求梦想的道路上，尽管远离百色，但依然牵挂生于斯长于斯的故土，牵挂父老乡亲。

"尽管我的事业刚起步，但我仍然坚定地跟着陈开枝主席回到百色，尽我的微薄之力。"他这样对记者说。

2020年6月，他听说陈开枝要到百色助学帮扶，便放下手头繁忙的工作，跟随陈开枝回百色，个人捐资60万元，其中45万元在靖西中学设立"文秀班"，15万奖励家乡武平镇的优秀学子。

在捐赠仪式上，黄首达坦露自己的心迹。他说："穷乡僻壤是我从小对家乡的印记，我的整个童年是在饥饿和贫穷中度过的，初中家里才有电，高中才有电视。初中和高中我都得到广州热心人士的捐助，才完成了学业。"

因为家里常常揭不开锅，黄首达的父亲怀着对摆脱贫困的期盼，给儿子取名为"首达"，意为"发达富贵"，以寄托对美好生活的向往。

"陈开枝主席24年做好事，我被陈开枝主席的精神所感召。"黄首达说，希望家乡的学子通过读书改变命运，通过读书脱贫致富。

黄首达正在筹划，将尽自己的力量，把华美国际教育引入靖西，让靖西的学子能享受到优质的教学和资源，让更多孩子能走出大山。

2020年6月1日，教育基金会理事长梁文化风尘仆仆赶到广州。此行他有一个特殊的"使命"：为启动"文秀助学班"募资。

在陈开枝的办公室，梁文化向他汇报："自治区党委和政府、百色市委市政府正在广泛宣传黄文秀的事迹，百色市委政府决定建立文秀基金。教育基金会计划从2020年起用10年时间创办100个'文秀班'，今年首先办乐业中学、祈福高中、田阳高中等12个'文秀班'。"

陈开枝默默地听完汇报，拿起手机当场给谷城集团的赖友谷董事长打电话，请求董事长为乐业高中举办'文秀助学班'的事捐赠资金，奉献爱心。

梁文化捧起水杯，刚喝了两口，就听到陈开枝说："搞定了。""没想到三言两语就把第一单事落实了。"梁文化心里暗暗敬佩。

"明天我们分头行动。"陈开枝说。

第二天，梁文化前往深圳，陈开枝则马不停蹄地前往佛山开展募捐。

当晚7点，梁文化又接到陈开枝的电话：广州青年商会为百色祈福高中举办"文秀班"捐赠45万元。

一路征程一路"捐"。6月21日，陈开枝第一百一十二次前往百色，3天时间共举办了5场捐赠仪式：在陇穷村，百色广东商会秘书长宋成祥捐赠26万元；在乐业县高中，谷城集团为"文秀班"捐款45万元；在百坭村，赖友谷、符清分别捐款3万和1万元；在祈福高中，广州青年商会为"文秀班"捐款45万元，在靖西黄首达为靖西中学捐款45万元创办"文秀班"，并为武平乡当年考上大学者设立奖学金5万元。会宝旻天为百色捐赠教育设备价值500多万元；广州市白云区神山符氏电器厂董事长符清向百色老人院捐赠价值30万元的设备和生活用品……

2020年9月6日，陈开枝同志第一百一十三次到百色扶贫活动，他和夫人邓妙珍带领多家企业前来参加百色市教育基金会2020年第三十六个教师节奖励教师暨募捐大会，会上，陈开枝及夫人带头捐款3万元，许应裘先生捐款500万元原始基金，用理财创办"许应裘百色高中文秀班"及"许应裘百色民族高中文秀班"；朱孟依资助45万元，创办田阳高中"文秀班"；广西奔立尔教育产业集团捐款45万元，创办田东中学"文秀班"；深圳福聚多集团捐款45万元，创办平果中学"文秀班"；广东省卓粤集团捐款45万元，创办西林民族高中"文秀班"，这次捐款达808万元。

在2020年6月到9月期间，已经落实"文秀班"12个，资金1040万元。

2019年市委市政府决定建立教师发展基金以来，百色市教育基金会积极开展奖教助教活动，并得到了陈开枝主席的大力支持。百色市掀起了前所未有的尊师重教浪潮，教师的幸福感、获得感、荣誉感得到升华，全市教育教学综合质量在2020年也有了显著提升。2020年9月7日，陈开枝在会上对全市6382名优秀教师进行表扬奖励，从2019年以来，共表彰教师12628名，给266名家庭经济困难的教师给予资助，每人资助金1万元。两年来，共安排奖教助教资金4621万元。

这一次到百色，陈开枝引来的款物价达748.8万元。

事实上，这次捐赠的队伍中，广州青年商会会长罗军以及黄首达、符清、王会超等人，都是四十来岁、事业有成的年轻企业家。通过这次活动，他们经历了红色革命传统洗礼，亲身见识了陈开枝这位老共产党员扶贫助困的义肝侠胆，他们的精神境界也得到了极大的升华。

第五章 善心永恒

16. 给你一个"支点"

古希腊物理学家阿基米德有一句家喻户晓的名言："给我一个支点，我可以撬起地球。"

那么，给百色教育扶贫一个支点，百色能撬动什么？

陈开枝在扶智兴教中领悟到，助学需要有一个长效的机制来保障。一滴水的力量是微弱的，只有将成千上万滴水汇集成江河，才会有载动巨轮的力量。

2010年，陈开枝开始酝酿，要给百色的教育扶贫搭一个公益活动大平台，给百色一个撬动社会善款募集的"支点"，以补充全市教育经费的不足，在资助贫困学生完成学业上进行有效的扶持，使他们不因家庭贫困而读不了书，上不了学。

而社会基金，就是一个"靠谱"的方式。

2012年初，陈开枝到甘肃省会宁县检查中国扶贫基金会的扶贫项目。会宁是工农红军长征胜利大会师的地方，在中国革命历史上具有特殊意义。全县58万人口，财政收入不到一个亿，是全国有名的特困县，而每年投入教育的经费却超过5个亿，会宁成为西北教育名县、全国状元县。县城10万人中，就有5万是学生。

"搞教育要有一股劲、一股气才能搞好。"陈开枝总结会宁成为教育名县、状元县的"真经"是"三苦"：学生苦读，老师苦教，家庭苦撑。

从"会宁经验"中得到启发，陈开枝加快了设立百色教育基金会的步伐。他说，全百色还有20多万贫困学生，希望得到社会帮扶，完成学业。发展教育的任务和提高教育质量任重道远，因此，创建百色市教育基金会很有必要。

从策划酝酿到筹备成立，再到筹款运作，每一个环节、细节，陈开枝都亲力亲为，仔细过问。

"我要当百色市教育基金会的名誉会长。"在12月11日百色举行的"感动、感恩捐资助学文艺晚会"上，陈开枝自告奋勇，他说，"百色发展教育的任务很艰巨，教育基础设施薄弱，希望大家踊跃捐款，积极支持。"

晚会上，陈开枝个人带头捐款10万元，广东省百川慈善基金会、广州市政府、广州市发展集团等十多家单位纷纷慷慨解囊，当晚捐款1422.68万元，其中广州市方面就捐资403万元。

翌年6月25日，百色教育基金会正式成立。

那天，全国政协副主席马飚（百色市委原书记）委托其秘书从北京给百色市教育基金会发来贺电。全国政协原副主席李兆焯（原百色地委书记）亲自为市教育基金会的成立题词——"重教助学，共铸梦想"，并提议将"共铸梦想"作为市教育基金会会刊的刊名。

百色教育基金会刚一成立，就被赋予厚望。

集社会之力，兴千秋大业。成立当天，爱心企业家、社会各界爱心人士向基金会认捐善款3700多万元。

聚滴水可成河流，一点一滴彰显真情。

聚细沙可成山丘，一举一动彰显爱心。

聚善心可成真金，一分一厘彰显奉献。

基金会刚成立时，没有办公室，教育商务酒店腾出几间房间来改做办公室；没有桌椅，刚当选理事长的石卫武知道自己退休前在市人大常委会任职副主任时有一批淘汰的桌椅堆在杂物间，他让工作人员清理出来，搬到教育基金会办公室继续使用。

基金会成立大会结束后，石卫武送陈开枝到南宁机场乘机返回广州，他在车上问："陈主席，你对百色扶贫工作鞠躬尽瘁，已经做了十几年了，为什么还要发起成立百色市教育基金会？"

陈开枝不假思索地为他解惑："百色贫困面大，贫困程度深，要搞好百色的扶贫，关键还是要发展教育。扶贫先扶智，治贫先治愚，过去我们捐资助学，都是临时一次次地发动，现在我们需要建立一个长效机制。"

"您年纪这么大了，还毛遂自荐当名誉会长，个人带头捐款10万元，我们都十分感动。"石卫武说。

"百色的事就是我的事。我也是百色人嘛！"陈开枝憨厚地笑了，他告诉石卫武说，"报名当名誉会长，是给大家增强成立基金会的信心，促使政府更重视这项工作；我个人捐点款，主要是以实际行动表示对基金会的支持，做慈善不是有钱人的专利，很多人都可以做，我也可以做，这从来就是我的一份责任。这样也可以带动社会上爱心企业、爱心人士的捐资助学热情。"

"以后来百色，我主要是为基金会的工作而来。"陈开枝扭过头对石卫武说，"基金会成立了，你是理事长，要发挥好整个团队的作用，把基金会的工作搞好，为百色教育发展做出应有的贡献。"

"我一定会谨记。"石卫武点头应允。

后来，陈开枝到百色帮扶，无论是对石卫武还是第二届理事长梁文化，他都反复强调："搞公益，做慈善，只要还有一口气，我就不会偷懒。我们要采取多种形式，动员更多的社会力量来捐资助学。"

从此，陈开枝每年向百色市教育基金会捐款3万元，至今已经捐款39万元。要知道，这是一位只拿退休金生活的退休老人啊！

长期往来于百色，连乘务员都认识他，有一次在机舱，乘务员问他，你这样的领导为什么不坐商务舱，只坐经济舱？

"我坐了经济舱，节约下来的钱就可以多资助一个学生。"陈开枝说。

乘务员感动得一时语塞。

2016年4月18日，百色鑫鑫大酒店。

晚11时，各个楼层窗口的灯光相继熄灭，山城渐渐归于寂静。在宾馆三楼的1308室窗口，灯仍然闪着不知疲倦的光。透过窗帘，两个人影还在讨论着。

这两个人就是陈开枝和石卫武。

石卫武：按照您的指示，我们今年要在隆林县开展重点资助孤儿、事实孤儿、重度残疾人家庭这个特殊群体和因大病、大灾、大的意外事故造成家庭经济特别困难（简称"两特"）学生的试点工作。

陈开枝：有多少名学生？

石卫武：435名，实际人数恐怕还不止。

陈开枝：助学，就是要资助最困难的这些家庭，使他们的孩子能够读书，社会公平，要从教育开始。你们摸一下底，看看全市大概有多少。

石卫武：初步统计了一下，约5000名。

陈开枝：要建立长效机制，我们一起来努力。

…………

2016年12月11日，这是陈开枝第九十七次到百色。

晚上吃饭的时候，他对前来陪同的市长周异决、政协主席梁建强说："中央和广东省委调整了对口帮扶百色的城市，现在是深圳市帮扶百色，明年3月全国'两会'以后，我带百色政协去走访深圳政协，百色市教育基金会也要去人，发动深圳的社会力量来给百色市教育基金会捐款，重点资助'两特'学生。"

2017年，全国"两会"刚结束，陈开枝就马上兑现承诺，与市政协主席梁建强一行去拜会深圳市政协，并走访爱心企业、爱心人士，初步落实了捐款700多万元。

7月7日，陈开枝来百色帮扶，他对石卫武说："月底你和黄保算秘书长过来，我带你们去深圳与爱心企业、爱心人士签订捐款协议。"7月31日，石卫武和黄保算按照陈开枝的安排到深圳与他会合，与他发动的爱心企业和爱心人士签订捐款协议，与李伟波慈善基金会、鼎亿集团、大中华国际集团、深圳信和集团等八家企业签订了捐款协议，共落实捐款资金1380万元。

"基金会募捐的原始基金积累到一个亿，每年增值超过1000万元，这样才能更好地发挥稳定的助学作用，才能真正帮助特殊群体的学生完成学业。"陈开枝鼓励大家"要努力"。

8月28日,石卫武和黄保算又到广州,陈开枝带着他俩一家一家去与捐款企业签订捐赠协议,八家单位和个人共捐款330万元。

8月盛夏,广州被太阳炙烤着,整个城市如同一个巨大的蒸锅,热浪滚烫,仿佛划根火柴就能点着了似的。

两人在"蒸锅"里淌着汗,仿佛随时就要熟了。

刚回到酒店想要凉快一会儿,陈开枝说:"佛山也落实了两家,捐款300万元……"

石卫武以为马上出发,提起包就要出门,陈开枝招呼他俩休息,说:"你们就不用去佛山了,把协议书给我,我改天去佛山顺便签回来算了。"

这一年,陈开枝四次来到百色教育扶贫。

这一年,石卫武四次前往广州和深圳签订捐赠协议。

2017年,陈开枝在广东、北京共为基金会募集到善款3548万元,其中为市教育基金会募得善款3353万元(包括他个人捐款8万元)。实现了多个突破:单笔捐赠突破1000万元,单年募捐总数突破6000万元,单年助学规模突破9000人次……募捐收入、助学人数与规模呈几何级数增长。

除200万元用作援建基础设施外,其他都指定作为原始基金,用于建立资助"两特"学生的长效机制。

"一个亿,这是最低目标。"陈开枝一直念兹在兹,他多次与石卫武谈到只有达到一个亿,才能真正建立起资助"两特"的长效机制。

"目标尚未实现,同志仍须努力。"陈开枝那次还特别强调,"原始基金的累积,2017年可能会完成8000万元左右,明年,最迟后年,原始基金增长可望实现超亿。"

有了原始基金,百色对特殊群体和特困家庭实行一揽子帮扶计划,从小学一直到大学,在国家政策救济的基础上,叠加资助。基金会理事长石卫武说:"教育基金会成立之初,我们的资助目标是'四个一千',就是每年资助小学阶段贫困学生一千人、初中阶段一千人、高中阶段一千人、大学生一千人。"

当年，百色市教育基金会就顺利完成了"四个一千"的任务。

2020年，教育扶助对全市5000名"两特"学生基本实现了全覆盖。

从一般助学到系统、稳定、持续地精准助学，使"两特"学生从小学、初中、高中直至大学毕业而不用担心家庭经济困难而辍学，真正实现习近平总书记提出的"阻断贫困代际传递"。

隆林各族自治县的王美珍是一名孤儿，基金会从2015年她高中二年级就开始资助，2017年她顺利地读完了高中，并考上了右江民族医学院，基金会每年资助她5000元。

平果县的黄勇智，父亲去世后，母亲改嫁，年迈的爷爷奶奶无力供他上学。2016年基金会得知情况后，开始资助黄勇智每年3000元，让他继续完成学业。像王美珍、黄勇智这样得到基金会资助的"两特"学生不胜枚举。

迄今，基金会已累计资助"两特"困难学生（孤儿、残疾人家庭子女以及因大病、大灾、意外事故造成家庭经济特别困难的学生）、建档立卡贫困户子女学生共54496人，其中大学生15089人、高中生18278人、中职生1162人、初中生9664人、小学生10303人；同时还援建了200多个学校项目改善办学条件，助学累计支出1.23亿元。

基金会这个"支点"撬动的不仅是资助贫困学生，而且在开展奖教助教方面则更加游刃有余。

黄元新老师是祈福高中广州班的班主任，从事教育工作19年，用"心"教书，用"爱"育人，先后指导12届毕业班参加高考，培养了4个北京大学学生……

黄元新有一位女学生，刚进高一时学习成绩很差，年级排名697名。黄老师仔细观察后发现，这孩子非常聪明，但没有上进心，上课不听课，总是睡觉。为此，黄元新找她谈话，鼓励她，为她制定目标，从此，这名女学生变得阳光、勤学、上进，有心里话都跟黄老师敞开心扉讲。

一年后，这位女生考试成绩"火箭式"爆蹿，跳到400多名，然后200多名，再到年级26名，班级第二名，最后冲到年级第四名……

在班主任工作中，黄元新所管理的班级，学生人人建立个人成长档案，每周都要在个人档案中记录自己的点滴成长"足迹"，人人都要有奋斗目标和理想的大学。

黄元新呕心沥血，多次承担省级、市级课题研究并荣获成果一等奖，教学成绩突出，获广西优秀教师荣誉称号，多次获"模范班主任"称号。2019年获"百色市首届名师"称号并主持"名师工作坊"，被评为百色市"优秀教师"……

黄元新只是众多优秀教师中的一员。

何耀平是百色市第一小学校长，从1985年7月走上讲台，他已从事教育事业35年，曾获得"全国特殊教育先进工作者"和自治区人民政府授予的"广西特级教师"光荣称号。

2015年8月，何耀平从百色地区特殊教育学校调到百色市第一小学后，确立创建"本真教育"品牌，打造"六大校园"：即以精神升华为主旨，打造"文化校园"；以德育活动为载体，打造"文明校园"；以教学工作为核心，打造"书香校园"；以健康运动为形式，打造"活力校园"；以改善优化校园环境为目的，打造"雅致校园"；以安全生命教育为主线，打造"平安校园"。特别是近两年，他抓住管理和教学两大工作主线，深化"书香校园"和"文明校园"建设，开展"年级制管理""以学为主课堂探索""书香班级建设""班队自主管理"等创新活动，实施素质教育，推动教育改革向深、向实、向好方面发展。

2017年12月，百色市第一小学荣获"全国文明校园"称号，何耀平也被百色市教育基金会授予"百色市首届名校长"称号。

2019年至2020年，百色市教育基金会累计开支奖教、助教资金4621万元，表彰全市优秀教师12628人，表彰校园常规管理标准化先进学校209所，连续两年表彰全市24所高中教育教学质量奖。

基金会奖教、助教活动有声有色。比如，教师培训、教学科研、教学质量评比等，奖励优秀教育工作者、优秀班主任、优秀校长（书记）、师德标兵、优秀乡村教师、杰出青年教师。

陈开枝是一个很有情怀的人，他特别吩咐要对全市教师队伍中因病、因灾、因重大事故、因家庭重大变故等导致生活困难的教师给予资助。

李连英教师就是其中一个。

2020年，受疫情影响，这个寒假特别漫长。

4月14日夜里，厄运陡然降临在德保城关镇第一初级中学李连英老师身上。晚上9点左右，为迎接国家扶贫第三方专项评估，正在家中核对扶贫手册的李老师突然感觉头晕恶心，手抖得抓不住笔，于是马上打电话给还在足荣的爱人，其爱人飞速赶回家时，发现李老师倒在办公桌下不省人事，电脑上还开着钉钉直播课。

"脑颅出血。"县医院医生诊断。

当晚，李连英被送往百色市人民医院救治，凌晨2点40分进入手术室手术，并转入重症病房，一住就是46天。

李老师的爱人是德保县足荣镇初级中学的普通教师，儿子是祈福高中高三学子，正准备参加高考，李老师的高额治疗费导致本不富裕的家庭不堪重负。

22日上午，百色市教育基金会梁文化理事长、百色市教育局梁富文副局长、百色市教育基金会廖和章副理事长和秘书长等一行到百色市人民医院探望慰问李连英及其家属，根据《百色市奖教助教暂行办法》有关规定，给予病重的李连英教师2万元资助。

像李连英老师这样受到资助的教师在全市有266人。

51岁的刘春柳是百色市第六中学的英语教师。2016年7月，她因胸口多次疼痛住院，造影检查确诊为冠心病，出院后坚持担任初三班主任工作和英语教学工作。翌年9月因病住院，手术切除子宫和卵巢，病休两个月后又回到工作岗位，担任两个班的英语教学，所带的班级总分A+5人，英语A+9人。

病魔似乎疯狂围绕着刘春柳转。2018年7月，因为颈椎病变和肩周炎，刘春柳又住院治疗一个月，9月初开学便回到了教学岗位。

也是这个月，不幸的刘春柳再遭重创，其丈夫李显辽被确诊为急性早幼粒白血病，从2018年9月至2020年3月期间，先后做了11个疗程的化疗，后续仍然要坚持治疗。

自己长期身体多病，医疗开支巨大，丈夫的白血病治疗导致整个家庭雪上加霜。在她最困难、最无助的时候，陈开枝指导建立的百色市教育基金会伸出了援手……

有丰厚的资金，才能长期滋补教育。

陈开枝非常重视基金会成立后的工作，他特别强调：一是发挥好百色起义这一得天独厚的红色优势；二是要弘扬、传承好邓小平同志重视教育，带头捐资到百色助学的崇高精神和风尚；三是要在纪念百色起义的活动中，搞捐资助学万人行，把百色起义纪念日的捐资助学活动创建成国家品牌。

根据陈开枝的"提示"，百色市教育基金会第一届理事会第三次会议决定，把12月11日百色起义纪念日确定为百色市教育基金会捐资助学活动日。

2013年12月11日的慈善晚会上，他对大家说："我虽身在广州，但心系百色教育事业，往后会更多地帮助家庭经济困难的学生，支持百色市教育基金会的工作。"

此后，每年12月11日这一天，百色都在市中心的森林广场举办大型捐资助学慈善晚会。

陈开枝每年都来，每年都捐3万元。

他还乐呵呵地幽默道，在我的有生之年，每年捐3万元雷打不动，如果我还能再活20年的话，我就再捐60万元。

八年以来，基金会筹款认捐近3亿元，创造出了募捐收入、助学人数与规模呈几何级数增长。

2012年1423万元。

2013年3200万元。

2014年2746万元。

2015年2943万元。

2016年2225万元。

2017年6357万元。

2018年2277万元。

2019年7338万元。

其中，通过陈开枝发动和牵线募集（认捐）的善款就超过6000万元。

"现在我们基金会已经转入了良性循环，主体的捐款将作为本金，可以长期稳定地用于助学。"新一届理事长梁文化说，百色教育基金会起了种子的作用、火苗的作用。

教育基金会管理规范，善款公开、透明，每一笔都用在师生身上。2018年年底，在全国5221家基金会的"FTI"透明度指标评估中，有141家基金会获得满分100分，百色市教育基金会位列其中；2018年，在全国6000多家基金会中，其透明度与其他159家基金会并列全国第一；净资产值在广西全区86家基金会中排名跃居第二，其发展速度之快，令人瞠目。

"每天都很忙。"这是梁文化接棒后的真切感受。

"现在，捐资助学蔚然成风，很多外地企业在网上知道我们教育基金会越办越有特色之后，就主动联系我们，希望帮助更多的孩子。"

譬如，海南成美慈善基金会主动与百色市教育基金会联系，连续两次资助160余万元，扶助百色七个县（市、区）的620名事实孤儿；上海国农集团有限公司在百色民族高中、那坡高中举办国农助学班，为100名学子捐助善款。

再譬如，深圳市有八家爱心企业主动通过百色市教育基金会捐赠善款1380万元；广州市政协委员刘军等主动捐赠580万元；浙江毓芳慈善基金会主动联系，通过百色市教育基金会向百色12个县（市、区）发放了3.6万多套童装给12322名贫困学生，价值250多万元。

慕名主动向基金会捐款的市外爱心企业不断增多：南宁华御堂医药、浙江毓芳慈善基金会、劲牌公益慈善基金会、顺丰公益基金会、深圳慈善会、香格里拉（深圳福田）大酒店、南宁民森数码科技……

振华盛世控股有限责任公司的董事长曾梁苑一次就为百色教育基金会捐款1000万元。

"原本，我和公司合作伙伴们商量，大家愿意拿出2000万元资金，建立以陈开枝个人命名的扶贫基金会，大家都很支持。"曾梁苑说，"是他（陈开枝）拒绝了这个提议，他建议我们把其中的1000万元捐给百色教育基金会，帮助那些上不起学的孩子。"

曾梁苑和陈开枝认识20多年了，一直知道他在百色扶贫。每次说到扶贫、说到百色，陈开枝就神采奕奕，特别有干劲。

曾梁苑到百色实地走了一趟，当看到村民们发自内心的感激，听到孩子们因为扶贫而有机会通过读书改变命运的故事，这给了曾梁苑很大的触动。

"向基金会捐款只是我们扶贫的开始，未来肯定还会继续。"曾梁苑说，"百色扶贫的效果是实实在在的，我非常认同扶贫先扶智，少年强则中国强，教育扶贫是根本的扶贫。"

除了爱心企业，向市教育基金会捐款捐物的爱心人士包括北京、上海、浙江、江西、湖北、苏州、香港、广州、深圳、南宁以及百色等在内共有三万多人。百色右江区的黄子晏小朋友从一岁生日起，每年都将自己父母及亲友送给的红包捐赠到市教育基金会，迄今已经捐了1.4万元。

杨六斤也向基金会捐了200万元。

杨六斤的故事是通过广西电视台《第一书记》栏目播出才得到社会各方关注的。2000年3月20日，杨六斤生于隆林县德峨镇德峨村龙洞丫口屯。其父于2006年病逝，次年母亲带弟弟改嫁到德峨镇三冲村弄麻屯，杨六斤与爷爷奶奶一起生活。不久，爷爷奶奶相继去世，2012年杨六斤前往德峨镇新街村与伯父生活，当年转学到新街村小学就读。其伯父病故后，杨六斤与临时监护人堂哥杨取林一起生活，堂哥堂嫂经常外出打工，杨六斤平时只能和伯母一起生活。

《第一书记》栏目播出杨六斤的遭遇后，社会各界纷纷为杨六斤捐款。杨六斤表示，自己在校期间已享受国家"两免一补"教育惠民政策，还得到爱德基金会每年1340元的爱心资助。他主动从栏目募集给他的善款中拿出200万元捐到百色市教育基金会，指定作为原始基金用于资助隆林各族自治县的"两特"困难学生，每年有数十名学生从中受益。

"企业捐给基金会的大额善款就应像一只母鸡，让它'下蛋'。"2013年6月24日，捐款200万元的爱心企业家林爱国和赵唯皓等理事在基金会成立时的第一次理事会上，提出创建一个原始基金理财，以其增值达到稳定助学目的的运作模式。

这一模式，得到了陈开枝的赞同。

爱心企业家罗长兰看好这一机制，带头捐了300多万元善款并指定其中200万元作为原始基金，更主动提出为基金会理财，每年的理财增值作为再捐款用于助学。

陈开枝介绍说，迄今已有近百家爱心企业或爱心人士慷慨捐赠50万元以上并指定作为原始基金，用其增值长期稳定助学。几年来，理财收入累计实现增值3434.53万元，占助学总支出的38.05%。

"募捐、理财、助学三者互相促进，起到了'三赢'的作用。"陈开枝对此结果十分满意。

上海的爱心企业家宋子帆对陈开枝表示："做慈善有很多年了，发现一直没有一个有效的机制，终于在百色革命老区找到了。"

他于是主动捐款112万元。

从2014年起，陈开枝要求基金会要主动引导捐赠大额善款的捐赠者指定该善款作为原始基金冠名举办助学班。

很快，助学项目逐步增加：千名大学新生资助项目、冠名助学、特殊群体学生资助项目等形式多了起来，受到资助的学子也越来越多。捐助的内容也从善款向改善办学条件（项目）等方面延伸。

借助这一机制，百色市教育基金会在全市几十所学校举办近百个冠名助学班，包括：百色高中华东助学班、路桥集团助学班、振华盛世静仁助学班、郑柱成爱心助学传承班、百色祈福高中广州班、孟丽红新长城助学班、南大建材市场助学班、百色民族高中光大助学班、亿家助学班、江州投资助学班、百投助学班等，以及12个县（市、区）"两特"家庭经济困难学生和建通投资、佳源房地产、海龙房地产、百维酒店、益众投资、甘化股份、鼎盛房地产、必晟矿业、明珠建材、百矿集团、壮乡河谷、中金金业、恒茂开发投资、广东三得盈佳、登高集团、江州投资、驰程汽运集团、长江天成房地产、清华大学五道口金融学院GFD博士班二期同学、华浩房地产、平果城市建设投资、强强碳素、广邑门业、华银铝、环球集团、深圳信合、德保铜矿、银发投资、正邦集团、上海宋子帆、锦鑫化工、振华盛世、广福投资、珠海钰沛、深圳李伟波、广州市政协香港10名委员、隆林场六斤，以及翔吉有色金属、石龙酒业、广东中星等四家公司和福地金融集团等助学项目。

许多助学班周而复始，长期延续。

2014年秋，中国光大集团股份公司副董事长、总经理高云龙（现全国政协副主席）一行到百色市开展捐资助学活动。10年前，高云龙从国家开发银行到百色挂职副市长，对百色有着深厚的感情。此行，光大集团给百色市教育基金会捐款110万元，在百色民族高中开办"光大助学班"，第一批50人，每生每年资助1500元，第一批学生毕业之后，该集团继续捐助下一批，将助学活动长期延续。

高云龙担任全国政协副主席、全国工商联主席后，2018年11月21至23日，又组织第十二届中华全国工商业联合会扶贫工作委员会第一次全体会议在百色召开。会上，举行了向百色扶贫济困捐款会捐款助学200万元设立"绿色共享资助大学生"项目，正邦集团向百色市教育基金会捐款助学100万元设立"正邦资助'两特'学生"项目。

2013年12月11日，广西兽霸投资集团股份有限公司向百色市基金会捐资109万元，在百色高中设立"学良助学班"。该助学班每批资助60名品学兼优的贫困生，在高中三年期间由广西兽霸投资集团给予每生每年3000元的持续资助。

精准扶助，如同黎明前的火把，为农村贫困家庭孩子点亮了一条平坦、光明、温暖的求学之路，孩子们重新拾起对未来的信心，满怀信心地去实现人生的理想。

百色教育基金会的教育帮扶模式，正在成为一种导向。在百色，冠名开办爱心助学班的形式多种多样——

广东百川慈善基金会筹集项目资金1000万元资助来自百色12个县区的家庭经济困难学生免费接受中等职业教育，每人每年资助2500元，连续资助两年共5000元；成绩优异的学生还获得每人每年500元的奖学金。

百色中等职业教育是国家发改委、广西壮族自治区发改委及百色市人民政府共同举办的国家教育扶贫试点项目，招收贫困学生1650人接受职业教育。

各种由企业和慈善人士开办的扶贫扶学项目，如百川励志班、百色506职业教育扶贫班、广西扶贫巾帼励志班、广西扶贫男儿自强班、百色东盟班、北部湾港口集团班等等，如雨后春笋，层出不穷。

重教助学，共铸梦想。

八年多来，百色市教育基金会筚路蓝缕，聚沙成塔，用大爱搭建起了百色革命老区阻断贫困代际传递的教育慈善平台，圆了千千万万孩子的读书梦。

这期间，陈开枝为百色市教育基金会的工作来了百色35次。

17. 您总是心太软

陈开枝是一个十分重感情的人，也是一个对弱者充满同情心的人。他的心肠软得如菩萨，常常会情不自禁地落下眼泪。他落泪的画面，多次被记者捕捉到电视镜头中，书写在报刊文章里——

握着村民干枯皲裂的手时，他落泪。

站在村里八面来风的住房前，他落泪。

面对学校摇摇欲坠的破败教室,他落泪。

看到因贫困而失学衣衫褴褛的孩子,他落泪。

簇拥在欢声笑语的孩子身边共同高歌时,他更是泪流满面……

于是,人们经常从电视中看到陈开枝的眼里噙着泪花,看到他把口袋里的钱掏出来塞到孩子们的手中,看到他声音哽咽地对孩子们承诺:

"你读书的事我会一直管下去。"

"你今后上学的事我一定会负责到底!"

"有困难就给我写信。"

…………

一诺值千金。求助信如"雪片般飞来"。

"他很容易被感动。"跟随陈开枝20个年头的李勇,拿出了一大摞求助信和汇款单说,"很多人都给陈主席写信求助,他每封信都要看,一看就会被感动,一感动就要给人汇款资助。"

都是困难学生或家长写来的,往往只有四五百字,内容大同小异,或诉说家乡的贫穷,或讲述家庭的苦难和不幸,或表达进入学校读书的愿望……

【信件一】

昨天,期末考试完了,但根据学校的安排,我们还得在校补课到31日下午。虽然距31日下午只有三天的时间,但是我现在却很为难,我实在不懂怎么过下去。

现在已经下晚自修了,我的肚子很饿。我不敢去饭堂吃粉,因为现在我只剩下1.5元钱,这个月下来,我尽可能地节约,每餐二两饭。我的伙食费只够打二两饭。每天下晚自修,我都很饿,肚子经常痛得厉害,可我也没有办法啊!

留够车费回家后,最后那天我就没有伙食费了。我本来想今天下午回家拿钱的,但我也舍不得花1.5元来回车费。况且回家了,我并不一定可以拿到钱,家里实在也没有钱,如果去借不到的话,我就连回校的车费都没有了。

我现在能够在学校读书，是因为有我小学蒙老师的帮助。开学初，蒙老师借给我1000元钱来交学杂费，要不然我也没有机会在这里了。他是一个小学老师，收入并不高，他也很紧张，也许下学期我得不到他的帮助的话，就不能继续在学校学习了。我现在想，我的理想不能就这样破灭了。有时候，我也很矛盾，因为在学校我经常挨饿，如果是在家，至少有玉米粥……我真的不想失去上学的机会。

【信件二】

陈爷爷，我刚一周岁时，妈妈就离开我了。1987年农历四月二十七那天，她被拐卖人口的人带到广东去卖，现在不知下落，从此我就没有了妈妈，家里只有爸爸白手起家，抚养我。他一个人干活，生活上很困难，在艰苦的生活环境里，我也不断地成长。到了6岁，爸爸就送我到本村小学，读一到四年级，到了五、六年级又转到外村的百林小学，东奔西跑的。因为家里经济困难，所以造成了读书不稳定。每当老师来收书费和其他的杂费，爸爸都没有办法，我感到很惭愧，经常不想去学校，可是爸爸总是说，别怕，爸一定会想到办法，你一定要读到小学毕业，其他的另外想办法。而我呢，读到小学毕业又想读初中。陈爷爷，我今年7月10日在百林小学六年级毕业了，已考上了洞靖中学，但家里实在没钱，我想可能会失学了。

陈爷爷，我求求您，也帮我好吗？

【信件三】

我是广西田阳洞靖的一个农家少女，得知您是做扶贫工作的，所以向您写了这封信，您不见怪吧？

由于家庭穷，我在初中读一个学期，就被迫停学。大石山区的人，找钱很难，更何况我3岁时就失去了母亲。我晚上常常梦到在校学习，在劳动时看见放学回家的同学，我羡慕不已。学习成了我一生中最大的愿望。我的学习成绩很好，在小学，成绩一直排在前三名；在中学，年级中一直名列前茅。刚进入中学，我就获得段考第二名、期考二等奖。

我非常渴望能继续上学，以我家的情况，这一生是没有指望了，唯一的一线希望就是寄托您。

我渴望着您的回音！

【信件四】

我是一个六年级的学生，有三个兄弟姐妹，都在校读书。我是最大的。这次初考我以语文94、数学98的优异成绩考上县重点中学。我整天捧着录取通知书直流泪，因为对我的家庭来说，能送我们几个兄弟读书是千辛万苦的。在小学时，费用不多，但还是东家借西家借来的，到中学后费用也高了，是一定送不起了。

我们家整年的收入不到2000元，只能勉强养活我们的命。我们从未穿过棉裤，我们穿的衣服总是补了又穿，破了又补。长年吃的是稀饭。我妈妈长年累月体弱多病；爸爸是一个孤儿，从没上过学，所以现在什么也不懂，又没有文化知识，外出打工也难。这给我们家庭添加了几分困难。

我的小学结束了，我面临的读书机会是没有了。一想到不能读书我是多么难过，多么悲伤，因为我一心想读书。我希望我能有个好的将来，不再重走父母的那条苦难之路。

开枝伯伯：我希望您能为我想一个办法，使我能够继续读书。即使没有什么东西作为答谢，我也会用优异的成绩向您汇报……

杜宇声声不忍闻——

我绝望的时候含着泪写完这封信，假如我的哀求能感动您老人家的心灵，我会终生难忘您的恩情。

看着妈妈布满血丝的眼睛、日益增多的白发，还有虚弱的身体，百般无奈和可怜，我时时泪流满面，我于是想到您，希望您能救我。

妈妈左手抱住弟弟，右手揽着我，全家抱在一起哭成一团。此时，喊天天不应，叫地地不灵。

我们是一只小小的船，无楫而漂泊不定，大海里的大浪随时会把我们吞没。我恐慌极了，愤怒极了，伤心极了……

每一封信、每一句话、每一个字的背后，都深藏着一个催人泪下的故事。

陈开枝十分珍惜这些信件，凡信必读，凡求必复。

"这样的信有4000多封。"陈开枝说，"这其中不乏孩子们'秘不示人'的'悄悄话'和'心里话'，更是我的私人珍藏，它记录着一个个贫困孩子的成长历史和心路历程。"

翻看这些信件，内容叙述简单得连我们都会生疑：这是真的吗？

但陈开枝从没有怀疑过："没有困难谁会写信求助？"

于是，他几乎给每位求助者都寄上学费。"平均每个人都寄上500元，有的寄几千。"

李勇因此成了邮局的常客，每到开学，他就拿着长长的名单到邮局一一汇款。

"资助的钱，全是主席掏的腰包。"李勇说。

李勇处有个陈开枝的"小钱柜"，李勇说，主席一收到稿费、会务费等，就马上吩咐放进"小钱柜"里。连他写《1992·邓小平南方之行》一书的稿费，也放到里面拿去资助百色的失学儿童。

1996年1月20日，陈开枝因公务出了交通事故，全身五处骨折。消息传出后，惊动了上上下下以及海内外各界人士，前来探望、慰问的每天超过200人，总共有6000多人。

对送来的营养滋补品、水果、糖果等物品，陈开枝吩咐分五批分别赠送给广州市孤老院、孤儿院和市第一幼儿园、第二幼儿园、环卫工人以及医务人员等。而对各界送来的慰问金4.376万元，陈开枝全部交给党支部，专款捐献给"希望工程"，帮助困难失学儿童重返校园。

陈开枝说，他阅读每一封学生来信时，那一封封浸满泪水与期待的信件就深深刺痛着自己的心。

"看到这些因贫困辍学的求助信，我就焦虑不安，夜不能寐，仿佛看到孩子们无奈而失望的神情，让我忧心如焚。"陈开枝说。

百色大山里的贫困孩子，现实仿佛就是笼罩在他们头上的夜幕，想走出黑暗，但贫瘠的大山遮挡了视线；想成为雄鹰，但穷困的绳索却束缚住理想的翅膀。

他们像一只只断了梦想翅膀的小鸟，蛰伏在村头，含着无助的泪，遥望着远方的天空，抗争，呐喊，挣扎，哀求……

"我要读书！"

"我要上学！"

孩子们近乎绝望的、令人心碎的呼喊，被贴上一张小小的八分钱邮票，鸿雁传书般不约而同地飞落到陈开枝的桌上。

读着读着，陈开枝仿佛走进了一个个悲惨的童话世界，仿佛看到了一个个《卖火柴的小女孩》。他们在寒冷的夜晚，蜷缩在一个无人看到的角落，孤苦无依，绝望中划亮了最后一根火柴。在火花闪耀的最后一刻，他们看到了一位慈祥善良的老爷爷……

陈开枝，他愿意做这个慈祥善良的"老爷爷"。

姚盛象刚生下来71天，父亲就去世了，母亲将他背到乡政府，偷偷放在办公室的长凳上就远走他乡了。

祖母刘幺心疼，把孙子又背了回来，用石磨磨出米浆，一口米汤一滴泪地将他养大。那时祖父尚在，祖母还能干点农活，好在还养得起姚盛象。

姚盛象的家在乐业县甘田乡达道村小牛洞屯，但他却没有在这个家住上几年。祖母七十高龄，力不从心，只得带着小盛象投奔在凌云县玉洪乡供销社工作的大姑。

上初中这一年，大姑和姑父双双下岗，再无力供姚盛象上学了。

可怜的姚盛象，拿到玉洪中学的录取通知书后，祖孙两人四处求告无门。

祖母刘幺为了抚育姚家这根独苗，整日以泪洗面。

绝望之时，刘幺"急病乱投医"，她托人抱着试试看的心情给陈开枝写信。岂料陈开枝很快就给玉洪中学寄了500元钱，并指明这是给姚盛象的捐助。

玉洪中学收到钱后，立即找来姚盛象祖孙两人，并免了姚盛象的学杂费和书费，为他办妥了入学手续。

1998年10月，陈开枝第十次到百色。

刘幺得知陈开枝来到凌云的消息，拉着孙子姚盛象从玉洪赶到凌云县城，不料，考察团已离开凌云赴乐业了。

打听到陈开枝要到乐业县甘田开发区检查工作，祖孙俩赶了一整天的路，提前来到甘田路边整整等了一夜。

第二天一早，刘幺和姚盛象拿着登在报纸上的陈开枝照片，仔细辨认。"没错，这就是陈爷爷，陈爷爷……"姚盛象跑过去就要跪，陈开枝一把将孩子拉起来。小盛象顺势扑在陈开枝怀里呜呜地哭，像个刚受委屈的孩子。

"感谢陈主席救了我的孙子。"站在旁边的祖母刘幺也是老泪纵横。

刚到开发区门口就发生这样的场景，太感人，太突兀了，考察团一行都还没反应过来到底发生了什么事。

这个画面被随行记者拍摄进了镜头。

姚盛象的学习基础稍差，初中毕业考到祈福高中。2002年9月1日，祈福高中开学前夕，刘幺得知陈开枝夫人也来了，便到百色想见陈夫人一面，她觉得，陈开枝资助的钱，也有夫人的一份功劳，心存感激。

这天大清早，陈开枝和彭磷基去祈福高中，刘幺见到了陈开枝。陈开枝当即把姚盛象一个学期的资助款交给了刘幺。

刘幺拿着钱，手颤抖着说不出话来。

祖母刘幺经常鞭策孙子："不好好学习，就对不起陈爷爷。"

后来,姚盛象大学毕业被上海一家公司录用了,祖母刘幺不顾年迈,爬到山上千辛万苦采了两罐野蜂蜜,用饮料瓶装上,又在山窝窝里拾捡了几斤野核桃,用一只尿素袋装起来。

"盛象,你不能够从南宁直接去上海,你要把这个袋子拿到广州,送给陈爷爷,当面向爷爷感谢后再去上海上班。"

姚盛象扛着尿素袋来到广州,向陈爷爷告别。

1998年2月,陈开枝率帮扶考察团到田东县作登乡特困村梅林访贫问苦,见到很多孩子因家庭困难辍学,怜悯之心油然而生,他当即掏出1200元交给陪同考察的县长罗凤鸣,说:"请你帮我选择两个助学对象,春季学期就要开学了,要尽快些。"

罗凤鸣把钱转到县教育局,教育局遵嘱把这件事办妥后,给陈开枝写了信,并附上两个学生的情况和照片。钱也送到这两个学生就读的学校,每人600元,支付两人的学习生活费用。

这两个孩子,男的叫谢继旺,女的叫阮春花。

当时,谢继旺在大板初中上一年级,品学兼优,家住本书多次提到的陇穷村陇穷屯,家庭人口八人,其中劳动力三人,其余五人全都在校读书,家庭经济极为困难。

为报答陈爷爷,谢继旺在校遵守纪律,刻苦学习,成绩名列前茅,还担任班级学习委员和校学生会干部。他的最大心愿是能见到陈主席一面。

机会终于来了,2001年2月21日,陈开枝率广州市扶贫考察团又一次到作登乡陇穷村检查工作时,谢继旺终于见到了朝思暮盼的亲人。拉着陈开枝的手,千言万语涌上心头,谢继旺向陈开枝汇报自己的学习和生活情况,并拿出随身带着的寒假作业本请他指教。

陈开枝认真批改了《落叶精神》《春色赋》和《少年报国心》等几篇诗文,然后,他在扉页上写下评语:"很好,望继续努力,争取更好的成绩。"

拿着这份特殊珍贵的礼物,谢继旺幸福的泪水夺眶而出。

阮春花的情况稍有波折。

出生于1982年6月的阮春花是壮族，系田东县坡塘乡平马村陇力屯人。由于地处偏僻，生产条件差，家庭没有什么经济来源，全家七口人有三人读书，奶奶年迈，父母多病，欠下一屁股债。而阮春花在坡塘初中上初二，成绩一直排在全年级前四。眼看面临辍学，幸运的阮春花所在村恰巧是罗凤鸣的扶贫联系点，她对阮春花及其家境十分了解，有心帮助阮春花上学成才，便把阮春花推荐为陈开枝资助的人选。

得到陈开枝的资助，阮春花顺利完成初中学业，还考上了一所中专学校。

这是1999年的初秋。

阮春花的故事还没有完——

初中毕业后，阮春花悄然离开学校，她没有上录取她的那所中专，因为她家实在是供不起她继续读书了。

最初，冥冥中她感觉到陈开枝伯伯一定会再资助她，但村里人都说："人家是靠领工资养家糊口，能把你阮春花供到读完初中，已经是天大的恩情了。"

也有人说，陈主席在广州、百色资助了好几个学生，负担够重的了，你阮春花还能忍心再增加陈主席的负担吗？

一天，阮春花无奈地背起行囊，揣着对学校的眷恋前往广东打工。

"姐姐，今晚我们住广州好吗？"途经广州火车站，阮春花央求带她出来的姐姐。

"直接转车两小时就到工厂了。"姐姐说。

"我想住……"

"那……好吧！"带队姐姐以为她是第一次出远门，慕名广州的繁华与热闹，犹豫了一会儿就同意了。她不知道阮春花要求在广州住一晚，是想看看陈开枝伯伯住的广州城。

那天晚上，望着华灯万盏的大都市和霓虹闪烁，阮春花想：哪条路是通向陈伯伯的家？哪盏窗灯是陈伯伯家的？

阮春花多想见见自己的恩人啊！

广州之夜意犹未尽，阮春花总觉得她与陈伯伯的情缘未了。她把打工的地址和电话号码告诉家人，说"有事打电话"。

此时，陈开枝并不知道他资助的这个女孩因不好意思让他继续资助而辍学出门打工去了。他更不知道，这个女孩有个晚上曾住在广州城里，在万家灯火中寻找他家的灯光。

新学期，陈开枝一如既往地让秘书按时给这女孩寄钱。

钱仍然是寄到坡塘初中，汇款单的简明附言写道：告知阮春花的情况。

校长接到汇款单，心里一阵惊喜，他立即和班主任赶几十里山路到平马村陇力屯阮春花的家，将陈开枝给阮春花寄钱继续资助她升学的事告知阮春花的家人。

当晚，阮春花的家人赶到坡塘，拨通了阮春花的电话："马上回来！广州的陈主席给你寄钱来了，他要你继续读书。"

第二天，阮春花日夜兼程从广东赶了回来……

2006年4月14日，闭琦才的母亲罗凤英给陈开枝写了一封感谢信，信中说："3月22日中午已收到您给我汇来的600元钱，同时我小孩领到了学校及为广州市祈福英语实验学校转发的捐助——衣服四套、鞋子一双、书包一个。因此，让本来已对小孩学业无望的我又看到了光明，看到了希望，使我又重新感到社会主义大家庭的温暖。我对此不胜感激，感谢您对我们母子俩的关爱。"

原来，闭琦才家住田林县乐里新公路林场，长在单亲家庭，母子两人相依为命。由于母亲没有固定工作，靠打零工来维持基本生活，除去生活费之外，小琦才的学费都成了问题。

由于家境贫寒，闭琦才求学极为艰辛，读到小学五年级后，辍学的危机像一把达摩克利斯之剑悬在他头上。

一次偶然的机会，罗凤英在报纸上看到陈开枝的助学事迹，抱着试一试的想法写信向陈开枝求助。

没想到，陈开枝很快回信并寄来了600元钱。

有了陈开枝这笔资助，罗凤英卸掉心头大石，闭琦才也可以继续坐进明亮的教室。

8月28日，闭琦才给陈开枝爷爷写信汇报学习，他说："陈爷爷，您给我汇来的助学金600元，已于8月8日收到，琦才将永远铭记在心，继续努力学习，以更优异的成绩报答您。暑假参加的英语学习班学习已经结束，考试成绩为110.5分，得到了英语学校一等奖……"

之后的每个学期，陈开枝都会给闭琦才寄去500~1000元不等，一直资助到2011年。闭琦才在妈妈的叮嘱下，不辜负陈爷爷的期望，先后考上了百色民族中学初中部和高中部。

2013年8月，闭琦才考入广西民族大学网络工程专业。拿到录取通知书的一刹那，懂得感恩的闭琦才立刻向陈爷爷报告了这个好消息。

目前在广西北部湾银行桂林分行工作的闭琦才说："没有陈开枝爷爷的关心资助，我就上不了大学。他给予的不仅是物质上的支持，更是我们一家的希望，令我永世难忘。"

大学毕业后，闭琦才曾到德保县农村信用社工作过一段时间。一次偶然的机会，罗凤英从电视上看到陈开枝到德保县扶贫助学，她赶忙打电话给儿子说："琦才，陈爷爷到德保来了，我们无论如何要去见爷爷，当面表达感激。"

母子俩于是商量着带些什么礼物。

闭琦才说：我早就想好了，我要送一面锦旗给陈爷爷。

母亲说：陈爷爷为了教育帮扶贫，跋山又涉水的，那我就送他一双手工布鞋……

在孩子们的心中，陈开枝就是那束重燃生命之光的"火柴"。

24年，陈开枝亲自资助的孩子有一百多名，其中有45名孩子从中小学直到大学毕业，每学期都能准时收到陈爷爷的资助款。

扶贫助学，那不是瞬间的同情和悲悯，而是一种源自内心深处的理解。基于这种理解，陈开枝一辈子都想着怎样去爱人、救人、帮人、助人……

孩子们有的叫爷爷,有的叫伯伯,有的叫叔叔,有的叫老师,有的叫市长,有的叫主席……称呼可谓五花八门。

1998年,陈开枝扶贫路过田东,他对田东县的领导说:"你帮我把王碧雪、王碧行两姐妹接来,我要见见她们。"

那天,王碧雪说是她"人生以来最大的幸福",因为激动,王碧雪一路上有说不出的兴奋,心怦怦直跳。

王碧雪家住巴立村,是陈开枝资助的孩子。

他们的缘分说来有点巧合。一次,陈开枝到巴立村视察村小学。

"这教室太破烂了。"陈开枝对王碧雪说,他误把一直跟在他身边、戴着眼镜的王碧雪当成了村小的老师。其实,王碧雪刚考上大学,但正面临着失学的危机。

当时,王碧雪家有六口人,其中两个长年卧病在床,需要医治和照顾。姐姐在十年前患了一种医学上解释不了的病,躺在床上不会翻身,也不会起坐,饭也靠爸妈一口一口地喂,还要端屎端尿。

记不清跑了多少家医院,钱花光了,病却更重了。这一躺就是八个年头。

妈妈日夜照料两个病人,结果把自己也给拖垮累病了……

姐姐王碧功知道,因为她的病,不仅拖累了母亲,还弄得家里为了给她治病倾尽所有,债台高筑,觉得很对不起家人。

一次,碧功听到碧雪对妹妹碧行说,她不上学了,回家做工,供小妹上高中。碧行不肯,她要留在家里做工,让二姐上学。

姐妹两人争执不下之时,王碧功咬咬牙说:"不要争了,你们都上学去吧!"碧雪和碧行朝姐姐望去,只见王碧功眼里噙着泪花说:"是我害了你们,害了这个家。让我去死,少了我这个负担……

"不要,姐姐。"三姐妹抱头痛哭。

王碧雪和妹妹王碧行分别考上大学和高中,家里实在是拿不出钱来供她们姐妹上学了。

那次交谈，陈开枝和蔼可亲、平易近人的长者风范深深印在王碧雪的脑子里。

王碧雪怀着"试一试"的心理给陈开枝写了一封信，恳求陈伯伯帮助她们姐妹上学，哪怕是姐妹两人中有一个能上学也好。

给陈开枝的信寄出去了。

信寄出去不到20天，陈开枝就把1000元钱寄来了。碧雪的爸爸收到陈开枝汇来的钱时，当场就哭出声来，他说内心感到十分惭愧，责怪孩子不该给陈伯伯写信，不该给陈伯伯压力。伯伯同样是靠工资生活，这钱也是他们一家人的支柱。

王碧雪心里也十分内疚，看看家徒四壁，看看两姐妹都要辍学，实在万不得已啊！

"爸爸，你给伯伯写一封感谢信吧！"王碧雪恳求爸爸。

"我要找记者来报道他，让更多的人知道陈伯伯的大恩大德。"爸爸说。

这次陈开枝前往百色路过田东接见王碧雪，当场又把1000元交给王碧雪，特别吩咐两姐妹要一起上学，一个也不能少。

王碧雪在大学入了党，回乡当了一名中学教师。后来，王碧行也以优异的成绩考上了她姐姐的母校——右江民族师专化学系。她俩常常给陈伯伯写信汇报学习成绩，过年还给陈伯伯寄自制的贺年卡。

这些信件和贺年卡陈开枝都一一签阅，并珍藏着，成为他一份特殊的"财富"。

陈开枝发自内心的那种关怀、那种博大、那种诚挚、那种深厚，在他无私的助学中表现得淋漓尽致。

2003年6月，家境穷困的李彩模以第二名的成绩考取田阳县洞靖初中，第一学期成绩在学校年级排前十名。

第二学期的学费不知道到哪里去找，愁坏了一家人。

学费交不起，正一筹莫展时，李彩模突然想到陈开枝爷爷。"不如给陈开枝爷爷写封信吧。"李彩模说。

"人家当官的，又不认识你，哪里有用？"母亲说。

李彩模决定试试。

于是她跑到镇上把信投进了邮筒。

信是2004年2月22日发出的，李彩模等啊等，每天就像盼星星盼月亮，盼着邮递员来。

一个月过去了，没有一点消息，正在绝望的时候，李彩模收到回信了，还有500元汇款。

那天是2004年3月30日。

从此，李彩模就常常给陈爷爷写信，汇报学习成绩。

2005年腊月二十六是星期三，下午第三节不上课。李彩模利用这一时间赶紧给陈爷爷写信，她写道："爷爷，感谢您对我的关怀，两年四个学期，您每个学期给我寄500元，资助款已经有2000元了，您的大恩大德我永远不会忘记。爷爷，我7月就初中毕业了，还有一个月时间中考。我觉得好紧张，各科的练习特别多，觉得压力很大。但是不管怎样，我一定会坚持下去，争取中考考出优异的成绩来报答您。"

盘秀月从小生活在穷乡僻壤的大山瑶寨里，她家的日子过得捉襟见肘，她的初中和高中是在陈开枝引荐香港企业家郑柱成资助的"少数民族助学班"免费读完的。

2006年，盘秀月考取了广西大学行健文理学院，接到录取通知书的那一刻，盘秀月既喜又忧，喜的是自己冲出大山圆了大学梦，成为村里唯一的大学本科女生；忧的是面对每年1.3万元的高额学费，父亲整天唉声叹气，自己更是彻夜难眠，食不甘味。

当时，盘秀月的姐姐刚读大学二年级，弟弟上高三正生着病，沉重的担子无情地压在父母瘦弱的肩上，父亲四处奔波向亲戚借钱为她凑学费，仍凑不足。懂事的秀月理解家庭的贫困，理解父母的辛苦，想过放弃升学的梦想。

8月，盘秀月给陈开枝伯伯写信，把自己的困境向陈伯伯倾诉，9月上旬就得到了回音，那是陈开枝寄来的一张3000元汇款单。

接过这份沉重的爱,盘秀月泪水直流,她在心里一遍一遍地说:"谢谢您,陈伯伯!谢谢您对我无微不至的关怀!"

9月17日那天,盘秀月带着那份沉甸甸的关爱,如愿以偿地跨进了广西大学的校门。

盘秀月2010年7月大学毕业后考入了田林县社保局工作。

有困难,找开枝。

陈开枝的无私非常具体,奉献非常彻底。他总把自己的薪水毫不吝啬地给予另一双求助的手。

陈洁是百色电大中文系大二的学生,家住乐业县逻沙乡马罗村。父母多病体弱,家里兄弟姐妹多,因为生产条件恶劣,家庭经济困难,难以同时供陈洁和弟弟两个孩子上大学。

面临辍学的陈洁流着泪趴在枕头上给陈开枝写了一封信,向他求援。陈开枝第二十四次到百色的当晚,接见了陈洁,拿出2000元钱资助陈洁姐弟,并答应明年再资助2000元,帮助陈洁姐弟大学毕业,圆陈洁回乡当一名教师的心愿。

苏联作家高尔基说过:"贫穷能使人沉沦,也能使人升华。"

其实,因陈开枝资助得以继续上学,日后成为教师的,陈洁不是第一个。在此之前,平果县凤梧乡上林村中留屯黄汉斌的女儿黄小兰就得他的资助后毕业于百色地区民族师范,成了一名教师。

陈开枝资助孩子的故事,常常是故事"套着"故事。

黄秀莉和罗玲这两个小女孩就属于这个故事"系列"。

在第二十七次到百色之前,陈开枝收到从百色地区田东县和田阳县寄来的两封信:一封是思林的黄秀莉寄给他的,一封是峒靖的罗玲寄的。

黄秀莉自小丧父,生母改嫁,由养母带大,2001年小学毕业升初中考得190分,但养母家庭遭变故,供她上初中的能力也没有了。

眼看日后可以成材的小苗就要缺少雨露阳光,谁不为之惋惜?

一位在百色当医生的老乡提醒黄秀莉:"娃,你何不给陈开枝写一封求援信看看?"

于是黄秀莉就写了。

罗玲生下来不久，母亲就被人贩子拐走了。

那年，罗玲小升初考了195分，成了"小状元"。无奈父亲体弱多病，家贫如洗，无法供聪明的孩子上中学。父亲平时十分关心新闻，得知陈开枝最乐意救助他人之事，便给陈开枝写了一封信，随信还附上一罗玲的照片和成绩单。

陈开枝收到这两封信后，决定资助这两个小女孩。

启程去百色之前，一位杨先生为他饯行，席间，陈开枝讲了黄秀莉的故事并出示了她的信，不料当场被杨先生"夺"走了。杨先生决定资助黄秀莉每学年1500元，初中3年共4500元，黄秀莉终于成为思林中学的学生，圆了上学梦。

还剩下罗玲。

在前往百色的路上，陈开枝打电话安排田阳让一位老师把罗玲带到百色落实资助事宜。电话内容被同行的北京画家杨竹先生"偷听"了，从陈开枝手里拿过孩子的信和照片一看，就不再还给陈开枝了。

"这个就让给我资助好了。"杨竹把罗玲"抢"走了，还打算培养罗玲画画……

罗玲得到资助后，她的同学林玉兰见了，心也动了。林玉兰也是一名孤儿，父母早丧，自小与哥哥跟着爷爷过日子，爷爷年老多病，哥哥只好弃学回家劳动，哥哥供不起她上学，上初一时，她只好自己去借学费，但只借到一个学期的费用，第二个学期借不到钱也失学了。

林玉兰把罗玲的经历看在眼里，也给陈开枝写了求援信。没多久，林玉兰就收到陈开枝的回信和资助款。

中国有句古话：大恩不言谢。

恩重如山，无以报答，任何言表，皆显苍白无力，只能牢记心里。但是，这句老话在这些可爱的孩子面前却不足为训。他们纷纷提笔，给陈爷爷写信——

陈开枝爷爷：

叫爷爷都觉得好亲切。我爷爷应该与您年纪相仿吧，可能会大一些。不知您还有印象吗？这几年得到您帮忙，我安然地在大学里学习生活，这是多么幸福的事情！

四年了，我在您的守护下度过了人生中最美妙的时光，这样的经历是我一生中最珍贵的礼物。不管未来如何，我不会放弃自己的理想，精神上您是我的榜样，我期盼当我事业有成时，您能在我身边为我鼓掌，也期望听到您的叮嘱。真的非常感谢您……

陈主席：

您好！

汇款已收到。感谢您给予我的资助，更感谢您给予我的信任。因为我认为就凭一封信里说的东西，谁会资助我？我只是想给自己心理安慰罢了，让自己不要因为经济耽误了学业。试想："心都穷透了，谁也救不了！"

令我万万没有想到的是，陈主席资助了我，陈主席您救了我！

我哭了，哭过之后暗暗发誓：让自己变成一个有价值的人，一个能帮助别人的人，就像您一样。

现在我也不知道什么时候才能当面感谢您，但您给我的帮助会改变我一生，这种改变是我不容忽视的。

尊敬的陈主席：

捧着您的信我觉得就如捧着一颗温暖的关爱之心，话说不出，心激动不已，眼泪一下子就流了出来。

其实，只要您能给我回信鼓励我，已经感激不尽了，万万没想到您还给我汇来1000元钱！这太令我惊讶了！

中国有句老话："无功不受惠。"我平白无故怎么能受得起那么大的恩惠！我拿着汇款单觉得沉甸甸的，我明白这里面包含着多少的情和多少的爱。

人们都说，滴水之恩，当涌泉相报。可现在这沉甸甸的恩情已高过天，深比海，我真的不知道如何报答。

有许多学生从小学一直到大学毕业参加工作后，坚持年年给陈开枝写信，或家乡变化、学习进步，或家庭生活、工作成绩。有的千方百计想要看看这个博爱仁慈的大恩人、大善人。

2004年8月21日，蓝成动身回湖北读大学，过几天就要开学了。

8月酷暑，赤日炎炎。

蓝成和父亲蓝芝章早早赶到县城，准备搭乘晚上7点到达的K366次列车。这个假期，蓝成与父亲在县民族中学做了几天的外架工，老板尚未付给工钱。

从田林县潞城瑶族乡平塘村凑巧赶上第一趟车，到县城时，父亲看了看时间："还早哩！到民族中学去看看。"

巧的是，陈开枝正好到民族中学参加由广州日报社援建的希贤民族中学落成典礼。

"我想见见陈开枝伯伯。"蓝成找到县教育局蓝局长。

"你找他有什么事？"蓝局长问。

"没什么事，我只是想见见他，他曾资助我2000元钱上学，想当面谢谢他。"

"哦。"听说陈开枝曾资助过眼前这个学生，局长很是感动，他朝主席台看了看，抱歉地说，"不行了，你看典礼都开始了。"

蓝成站在希贤民族中学左前方的教师公寓旁，远远看见陈开枝顶着烈日，连个遮阳帽都没戴，直到典礼结束。

望着"希贤民族中学"这个以邓小平同志命名的民族中学，蓝成想到自己就读的田林县高中也有一栋广州市援建的四层综合实验楼。他突然想到："2004年是邓小平100周年诞辰，眼前的这位热心教育事业的陈开枝伯伯不就是'希贤'的传承人吗？"

想到这，蓝成的内心又增添一分对陈开枝伯伯的崇敬之情。

2005年春节，陈开枝到平塘移民点慰问。蓝芝章知道消息后早早就在家门口恭候亲人，他乐呵呵地说："陈主席啊，昨晚我做了个梦，梦见一只喜鹊飞到家门前的树上。这不，今天贵人就到了！"

儿子蓝成更是拉住陈开枝的手不放，激动地说："陈伯伯，去年我在县民族中学想见您没见到，今天终于见到您了。"

"外面风大，还不快把亲人让进屋。"蓝芝章一边催促蓝成，一边用手擦拭着凳子，"陈主席快进家里来坐坐，您是我们家的大恩人哪！"

陈开枝握住蓝芝章的手，笑着说："你不必那么谢我，当年我也是在许多好心人的帮助下才念完中学和大学的。要说感谢，就感谢邓小平他老人家，感谢党中央东西部扶贫协作的好政策！"

蓝芝章父子俩眼里含着泪花，一个劲地点头。

面对感激和赞美之词，陈开枝有着清醒的认识与理解：这些孩子一直生活在贫穷与苦难当中，得到一点点的帮助和呵护都会产生很强烈的感恩之情。

其实，与城里的同龄孩子相比，他们得到的太少太少。

邓小平同志说过，把爱献给教育，献给下一代的人，是世界上最幸福的人！

陈开枝无疑是那个幸福的人。

18. 夫妻双双把贫扶

陈开枝殚精竭虑，千方百计为百色筹集教育扶贫经费，仿佛是一个为百色"化缘"的苦行僧。

在扶贫路上，陈开枝夫唱妇随，一路同行的感人事迹更是传为美谈。

先说"夫唱"——

陈开枝卖"唱"的故事在坊间流传久矣。

自从摊上扶贫这事，陈开枝成了社交"达人"。他调侃自己像个"成功的男人"：肚子有点坡度，头顶有点光度，走路有点风度。

有一次在广州二沙岛参加一场筹款活动，陈开枝身着白衬衫黑西裤，衬衫的口袋上别着一支笔。虽然年过古稀，却腆着肚，腰板挺得笔直，像个心宽体胖的老干部。

一出没有主角的戏，是乏味的。他一上来就说要表演节目，唱首歌，搞得大家都很嗨。

陈开枝的自告奋勇把场上的气氛都带动起来，都想听听这个连普通话都说不准的老头唱的哪门子歌。

"我唱歌是可以，但你们点一首歌有点贵……"

"好好，没问题。"

于是他拿起话筒，说那我就唱一首《小草》。陈开枝唱歌不用伴奏，原声清唱。

没有花香，没有树高，
我是一棵无人知道的小草。
从不寂寞，从不烦恼，
你看我的伙伴遍及天涯海角。
春风啊春风你把我吹绿，
阳光啊阳光你把我照耀，
河流啊山川你哺育了我，
大地啊母亲，把我紧紧拥抱……

陈开枝自嘲是跑调男高音，加上粤式口音，但他神情专注，抑扬顿挫，高低起伏的调子里饱含深情，满目盈泪。

这次募款活动，陈开枝"卖唱"筹得善款超过20万元，全部投到百色隆林县建了一所希望小学。

陈开枝就是这样一个充满活力、豁达开朗的人。与他接触过的人，很容易能得出这个结论。这种豁达不只体现在言谈举止，更体现在心境上。

在许多场合，陈开枝都唱这首歌。

还有一次是广州市外商投资协会开年度表彰会，酒过三巡，总要有些助兴节目。

陈开枝又主动要求上台唱歌。

他唱的还是《小草》。他唱歌全情投入，怡然自得。歌词从头到尾，竟一字不差。

歌声戛然而止时，陈开枝很认真地问："这歌唱得怎样，能给多少分？"

大家正踌躇着不知如何作答。他又连忙为自己打圆场说："有个著名歌唱家给我打了90多分。"

哈哈，都90多分了，还能说些什么。

于是，在座的所有人，都为陈开枝的"90多分"鼓掌。

陈开枝就是这样一个性格爽朗、风趣幽默、乐天达观的人，经常妙语连珠，惹得大家哈哈大笑。

唱完《小草》，大家又拍着巴掌喊着"再来一首"，陈开枝于是又来一首《我的祖国》。

一条大河波浪宽，
风吹稻花香两岸。
我家就在岸上住，
听惯了艄公的号子，
看惯了船上的白帆……

知情人都知道，他翻来覆去也就那么几首歌。

"《小草》这首歌是我人生的主题歌。"陈开枝经常说，小草虽然"没有花香，没有树高"，但它与阳光、春风、河流、山川在一起，它的伙伴"遍及天涯海角"。

是啊！小草不争宠，在阳光雨露的抚育下，默默无闻地扑在大地上。草叶虽小，而又志在铺绿大地，用自己的躯体和生命去呵护大地，自觉地恪守它因平凡而变得伟大的职责。

陈开枝不就像小草一样，甘愿默默无闻，甘愿奉献社会吗？

还有，陈开枝的"酒桌公益"也是出了名的。

他朋友多，人缘好，声望高，常常有台商、港商、外商等约请他"喝两杯"，他有言在先："这顿饭我领了，但我胃口大啊！这顿饭你要出点血……"

有一次，陈开枝到田林县六隆总场调研，大列村的移民纷纷向他提出孩子读书的问题，而开发区的建校资金根本无法挪腾出来。

一天，陈开枝为筹集六隆建校资金正发着愁，广州"好又多"的老板王文洋恰巧遇到陈开枝，他邀请陈开枝一起吃饭。

"好啊！"陈开枝一听，眉心一下子舒展开来，他答应接受王老板的宴请。但话锋一转对王文洋说，"饭我就不吃了，我倒是碰到一个难题，您就给我打个'包'吧，帮在百色的贫困地区建一间小学，让孩子们有学上。"

"没问题。"王文洋先生一听，当场拍着胸脯表示，"钱我来出，饭……还是照吃。"

王文洋果然出资50万元建起了田林县六隆总场的"六隆好又多希望学校"。

用同样的"伎俩"，六隆镇的"六隆希望中学"也是陈开枝从广东省国讯通信技术发展总公司总裁陈奕标那里争取到50万元建起来的。为百色办学发动筹款，用陈开枝的话来说"吃"是假的，"要"是真的，吃得少，打"包"多。

呵呵！

陈开枝用这种"新吃法"将企业那些被冲淡了的爱心、同情心和社会责任心重新凝聚起来，投放到百色老区的教育扶贫上。

老板们往往都会附带一句："下次记得带上我们。"

"做慈善、搞扶贫，没有真情付出是不行的。"2018年8月30日晚，陈开枝带领广州爱心企业与百色市教育基金会签订完捐款协议后回酒店，他在车上对百色市教育基金会理事长石卫武说，"我78岁了，实在不愿应酬，不想喝酒，但人家为百色捐了100万元，敬我酒不喝行吗？今晚医生要帮我检查身体，一再交代不能喝酒，已经等了我一个多钟头了，我还没回去，只怕要挨医生的批评了。"

陈开枝是个可爱的老人，为了筹款，他在饭桌上还有活跃气氛的十八般武艺，"瓶中取塞""倒瓶抽薪""变幻牙签"等等都是他经常表演的节目。

他有个"瓶中取塞"的绝活：先是把一个软木塞敲进一个空的红酒瓶中，然后问众人，谁有本事不打破酒瓶而在50秒内把塞子取出来。

有家商会成立时请他参加，他就出了这个题目，说你们完成了，我就喝三杯满的，完不成，你们30个人，每人拿一万块，给我明天去百色，拿这些钱用于教育扶贫。

大家面面相觑，屡试不得。

于是陈开枝开始表演，只见他把一块折叠过的餐巾布推进酒瓶中，真的就在短时间内将塞子带出来了。

旁观者无不拍掌叫绝。

"那时，我是想给百色那边搞点钱，增加点电脑。很多学校的孩子连电脑长什么样都没见过。"陈开枝如是说。

那一次表演，募得30万元。

"酒桌上促成捐款的概率高吗？"有人好奇地问。陈开枝笑着摆摆手："就是一帮老朋友，闹一下的。至于捐款，得看场合，当然还要看对象。"

那些年里，陈开枝每年都会收到上百封求助信。"我的兜里每天都会放着一些求助信，好出其不意帮他们实现愿望。一位学生向我求助3000元学费，刚好当时一个朋友请我吃饭，我就说，饭不吃了，你把这个给我解决了。"对方爽快地答应了。

时隔多年，陈开枝提起这些陈年旧事记忆犹新，洋溢着笑容。

2000年8月,田林县一个村干部给陈开枝写信。他说自己在广州当过兵,退伍回乡后当上了村主任,努力想建设好家乡,现在给村里小学修个灯光球场,筹了几个月只筹到8500元,还差3500元,毫无办法。自己在广州当兵时就听说陈开枝在百色扶贫,十分佩服,现在碰到困难特别想请他帮忙想想办法。

陈开枝收到信,将信放在口袋里等了几天,机会终于来了,一位两年没见面的港商到广州要请他到中国大酒店吃饭。于是陈开枝就说:"这次由我来点菜,省下点钱办件事。"

"什么事?"朋友问。

陈开枝于是把信拿出来给他看。

"这点钱我出,菜该怎么点还是怎么点。"港商看完信,二话不说,当即拿出5000元交给属下去办。

除了喝酒、唱歌、表演,陈开枝有时也嬉笑怒骂——

有一次,陈开枝宴请几位企业家,先是给大家讲企业家的担当,从赚钱、花钱、保平安、保健康、保家庭说到要感恩政府、要有社会责任感,话语间突然穿插一两句调侃:"你不要40岁之前用命搏钱,40岁之后用钱买命,到时候很难买得到的!"

这般,心境如水荡漾,轻松又惬意。

陈开枝说:"教育扶智,首先,你要有个热心肠,没个热心肠别人才不理你。其次,你的人际方面要有群众认同,用老百姓的话说,就是要有粉丝啦!你架子大,高高在上,就不行。要多接触群众,要可爱。最后,要有人脉积累,你从来不理人,别人打招呼你都不理,板着脸孔,等到捐款你找别人,别人会理你啊?"

募捐的理念创新,在陈开枝这里被全新演绎,别有洞天。

有人说陈开枝的"权力"肯定很大,要不怎么拉到那么多社会资金到百色去兴教助学?

陈开枝绝对是一股清流。

我们梳理了一下，从1996年到2005年，陈开枝作为一名领导干部，他的权力不可谓不大，但所有行政行为，都是履行工作职责范围；从2006年至今15年，陈开枝纯粹就是一个普普通通的退休老头，早已大权"旁落"。

更何况，即便是担任广州市常务副市长期间，有权有势的陈开枝还真心不太会弄权，我们从两件事情可窥见一斑——

第一件事。他的夫人邓妙珍直至退休都是一位小学教师，工作繁重不说，工资低，福利差，社会地位低。当时有"好心人"提出帮助改行跳槽，找个实惠的机关坐，陈开枝没有同意。邓妙珍任教的育鹰小学离家数公里，有人提出帮调到离家较近的学校上课，陈开枝谢绝了这个好意。就这样，从1971年至1998年，邓妙珍每天蹬着一辆自行车风里来，雨里去，在人流车流中一圈又一圈用车轮丈量了27年，从没迟到，从未缺课。

第二件事。陈开枝的儿子高考差几分，有人寻思去帮着"疏通"一下，那个年代，只要陈开枝暗示一声，还是可以"变通"进个好大学的。他没有同意，而是鼓励儿子复读，靠真本事考出来的分数上大学才服众……

陈开枝的人格魅力就是这样炼成的。

"我们是被陈开枝的真诚打动的。"港商彭磷基和郑柱成之前与陈开枝非亲非故，并不熟悉。他们也没找陈开枝帮助做过任何事，只是陈开枝当上广州市政协主席后，两位都是广州市政协委员，他们才有了交集。

"我们是君子之交。"陈开枝沉吟了一下，"彭磷基和郑柱成陪同我到百色地区帮扶考察后，看到了老区人民迫切需要帮助和关爱，深受感动才一而再，再而三地慷慨解囊。"

"和陈主席比，我们做得差多了。"彭磷基说，他是看到了陈开枝这位大好人帮扶百色既不图名，也不图利，逐步走进了陈开枝的心灵，才和他走上帮扶百色的"一条道"。

百色市教育基金会理事长石卫武多次陪同陈开枝到深圳、广州为基金会募捐，身临其境，他总结了陈开枝募款的"十大杀器"——

一是讲1992年陪同邓小平南方之行的故事，宣传邓小平南方谈话和"先富帮后富，共同富裕"的理论，要感恩邓小平制定的改革开放政策给企业家带来的大好发展机遇和实惠。

二是将党和国家领导人对他扶贫工作的评价，特别是习近平总书记2012年12月8日在深圳莲花山给邓小平同志塑像敬献花篮时握着他的手说："听说您现在搞的扶贫工作也卓有成效。"（《人民日报》海外版2013年1月4日）让大家一起重温领袖对于扶贫工作的重视。

三是讲省主要领导要他继续发动社会力量，积极参与扶贫工作的相关指示、批示。

四是讲百色与邓小平同志的特殊关系，讲百色对中国革命和边疆安宁所做的贡献，讲国家的扶贫政策，鼓励大家来关心、支持百色革命老区。

五是通过赠书，宣传党和国家的扶贫政策，宣传自己的扶贫感受和扶贫经历。

六是在饭局上开展智力趣味小游戏，表演用餐巾布从空瓶中取瓶塞等各种绝技。

七是以深厚的感情演唱《歌唱祖国》《我的祖国》《小草》等歌曲。

八是给爱心企业、爱心人士敬酒，恳请他们给百色革命老区捐款。

九是个别发动与集体募集相结合，做细致的思想工作。

十是力所能及为企业排忧解难，用他的资源、人格魅力来感化爱心企业、爱心人士。

陈开枝绝对是一个随时准备着，一碰就被激活并高速运转的人，以至话题一谈到扶贫，一谈到助学，他便条件反射地直起腰来，瞬间进入那种亢奋的状态。

为官41年，陈开枝没有"做官的样子"，与之交谈，就像和街坊老伯聊天，听不到一句官话套话。

有一次，陈开枝去参加一个筹款活动，开口即说："我患上了极其严重的'爱资病'，只有为百色老区筹到了资金，才可以治好我这个病。"

他这话引得满堂大笑，一下子拉近了关系。

他深知没有社会的广泛参与和支持，是很难把帮扶百色这件大事办得好、办得长久的。广州市财政也拿不出多少钱来，但如果把广州市的社会力量发动起来，力量就强大得多了。

因此他常说："扶贫不能关着门来办，必须广聚天下有识之士。"

他每次到百色，都带来一批人，有上市公司的董事总经理，也有民营企业的老板。他领着这些人深入贫困地区去考察群众的疾苦，激发他们的爱心和同情心，每到一处他必让大家去看学校。站在老旧残破的校舍前，他不失时机讲述邓小平不记名捐资5000元帮助百色革命老区建希望小学的事，感叹不已地说，再穷也不能穷了教育，再苦也不能苦了孩子！老区的孩子太穷太苦了，社会发展到今天，我们于心不安啊！

陈开枝语重心长的一席话，总让人心怀敬意。

2002年2月23日晚会上，百色的"有心人"将陈开枝那次带人所捐赠的项目与金额制成一张精美的卡片：

1．香港谭兆基金为援建谭兆职业技术学院和靖西、那坡等县改建中小学校捐资1106万元。

2．香港祈福国际投资有限公司董事长彭磷基先生为援建百色祈福高中图书馆和奖学金捐资530万元。

3．香港日成玩具有限公司董事长郑柱成先生为援建百色高中图书馆捐资280万元。

4．香港翔龙有限公司朱恩馀先生为援建田阳县、田东县学校捐资100万元。

5．广州发展集团为援建德保县民族中学捐资80万元。

6．香港越秀集团为援建凌云县伶站中学捐资50万元。

7．广州城建总公司为援建乐业县武称中学捐资50万元。

8．广州海珠区政府为援建田林中学综合实验楼捐资100万元。

9．广州市残联为援建百色地区特校综合大楼及服务设施捐资90万元。

10．广州大明家具公司麦森明先生为慰问田阳、田东、田林贫困村捐资11万元。

捐资总额达2391万元。

这张精美的卡片就是陈开枝送给百色老区各族人民的一份春天贺卡。

陈开枝名气虽大，但毫无架子，爱开玩笑，十分好相处。有位摄影记者回忆，他到陈开枝办公室去拍照，进门前心里直打鼓，他担心采访对象太大牌，不配合摄影。

记者表明来意后，陈开枝的第一句话就是："需要我摆POSE吗？"

随后，他当着记者的面为自己的大脚套上袜子，然后摊开双手对记者说："那我现在听你指挥啦！"

记者嫣然一笑，紧张的心情顿时轻松下来。

再来看"妇随"——

邓妙珍是陈开枝的夫人，她喜欢人家叫她"邓老师"。

因为，她当了一辈子的老师。

陈开枝到百色115次，邓妙珍陪同不下30次。陈开枝坦言："这个'扶贫状元'，军功章有一半属于我太太。"

陈开枝常说，是老天爷赐给了他一位贤惠善良、通情达理、志同道合、任劳任怨的好妻子。

陈开枝这辈子的姻缘，靠的是教育这个"红娘"。

"罗定师范学校出来的学生人才济济。"陈开枝和邓妙珍谈起他们的母校时，崇敬之情油然而生。

邓妙珍是比陈开枝低两届的学妹。

陈开枝和邓妙珍相识是在罗定师范。

那是1959年秋季，在旧生迎接新生的接待活动中，邓妙珍第一次见到陈开枝。

陈开枝是校团委的干部，邓妙珍是班级的团干部，因此学校组织的团活动都必然有他俩。

"他穿着十分朴素，属于连五分钱一张电影票都请不起女孩子的那种人。"邓妙珍对陈开枝知根知底。

除了家里比较穷,陈开枝其他都"达标":思想、学业、工作、才艺、性格。

1960年,陈开枝被保送到华南师范学院,是光着脚丫上大学,全靠奖学金或助学金过日子。

两年后,邓妙珍中师毕业分配到一家幼儿园当老师,月工资是31.5元。

领到第一个月工资,邓妙珍精打细算,每月给上大学的陈开枝寄10元,给陈开枝的家寄5元,自己花那剩下来的16.5元。后来,工资每月涨了5元,她就给陈开枝多寄两元,给他家多加一元,给自己份儿下多留两元。

邓妙珍早早进入"未婚妻"和"准媳妇"角色,却还未迈进陈家的大门哩!陈开枝说,除了事业,另一个重要原因是家庭负担重。

恋爱谈了10年,1969年他们才修得"正果"。

元旦那天,邓妙珍从罗定请假到广州结婚。在省委对外联络组办公室旁边一个八平方米的房子里,他们把两张床板并在一块,将两床新棉被整整齐齐摆在床头,买了五斤花生三斤糖果,请来同事热闹一下。

晚上刚要睡觉,山西前来外调的造反派就上门来闹"洞房"了。"文化大革命"期间,只要戴块"红卫兵"袖标,就可以无法无天了。他们嚷嚷着要两床被子,至少要拿一床给他们,于是小夫妻将其中一床被子送给了造反派。

"太冷了,太冷了。"过了一会儿,造反派又来敲门要另一床被子。

"今天晚上是我的新婚之夜,我有的两床被子已经给你们一床了,不能再给了。"陈开枝隔着房门说。

见陈开枝没有再理会,造反派在贴着"囍"的房门上用红墨水写了"要斗私、批修"几个大字。

第二天一早,军代表小杨来了,看了看房门上的大标语,说:"你们这不是胡闹啊!人家刚刚结婚,两床被子都给了一床了,还要人家'斗私批修'？我看还是自己斗私批修吧！"

结婚后不久，邓妙珍调到广州育鹰小学，继续从事教育工作。

有一次，邓妙珍陪陈开枝到百色扶贫，陈开枝在右江民族师专做报告时有感而发，他说："我念了七年的师范，但没教过书，是终生的遗憾。所以，我叫我爱人一辈子都不要离开教育战线，以弥补我的遗憾。还教育的'债'，只好'夫欠妻还'了。"

1996年，陈开枝受命对口帮扶百色，工作更忙了。1998年9月，邓妙珍正式退休。退休后的她，成为陈开枝扶贫旅途中最贴心的助手和全职"后勤部长"。

两人忙里忙外。

陈开枝为了给百色老区建希望学校，四处筹钱，一个一个单位地去游说，一个一个企业地去"化缘"，工作繁杂、辛苦，而且还要做得细致、耐心。是为"忙外"。

每次到百色，邓妙珍在五点前起床，给陈开枝做早餐，打点行装，让他赶七点的飞机。回广州都是晚班机，邓妙珍得准备药水等陈开枝回来给他泡那发肿的双脚。是为"忙里"。

大多数人都不会知道陈开枝到百色走了一趟，又累了一遭。只有邓妙珍知道，并且默默地与他分担那份辛劳和病痛：每次来匆匆，去匆匆，分秒必争，长途的颠簸以及爬山下坡的劳累，陈开枝的车祸旧伤常常复发，双脚肿得连鞋也穿不进，脱不下；有几次痔疮发作，流血不止，只好悄悄地垫上卫生纸应急，等回家后才医治。

邓妙珍把陈开枝到百色说是"走亲戚"。

陈开枝每天走个千里来回，着迷似的连过年都要往百色跑。邓妙珍说："有时候他晚上做梦都想着扶贫的事，醒来后就念叨百色，他走百色亲戚比走罗定亲戚更多。"

陈开枝是个"工作狂"，家里的一切事都由夫人操持。谈起他的夫人，陈开枝充满感情地说："多亏了她，我这个百色打工仔才能一心扑在工作上，为教育扶贫办点实事。"

陈开枝和邓妙珍恪守"夫人不干政事"的铁律。以往，陈开枝从不让夫人参与任何政事活动，连机关单位举行家属联欢活动，陈开枝也从不让她参加，即便机关单位请到她，她也婉言谢绝。

熟悉陈开枝的市民不知道陈开枝的夫人是谁，连邓妙珍的许多同事与她共事多年，很长一段时间里都不知道她就是"市长夫人"。

陈开枝到百色帮扶助教后，那些受助的孩子太想"邓奶奶""邓妈妈"了。

"陈市长，您资助百色的几个孩子很想见您夫人邓老师一面。这是孩子们的期望，您就成全他们这个心愿吧！"陈开枝第三十次到百色时，百色方面发出邀请。

陈开枝笑道："可以破这个戒律。"邓老师也爽快答应到百色来看看孩子们。

当天，邓老师到文具店去给孩子们精心挑选礼物，有书包、作业簿等，还为他（她）们准备了"红包"。

来时路很难走，他们从广州飞到南宁，再颠簸六七个钟头才到百色。中途肚子饿了，买来一根大玉米，在车上边啃边赶路。

邓妙珍说："结婚30多年来，老陈第一次带我外出'旅游'，就是到百色扶贫。"

陈开枝和邓妙珍是在百色饭店会见他们资助的孩子们的，谢继旺、姚盛象、邓红霞、阮春花、黄碧雪姐妹……女孩子热泪盈眶，男孩子哽咽无语，他们将邓老师紧紧地围着、抱着，就像抱着自己慈爱的母亲。

从此，邓妙珍从扶贫的"后台"走到了"前台"。

有了第一次，之后就是第二次、第三次、第四次……就这样，邓妙珍与陈开枝一道相濡以沫，夫唱妇随，扶贫路上携手前行。

2002年8月，陈开枝到百色，邓妙珍老师随同，同行的还有香港商人郑柱成夫妇。

郑柱成知道邓妙珍是老师出身，一路上，他和这位跟孩子们打了一辈子交道的老师谈及孩子的话题，兴趣更是浓厚。

邓妙珍说:"要孩子长知识就要让他们能读到更多的好书,图书馆对一个学校很重要。"

郑柱成当即决定捐献50万元,为学生办一个图书室。

2003年5月7日这天,在百色民师附小举行郑柱成为百色高中捐赠50万元建"郑柱成图书室"的仪式。仪式上,郑柱成特别感谢邓妙珍老师给他这个很好的提示,并说这是他和邓老师共同给予孩子们的一件礼物!

"郑柱成图书室"如今在百色高中建成,用郑柱成的捐款购买的每本书上都盖有"郑柱成图书室藏书"的印章。有了这个图书室,便有了后面郑柱成捐资250万元建成的"郑柱成图书馆",那造型如同一顶漂亮博士帽的图书馆,美观而且很有寓意,预示着许许多多未来的博士从"郑柱成图书馆"走出来,走向辉煌。

邓妙珍把兴教扶智的事当作自己的事,特别是几个被他们夫妇资助的孩子更成为她的牵挂。

2002年3月,陈洁来信说,欠着学校的钱恐怕难以顺利拿到毕业证了。原来,陈开枝夫妇资助陈洁的那些钱她一直分给在南宁读书的弟弟一起用。

此时,正值陈开枝第三十一次到百色。邓妙珍说:"捎带点钱去给陈洁吧!"

邓妙珍预先已攒下1000元准备寄给陈洁的,这会儿翻来找去竟找不到这笔钱了。

"莫不是家里来了小偷?"邓妙珍感到不对,一问陈开枝,原来这1000元钱被他临时"挪用"了。不久前,田林县八渡初中特困生韦梅顺父亲长年卧病在床,家里的房子又遭山洪冲塌,陈开枝把钱寄去解韦梅顺燃眉之急去了。

邓妙珍赶紧找邻居借了1000元交给陈开枝,吩咐尽快带去给陈洁应急。

凌云县伶站乡党委委员姚美辛是陈开枝夫妇当年资助的贫困生,十几年来始终与邓妙珍保持着频繁的联系,她说:"我们没有血缘关系却胜似亲人。"

"（邓）奶奶还教我怎么养孩子，比如每天吃鸡蛋、煮瘦肉粥，这都是奶奶传授的秘方。"谈起邓妙珍，姚美辛的幸福之情溢于言表。

19. 开枝散叶

陈开枝是一株蒲公英，带着爱的种子到百色撒播，如今的每一个角落，都开出了新花。

24年的扶贫路，当年那些被帮扶的学生皆已长大。他们中的很多人都回到百色，服务故土，除了本职工作，他们投身公益，接过陈开枝教育扶贫的火炬，传承爱的力量……

西林县的程琬婷、韦美莲，田东县的阮彩虹，凌云县的姚美辛，隆林县的郭桢长，田林县的闭琦才……陈开枝爱心助学、扶危济困的"接力棒"正在他们手上传承。

郭桢长，仡佬族，隆林县人。1999年初冬，正在上小学六年级的郭桢长面临人生的第一次选择：上学或辍学。因为家庭贫寒，父母已无力承担三兄妹读书带来的经济压力。

那年，郭桢长只有12岁。

梦想的翅膀受了创伤，读书的渴望将被贫困的现实浇灭，郭桢长变得沉默寡言。

"算了，我们回家吧！"眼看父母操碎了心，一天，郭桢长流着泪，和哥哥商量辍学的事。

然而，好运总是眷顾求知若渴的人，在郭桢长无助即将放弃的时候，陈开枝引来了"郑柱成少数民族助学班"，为考取的学生提供初中到高中毕业的全部费用。

这个消息对求知若渴而又家境贫寒的郭桢长来说无疑是雪中送炭。拿到录取通知书的那一刻，郭桢长全家欣喜若狂："这份录取通知书是那个春节里最好的礼物。"

郭桢长把所有的感恩化作了求知的动力，踏进民族班的那一刻，他就对自己说："这是梦想起航的地方，只有知识才能改变命运，只有读好书才能回报这个充满关爱的社会。"

他记得陈开枝伯伯的教诲："知识能改变命运，贫困家庭读书机会难得，你们要好好珍惜郑柱成爷爷给你们的机会，认真读书，读好书。要怀有感恩之心，特别是我们农村出来的孩子，任何时候都不能失去一颗进取的心和一颗感恩的心……"

滴水之恩，当涌泉相报。

2011年7月，郭桢长大学毕业后放弃外面的诱惑，毅然选择了返回家乡，建设家乡。

"社会的大爱应该传承下去。"也是那年，郭桢长提出了传递陈开枝、郑柱成爱心义举的设想，有步骤地筹划郑柱成少数民族班学生"感恩·爱心接力"交流会，提出感恩亲人、感恩母校、感恩老师，传承爱的力量，为"郑柱成爱心传承班"热身。

2012年12月，在与郑柱成遗孀郑梁焕珍奶奶的会面中，郭桢长正式提出同学们的这一计划。

2014年12月11日，在百色高中举办了郑柱成资助的少数民族班代表座谈会，郭桢长亲耳聆听了陈开枝爷爷的谆谆教诲："同学们能有今天，要感恩国家、政府，社会上的爱心企业家、爱心人士。一个人一定要有爱心，要懂得感恩，将来自己有能力时，也要帮助别人。为家乡、为社会、为国家多做贡献。"

言犹在耳的还有杨文升。

就职于深圳怡化电脑股份有限公司百色办事处的杨文升，他从"郑柱成少数民族助学班"毕业后，考入广西师范学院，后回到百色参加工作。

"你们都自我介绍一下。"那天，看到当年的懵懂小孩都已长大成才，陈开枝显得特别开心。

"刚才,有同学在发言时提到用自己工资的百分之几来进行爱心助学,我非常赞同。"轮到杨文升自我介绍时,他激动地站了起来,"我们当年接受郑先生资助的学生有251个,如果每个人每天从自己的生活开销中拿出五毛钱,那么每年就可以集资到45000元,也许每天这五毛钱对于我们工作的人来说不会有多大的影响,但是对于正在读书的贫困学生来说影响巨大……"

会议总结时,陈开枝肯定了"这个想法有意义"。

座谈会后,郭桢长、杨文升、汪平等、陆成云等正式发起郑柱成爱心传承活动,在受资助的同学们中广泛宣传倡议。

紧随其后,《郑柱成爱心接力项目系列方案》《百色市教育基金会郑柱成爱心接力项目章程》《郑柱成爱心接力项目资金管理办法》相继出台。

2015年,爱心传承活动共筹得捐款总额为40210元,全部转到百色市教育基金会。次年1月5日,第一期"郑柱成爱心传承班"在百色高中正式开班。

陈开枝专程到百色参加了爱心见面会。

看到十年前还羞羞怯怯、连普通话都不会说的少数民族助学班的孩子们,得到资助上学后,现在一个个变成俊男靓女,成长成才,陈开枝心里想:"我们只尽了一点点力量,就改变了这些孩子的命运。如果全社会都来尽力,那可以改变多少孩子的命运啊!"

他对受资助的少数民族班学生成才后又捐款举办"郑柱成爱心助学传承班"非常欣慰,他说:"现在你们成才后要传承郑爷爷的爱心,这是很好的。做好自己,关爱他人,爱心不一定要很多,有心就好。没有爱心的人,不是一个纯粹的人,你们懂得感恩,现在反过来资助别人,我很高兴。"

三年后,"传承班"30名受助学生中有27名考上本科,部分还考入四川大学等重点大学。

"虽然少数民族班的251名同学大部分刚毕业出来工作,仍在为生活奔波，但是这和爱心活动没有矛盾，我们可以做力所能及的事。"郭桢长现任隆林各民族自治县革步乡党委委员、副乡长，他对这一爱心传承的活动充满信心，"星星之火可以燎原，少数民族班的同学团结一致就是一股不可忽视的力量。"

杨文升最大的希望则是能够吸纳更多的社会人士，加入"郑柱成爱心传承项目"，把项目力量壮大，资助更多需要帮助的人。

当年"郑柱成少数民族助学班"资助的251名贫困生中，韦美莲也是其中一个。

韦美莲大学毕业后考取了公务员，现任西林县古障镇人民政府妇联主席，到乡镇一线工作四年，她的眼睛常常聚焦失学儿童。

"冬宁，你可不能辍学呀！奶奶和叔叔辛辛苦苦把你养大……"这是9月以来，韦美莲第三次来到冬宁的姑妈家劝他回学校。

第一次吃了闭门羹，第二次虽然见了面却没有成功。

"现在读书条件那么好，一定要读书才能改变自己的命运。"韦美莲苦口婆心地劝，然后转过身来对冬宁的姑妈说，"村里研究过了，现在按政策申请已经提高了助学补助标准，你们家庭今后已没有了后顾之忧。"

"感谢政府，感谢你们为冬宁的事那么操心。"年迈的奶奶颤抖地握住韦美莲的手。

晚上7点多，冬宁终于点头同意回校。

这样的经历尽管韦美莲司空见惯，但此行让她松了口气。看到冬宁坐在返校的车里一脸迷茫，她仿佛看到了20年前自己的影子。

"美莲，喝口水清醒一下，等会儿考试呢！"班主任黄老师将晕车而昏昏沉沉的韦美莲摇醒。

1999年年底，韦美莲第一次到离家四小时车程的县城参加"郑柱成少数民族助学班"入学资格考试，当时主要针对的是家庭特困的学生。

韦美莲的爸爸在她二年级的时候病逝，妈妈一个人要偿还给爸爸治病欠下的债务，照顾双目失明的爷爷和不满10岁的姐姐和美莲。

笔试、面试后，韦美莲得到了一个来之不易的"全免"学习机会，在之后的六年半时间里,她和同一批的101位同学彻底改变了命运的轨迹,同时也接受了陈开枝伯伯和郑柱成先生的教诲。

参加工作后,韦美莲心里暗暗发誓,一定要把陈开枝伯伯和郑柱成先生的爱心传承下去。

2010年是祈福高中10周年校庆,陈开枝受邀参加了典礼。

这一次见陈伯伯,程琬婷还有一个心愿。这个心愿埋在她的内心许久了,就是要把当年获得的资助钱还给他。

合影结束,程琬婷忐忑地走上前,她说:"陈伯伯,我已经工作,能够自食其力了,我……把您当年资助我的4000元还给您吧!"

"不用还钱,把爱心传递下去。"陈开枝拉着程琬婷的手,说,"只要心中一直有这样的信念和善举,就是对我最好的回报……"

听着这些话,程琬婷流下了泪。

程琬婷原名程锦芳,是西林高中的一名数学教师,市级学科带头人,并著有个人教学专著,还出版了散文集。

2003年9月,高中毕业的程琬婷顺利考上大学,但因家中三兄妹都要读书,家境窘迫的她东拼西凑到2900元,而当年的学费是6900元。

学校还算宽容,让她先安心上学,在第一个学期放寒假前把学费交齐就可以了。

学期快结束时,学费仍然没有着落,眼看就要面临休学或退学,程琬婷茫然不知所措。

矛盾于"读与不读"之际,程琬婷思考再三,提笔写信给陈开枝,除了分享上大学的美好,同时也很含蓄地告诉陈伯伯"如果因为家庭实在困难不能坚持完成大学学业的话,请陈伯伯不要责怪"。

陈开枝知道了程琬婷的困境后,让他的秘书给程琬婷汇去了4000元,同时还写了一封亲笔信。

锦芳同学：

　　来信悉。我十分理解你现在的心情，不管遇到多大的困难，都是学业为重，人决不能在困难面前低头。

　　现想尽办法筹措4000元寄上，以解决当前之难。

　　近日忙，不多说了。望立品、勤奋、修身，有好思想，有本领，有好身体，才能有作为。

　　祝健康，进步！

陈开枝

2003年12月15日

　　有了这4000元，程琬婷不堕凌云之志，刻苦学习，4年后以优异的成绩毕业。

　　"是陈伯伯在我人生重大转折点拉了我一把。"程琬婷感激地说，"我要感恩于心，回报于行。"

　　在大学期间，程琬婷就积极参加各种公益活动并获得了不少的荣誉。陈开枝知道后，连夸"没白疼这个孩子"。

　　作为陈开枝曾经帮扶的学生，程琬婷一直心怀感恩。

　　受陈开枝影响，程琬婷通过"育人教书"和"爱心活动"，直接或间接地帮助穷困孩子完成学业，实现自己的"助学公益梦想"。

　　十二年来，在故乡的教育热土上，程琬婷在节假日共走访了几百个贫困孩子，通过牵线搭桥，成功帮助200多个孩子得到社会各界爱心人士捐资助学。

　　2009年11月28日，程琬婷走访高三学生王利财的家。

　　王利财家住西林县足别乡板桥村那对屯，那是一个偏远的苗族村寨，山高路险，车一路颠簸，程琬婷呕吐不止，想到陈开枝伯伯千里迢迢、跋山涉水到贫困山区帮扶，程琬婷有了切身体会。

　　到了利财的家，这是怎样的一个家啊！一间破烂不堪的黄泥墙房屋，两位瘦骨嶙峋的老人……

程琬婷心里特别难过。

回到学校，她将王利财的资料整理好上传到资助网，天津的"大树"和江苏的"冰"第一时间就选择利财作为资助对象。

有了爱心人士的资助，王利财的成绩迅速提升。

清明节前夕，程琬婷在去学校路上，遇到了急匆匆走着的利财。

"利财，一大早忙着赶路，有什么事？"

"我父亲病重了。"王利财话没说完，泪水在眼里打转。

"哦……"程琬婷掏出衣袋里仅有的100元递给利财，"你买些营养品回家。"

一个星期后，利财的父亲不治而逝，利财很伤心，回来就一直沉默寡言，模拟考成绩开始下滑，大家都很焦急。

程琬婷运用心理学悉心开导他，周末带他回家吃饭，让他感受家的温暖，还给他买衣服和营养品。

高考时，王利财以594分的好成绩考上了广西民族大学。那年8月初，程琬婷带着广西《新闻在线》的记者前往利财家里采访。采访结束后，利财得到了5000元的助学金，解决了他大学学费和生活费的困难。

大学毕业后，王利财考取了公务员，现在是乡政府扶贫办主任，陈开枝又有了第三代传承人……

程琬婷还讲述了扶助雷小妹的故事。

残疾女孩雷小妹是个苦命人，父母都是天生的弱智和残疾。在小妹读高中的时候，父母相继去世，只留下一个有智障的亲姐姐和她相依为命。而这个有智障的亲姐姐嫁给了一个身体残疾的男子，他俩无法生育，领养了一个小女孩，生活更是雪上加霜。

相继失去双亲，小妹痛苦得无法安心学习。学习成绩可以上一本的她，几次模拟考的成绩只能上大专。

程琬婷把她带回家吃饭，让她感受家的温馨，不断地找她谈心，安慰她，还和她分享自己求学时期的艰难历程。

"人，绝不能在困难面前低头！"程琬婷用陈开枝伯伯勉励自己的话来勉励雷小妹。

小妹后来考取了百色学院会计专业，就在她准备上大学的那一个月，程琬婷又通过一个爱心群帮她募捐到9000多元的助学金，让她能够无后顾之忧地去上大学……

凌云县的姚美辛是让陈开枝十分挂念的孩子。

当时，姚美辛家有六个兄弟姐妹，她是家里最小的女儿，到她上高中的时候，父母已年过花甲，负担不起她1000多元的学费和生活费。

高一时家里只借到了600元钱，升高二时高一的学费还没补上。给她的选择只有两个：要么补齐学费，要么退学。

"家里是没办法了，要不就回家劳动。"父亲无奈地说。

2004年10月16日，姚美辛上晚自习，数学老师给同学们读了《右江日报》转载广州市政协主席陈开枝在北京大学面对贫困生所做的《自强人生，提高能力，诚信成才》的演讲文章。

"贫困不是罪过，不发奋才是罪过。"

"一个人的出身是不可以选择的，但无论出身如何，只要发愤图强，就能改变自己的命运。"

…………

姚美辛听着、听着，感觉每一句都是名言。

她陷入了深深的思考中：能否向他求救？能否告诉他我现在的困境？能否告诉他自己读书难以为继的现况？

"陈开枝伯伯或许可以让我绝地重生。"姚美辛想。

当晚，姚美辛鼓起勇气，给陈伯伯写了一封信。

"信写好后，但我并不知道具体的寄信地址，就笼统地写了广州市政协。"姚美辛说，也没指望信能真正送到陈开枝的手里。

幸运的是，姚美辛收到了陈开枝的信："你的求学精神让我感动。只有知识才能改变一个人的命运，望你坚强自爱，不受世俗影响，刻苦学习，顽强拼搏，追求美好生活，我节约1000元寄给你做学费。"

回信那天是2004年10月29日。

"当年要不是这1000元,我现在还不知道在哪里呢。"姚美辛至今仍难以忘怀收到这笔钱时的感激与心酸,对于一个本已无望读书的孩子,那是天大的鼓舞。

姚美辛收到陈开枝的资助款后,于2004年11月20日给陈开枝写信感谢,她在信中说:"伯伯:我真的感动了,您能够如此相信我,把钱寄给一个您不认识的孩子,而且也不知道真有其人……您在我心中的地位至高无上,将来我也会像您一样帮助贫困的人。"

"当时看了信,眼泪就直接滴在信纸上。"与无数贫困山区的孩子相比,姚美辛就是其中的幸运儿。她说,不仅仅是1000元钱的事,是给了她心灵上、精神上一个支柱。

也是从那时起,她就在心中埋下了要为贫困学生排忧解难的种子。

"陈伯伯的精神感染了我,我要把他的精神传承下去。"2013年,陈开枝到凌云考察扶贫工作,姚美辛第一次见到了陈伯伯,陈伯伯的高尚品格深深地打动并影响着姚美辛。

"我牢记陈伯伯的嘱咐,从身边小事做起,一步一个脚印,把爱心传递给更多的人。"参加工作后,姚美辛常怀慈善公益心,播撒爱的种子。

2014年,姚美辛资助官仓村杜同学顺利考上了广西民族大学;2016年,从自己的工资里拿出1000元资助后龙村的万同学上大学;2017年,向百色市教育基金会推荐了5名贫困大学生获得资助家庭经济困难大学新生项目;2018年,得知考上广西民族大学的下甲镇袁同学正为上大学的费用发愁时,为她联系了假期工,每月工资1500元……

这几年,姚美辛都会从工资中拿出一部分,用于资助周围的留守儿童与困难学生。平时走村入户,姚美辛了解到辖区内的留守儿童生活条件较为艰苦时,常常给自己联系村的留守儿童买礼物,陪他们过节。

"帮助贫困学子,我会继续干下去。我要把陈主席开启的扶贫与对贫困学子的关爱继续传递下去。"姚美辛说,她会坚持一个信念,用自己的方式传出爱心"第二棒"。

韦少标是靠爱心人士的资助才完成学业的。

小学阶段，他得到北京一个好心人的资助，初中三年级和整个高中阶段，他得到由陈开枝牵线的香港彭磷基先生资助，进而考取了广西大学，靠知识改变了命运。

韦少标的人生反转，正是来自陈开枝等爱心人士的善举，让他在很小的时候就感受到了一份来自社会的关爱，从而将这份关爱的温暖之情时时刻刻铭记在心。

"它像一颗种子一样，在我的心里生根发芽，慢慢地长大。"

上大学之后，韦少标除了完成正常的学习任务之外，还开始做起了爱心助学志愿者，将大部分的课余时间都投入"帮助那些像当年的我一样需要帮助的孩子"的公益活动。

也就是从大学时候起，韦少标与公益事业结下了不解之缘。

那时，韦少标主要以家乡面临失学的学生作为帮扶对象，联系社会各界爱心人士来一对一地资助。他担任其中一个助学班项目的责任人，为53名面临失学的学生联系一对一的捐助人，共筹得善款1万多元，解决了他们的上学问题。

2007年7月，韦少标利用暑假时间，组织了广西大学学生开拓者协会暑期社会实践团，深入凌云县下甲、朝里、伶站3个乡共9个村11个屯调查实践。当年，这11个屯共有18位贫困学生参加了高考，回到学校后，他们将这些贫困学生的求助材料推荐到"利群阳光助学""南宁晚报大城小爱""希望工程"等助学项目的相关部门，获得共计6400元的资助。

"我是在爱心人士的帮助下走过来的，我也要接下这根爱心的接力棒，将爱心传递下去。"韦少标说。2008年3月，广西大学成立为贫困学生提供工作岗位的勤工助学报刊亭，他应聘成为该公益报刊亭的首任负责人，参与了报刊亭可行性研究，运营流程的设计以及报刊亭首批员工的招聘、培训以及报纸杂志日常的销售维护等一系列工作。

从接受"输血"转变为自行"造血"，韦少标说："这个自立自强项目每年为广西大学贫困生提供校内勤工助学岗位30个，产生勤工助学收入约6万元。"

大学毕业后，韦少标走上了全职公益的道路。

2011年7月，韦少标加入了中国扶贫基金会，具体参与捐赠资金结算、捐赠数据库的维护与管理、公益项目的设计以及落地实施等。

谈起进入基金会的初衷，韦少标在接受记者访谈时是这样说的——

问：你的工作为什么选择慈善机构？

答：公益活动是一种专业性很强的工作，之前所参与的公益活动，大多只是由一个人或者几个人凭着对公益的一腔热血，想到哪里做到哪里，没有太多的计划性和组织性。

问：在这里，你觉得做公益的最大不同是什么？

答：有一套严格而缜密的配套制度加以规范，从公益项目的设计到执行，从公益资金的筹集到使用，还有公益参与者的组织性与纪律性，都有规可依，有矩可循。

问：你对自己的未来有什么样的规划？

答：我希望能将从基金会学到的这些专业知识传递给更多的志愿者，让志愿和公益都更加规范，让爱心因为专业而使受助人能得到更大的帮助。

韦少标曾创造了一次筹款奇迹。

那是在中国扶贫基金会工作期间，韦少标运用所掌握的公益方面的知识和资源，组织发起了"感动4000人"爱心传递计划，为百色隆林各族自治县一名患有急性再生障碍性贫血病的3岁孩子筹集医疗费用。他将40万元的骨髓移植手术费拆分为4000个100元，号召大家相互传递，目标是找到4000位有爱心的人，每人为小孩捐赠100元，最终在短短的7天时间内就达成了筹款目标，筹集到了超过40万元的善款。

2015年3月，韦少标从北京回到家乡百色，加入了百色市教育基金会，继续践行自己的爱心传承诺言。

韦少标在基金会的工作，主要是配合基金会领导与爱心企业、爱心人士对接，募捐善款资助家庭经济困难的学生，并做好助学项目的具体执行工作。

"我们基金会正在开展的两个重点项目：一个是冠名助学班，一个是特殊群体学生助学班。"显然，韦少标对这两个项目十分上心。他介绍，这两个项目的共同特点就是把捐款作为原始基金，用理财增值长期稳定助学，以确保资助项目的稳定性，即每年都有固定的善款用于支持指定的项目。

从一名爱心的受助者，转变为一名爱心的传递者，陈开枝的百色善行常常提醒韦少标献身公益，勇往前行。一次，他一个人骑摩托车从县城到乡下将收到的爱心捐款转交给受助学生，因为路况险要，在一个陡坡路的拐角处，差点与一辆迎面开来的小轿车相撞……

回顾这些年来的公益感受，韦少标说："我毅然加入传递爱心的行列中，就是希望将一份份的爱心传递给更多需要帮助的贫困学子，以实际行动回报像陈开枝一样的爱心人士对我的关爱！"

唐朝诗人杜甫有一首《春夜喜雨》——

好雨知时节，
当春乃发生。
随风潜入夜，
润物细无声。
…………

陈开枝就像那润物无声的丝丝春雨，将他博大无私、深沉厚重的爱，绵绵不绝地"飘洒"在那些被资助的孩子身上，然后"随风潜入"。

爱有轮回，爱在行动。

第六章

永不言倦

20. 第二个100次再出发

广州市越秀区农林上路五号。

一栋非常普通的旧楼,这是广东省老区建设促进会的办公地。

二楼东头,一间不到10平方米的办公室,一位耄耋老人"深陷"一张老旧的黑色皮沙发里,头大肩宽,眼窝深陷,一双招牌式的佛家大耳朵。

此人就是陈开枝。

那幅"永不言倦"的遒劲大字悬挂在他身后的白墙上,仿佛是这位老人一生奔波忙碌的真实写照。

这帧条幅,里面还有个小故事——

1998年,组织决定陈开枝到政协工作,当选政协主席那天,大家在主席台上跟他握手祝贺,都说:"您当常务副市长的时候那么累,应该到政协去好好休息一下了!"

陈开枝心里想:不对啊!我到政协也要干事情,不能言倦停步。

当时,社会上不少人对人大和政协的认知不足,认为人大是"橡皮图章",政协是"摆设花瓶",无职无权,过渡一下就退休了。

政协主席团有个成员叫苏华,是个才女,也是省书法协会的副主席。跟陈开枝握手后,苏华也说:"陈主席,您这么多年弄得太辛苦,这下可以轻松了。"

陈开枝连连摆手说:"您不要说了,我从来都不求您给我写字,但今天我让您给我写几个字,我要裱好挂起来。"

苏华惊讶地问:"什么字?"

陈开枝面带笑容地说:"你就给我写'永不言倦'这四个字。"

退休后,办公室随着职务的更换一换再换,但这四个字紧紧跟随着他,现在又到了老区建设促进会的办公室里。

"这里没有政府的东西，我也没有拿任何好处，这些书柜是我自己找人做的，8000多元。椅子是我从家里搬来的，包括我现在喝的水，都是我自己带来的。"陈开枝精神矍铄，侃侃而谈。

2013年，陈开枝担任广东省老区建设促进会会长。他说："省委组织部要我接（省老区建设促进会会长的职务），说我最合适，我说我已经很多事啦，能不能解放我一下。组织上说不行，你不用推了。我啊，54年党龄了，从来没有拒绝过组织，就痛快地接了，辛苦就辛苦点嘛！"

作为老党员，在陈开枝身上，很清晰地印刻着老一辈共产党人的作风与信念——以人民的利益为先。

甫一上任，陈开枝的工作就紧锣密鼓地展开了。陈开枝幽默地笑说："我的优点是身体很好，缺点是身体太好，老想干活。"

平日里，只要不出差，陈开枝都会在这里办公。他的第一百次百色扶贫行和"第二个100次"又出发都是从这里起步的。

2005年2月12日，65岁的陈开枝将要退休，到百色帮扶正好50次。

在这一次的捐款仪式上，陈开枝首吐心声，许下承诺——

他说："看到百色群众写来的求助信时，我焦虑不安，夜不能寐；看到孩子们因贫困辍学而无奈失望的神情，我深感责任重大，心急如焚。我想听到的，是孩子们琅琅的读书声；我想看到的，是大石山里群众脸上欢快的笑容。我现在许下承诺：我在职时来百色50次，退休后还会来百色，只要健康地活到85岁，我一定再来百色50次，一生来100次百色。"

100次？有人说"打死"不相信！

陈开枝的爱人邓妙珍则坚信不已，她说："陈开枝说到做到，因为他心里有个目标，这个目标不实现，他还是要来的。"

时间来到2017年8月19日，陈开枝退休后的第十二年，77岁的陈开枝提前兑现了他到百色100次帮扶的承诺。

百色市教育基金会理事长石卫武在他撰写的《我零距离接触的大好人陈开枝》一文中，对陈开枝第一百次百色扶贫行做了这样的记述——

8月19日,星期六。陈开枝主席清晨4点50分起床,然后赶往广州机场,乘坐7点05分的飞机,8点30分左右到田阳机场,到田阳县城吃过早餐后,乘车直奔隆林,12点30分到达隆林县城。下午先参加了上海奎照实业有限公司到隆林的捐资助学活动后,给奎照实业公司的党员上了一堂生动的党课……

听说陈开枝是第一百次赴百色助学,久仰陈开枝大名的上海奎照实业有限公司总经理宋子帆特意携公司8名党员慕名前来助阵。

在隆林中学,宋子帆一行资助该校家庭经济困难的15名大学新生,每人资助8000元,现场了解学生们的情况后又额外给予两名家庭特别困难的大学新生各2000元。

宋子帆很钦佩陈开枝多年来倾力帮扶百色老区的义举,一直关注陈开枝的扶贫行动,希望能向他学习,为百色的贫困学子尽一分力。

"慈善不能为了名利,爱心是一种品质,不是有钱就能做,也不是钱多钱少能衡量。"陈开枝特意给宋子帆和公司的8名党员上了一节党课,希望他们继续用爱心去帮助更多的人。

此行,陈开枝重点是考察由中国扶贫基金会推出的一项推动贫困地区儿童发展、促进城乡教育公平的发展型公益项目——"加油计划"。该计划旨在为项目学校提供"爱心厨房""阳光操场""阅读空间",每学年为学生送去美术包、运动包、图书包等学习和生活用品,还通过教师培训,引入提升孩子素质教育和综合能力的"加油课程"。

隆林"加油计划"项目是陈开枝6月底引进来的。

晚上8点,陈开枝听取隆林"加油计划"项目启动实施情况汇报,讨论工作中存在的困难以及解决的方案。陈开枝特别强调,大家要珍惜这个来之不易的机会,齐心协力,按照项目要求,扎实推进各项工作的实施,确保隆林加油计划项目顺利开展,力争使更多的山区孩子受益。

八月的百色,骄阳似火。

隆林是百色首个"加油计划"项目县,已确定9所村完小作为第一批

"加油计划"项目学校，涉及教师94人，在校生2425人。

8月20日，陈开枝6点起床，早餐后轻车简从，从县城出发。蜿蜒盘旋的公路就像一条龙一样钻林子，绕弯子，并时而游走在山涧，时而腾云驾雾在云端。

他们先后到隆林县启动"加油计划"的新洲镇大树脚小学、弄桑小学，德峨镇保上小学……

大树脚是一个苗族村庄，因为坐落在一棵千年古榕脚下而得名。村庄被公路分成两半，车子要穿过一个象征性的门坊。

村内，老旧的干栏式建筑还保存不少。不时有苗族男子的摩托飞驰而过，后座上是一个紧搂鸡鸭的苗族女子，头戴镶着白边的层叠大黑帕，大襟短衣配上有三条横纹的长裙，不时腾出一只手来挡住被风吹乱的头帕。

在大树脚小学，陈开枝站在长满杂草的操场上，指着不远处的一道坎说："为了方便学生活动，这里应该修建台阶。"说罢，便把同行引进教室，商定建设事宜。

陈开枝不言累，不言倦，带领大家冒酷暑、顶烈日，翻山越岭，来到德峨镇保上小学。他走进"阳光操场""音乐教室"了解"加油课程"开展情况。当看到孩子们在快乐地游戏、投入地歌唱时，陈开枝非常高兴，鼓励同学们珍惜来之不易的机会，更好地学习成长，将来投身国家建设，实现梦想。

在保上小学，陈开枝还与教师们一起座谈，了解隆林"加油计划"项目实施及保上小学校园建设、教育教学发展、学生学习生活等情况。陈开枝希望隆林要按照项目要求，扎实推进各个项目顺利开展，力争使更多的山区孩子受益。

"阿周古席，阿周古席！"（苗语：谢谢亲人！）在德峨苗族村寨张家寨考察时，苗族男女老少都认得陈开枝，不停地跟他打招呼。

陈开枝实地观看了苗族芦笙舞及苗族艺人现场刺绣、画蜡，并对隆林苗族文化挖掘、保护和传承等工作成效给予赞赏和支持，当即动员企业家为他们捐款10万元。

当陈开枝一行离开张家寨时,苗族同胞们用深情的歌声为他们送行。

送客走,送客走,
山缠水绕云悠悠。
听我唱支送别歌,
万句祝福飞出口,
今日亲人平安去,
来年盼你再回头……

回到百色市,市长周异决会见陈开枝,赞扬他的为民情怀和执着的拼搏精神,说:"百色人民感激您!"

席间,有人悄悄问陈开枝的老伴邓妙珍说:"陈主席来百色100次了,已经兑现了他当初的诺言,还会有101次、102次吗?"

邓妙珍回答说,陈开枝已经把扶贫当作终生的事业,他一定会一次次走下去;今年他已在各地发动爱心人士捐款,准备在12月11日慈善筹款日这天把善款全部捐给百色教育基金会。所以,12月到百色就不要叫101次,而是"第二个100次"再出发!

百色方面做过统计,陈开枝到百色100次帮扶,平均每年4.7次。党的十八大以后,他到百色25次,平均每年5次。

这些数字,不是统计学意义上的数字。每一个数字,是一处心灵的驿站,是一处爱的憩园。

陈开枝说:"前50次是履行工作职责,后50次是志愿出发,是来做义工的。退休后来百色,是自费来的,坐飞机坐的是经济舱,把节约的钱用来助学。"

他说:"我要响应习近平总书记的号召和中央的决策,决战贫困,决胜全面小康,为百色的脱贫攻坚工作出力。"

也是这一年,陈开枝获得"全国脱贫攻坚奖贡献奖",被中央电视台评为第四届"CCTV年度慈善人物"。

2017年12月9日至12日,陈开枝开启"第二个100次"。

他率北京、广州、深圳、珠海、香港部分捐款单位代表和相关人士80多人到百色开展捐资助学活动,考察助学帮扶项目学校。

9日清晨6点40分,天刚蒙蒙亮,陈开枝就早早抵达广州白云机场,准备搭班机飞往广西百色。

"今天是'第二个100次'再出发,所以有点小激动,昨晚没睡好。"陈开枝向随同的记者打招呼,乐呵呵地说,"如果我能活到100岁,可能真的能完成'第二个100次'!"

9点45分,经过一个半小时的飞行,飞机缓缓降落在百色巴马机场。一出机场,陈开枝就带着一众爱心企业家风尘仆仆驱车到习近平总书记当年(时任国家副主席)视察过的田阳县那满镇新立村。

"嘞,你看,这右边是番茄,左边是火龙果,远处那个丘陵周边一带原来有很多茅草房,现在都看不到了。"刚坐上大巴,陈开枝高兴又自豪地向随行媒体介绍着道路两旁的作物。

走近新立村,整齐划一的民居、错落有致的大棚冬种作物与绿意盎然的右江两岸交相辉映,活脱脱一幅美丽的田园风景画。

在村部,陈开枝先听完村党支部书记、第十二届全国人大代表罗朝阳介绍习总书记视察新立村后发生的翻天覆地变化后,陈开枝连连赞叹:"新立村是百色扶贫攻坚、决胜全面小康的一个缩影。"

中午,一行人来到百色那满镇广新家园,这是广州市援建的扶贫生态移民示范村。原来住在山区的贫苦村民,如今住上了楼房。"原来老百姓吃水看天,也没有电,条件非常艰苦,现在通水通电,通了路。"当地镇干部介绍说。

9日下午,陈开枝来到百色祈福高中。

"陈爷爷好。"学生们闻讯或纷纷围过来,或站在教学楼的走廊上,大声向陈开枝问好。

校长说,学生们可能不记得历任校长叫什么名字,但一定记得"陈爷爷"；孩子们可能不认得历任校长长什么样子，但一定认得"陈爷爷"。

10日一早，陈开枝一行从百色驱车前往凌云，重温当年扶贫攻坚标志性工程之一的凌云弄福公路，高兴地向随行的爱心企业人士讲述当年在广东的支持援建下，凌云人战天斗地的壮志豪情和天堑变通途的经典传奇故事。

第一百零一次的捐资助学大会是在百色高中隆重举行的。

从凌云县赶回百色，已是下午两点半。陈开枝带着捐赠善款的爱心企业领导、爱心人士径直将中巴车开进了百色高中。

整个捐赠活动场面十分"火爆"，全场共举牌捐款22次——

振华盛世控股有限公司捐款1000万元。

深圳市李伟波慈善基金会捐款500万元。

鼎亿集团投资有限公司捐款300万元。

大中华国际集团（中国）有限公司捐款280万元。

深圳信和（集团）有限公司捐款200万元。

北京食天来生态农业科技有限公司捐款150万元。

太平洋建设集团捐款100万元。

广东大京世控股集团股份有限公司捐款100万元。

深圳天珑移动技术有限公司捐款100万元。

清华大学五道口金融学院GFD博士班二期全体同学捐款100万元。

广州市政协香港委员刘军等10人捐款100万元。

广东省中星投资有限公司、广东烨龙集团有限公司、广东恒冠集团有限公司、广州泰滔投资管理公司共捐款100万元。

广州市侨办荣誉市民何欢潮、吴国崧、廖榕就、赵泰来四人捐款100万元。

三得盈佳互联网信息服务有限公司捐款50万元。

深圳市前海恒昌科技开发有限公司捐款30万元。

深圳市公益慈善基金会捐款30万元。

李穗锋捐款30万元。

南宁白马公共交通有限公司捐款20万元。

广东金东海集团有限公司捐款20万元。

广州电子科技有限公司捐款20万元。

东莞市瑞鹰信息科技发展有限公司捐款10万元。

这是陈开枝牵线搭桥以来，在百色扶贫筹得认捐善款最多的一次，共计3348万元。

陈开枝笑了。

正如那首诗中所表现的："老夫喜作黄昏颂，满目青山夕照明。"

在捐资会上，陈开枝的讲话中气十足："我要响应习总书记的号召，不忘初心，牢记使命。百色革命老区永远是我的牵挂，来帮扶100次的愿望实现了，这次是101次来百色帮扶，这101次将成为我帮扶百色'第二个100次'再出发新征程的起点，今后我还会来102次、103次，不管多少次，只要腿能走，我就会接着去扶贫。"

前面说过，陈开枝经常自掏腰包捐助寒门学子，数年来，他和很多学生都保持着书信联系，听说这些学生特地从各地赶来看他，吃过晚饭后，陈开枝特地和几名资助过的学生见面。

听说要见陈爷爷，来自田东县的阮彩虹姐妹俩特地穿上了瑶族的传统服装：梯形的花帕、蛾冠的斗篷、垂于耳边的红穗。

特别的装束让陈开枝一眼认出了姐妹俩。他拉着阮彩虹姐妹俩的手说："那时候还是很小的小姑娘，现在都这么大了，看到这个（头饰）我就想起来了。"

2007年，也是穿着传统服饰的小彩虹三姐妹第一次见到了来村里考察的陈开枝。得知小彩虹家中三姐妹都在上学，却因家庭贫困交不起学费，陈开枝当场拿出了3000元现金给她们。此后阮彩虹姐妹定期与陈开枝通信，汇报各自的学习与生活情况。

到如今三姐妹都已顺利完成学业，找到了不错的工作，能够负担起自己的生活，她们始终没有忘记当年陈爷爷的资助与鼓励。

"学校就明天再安排看吧！"结束受助学生见面会时，石卫武抬起手腕看了看时间，说，"已是晚上9点40分了。"

"明天的事情更多。兰亮呢？"陈开枝叫上早已等候的右江区常委、宣传部长兰亮，和石卫武一同驱车前往右江区迎龙中学，考察落实深圳大中华国际（集团）有限公司董事局主席黄世再捐款到位的问题。

晚上10点50分，陈开枝回到鑫鑫大酒店，他又对石卫武说："到我的房间去，明天的活动很重要，我们碰一碰头……"

石卫武感叹中透着敬佩："与21年前第一次到百色帮扶的'拼命三郎'作风丝毫未减，陈主席一点也不像78岁高龄老人的样子。"

12月11日是邓小平等老一辈革命家领导百色起义88周年纪念日。当天上午，陈开枝带着广州企业家和爱心人士先到红七军军部旧址参观，然后在周异决市长等领导的陪同下，在百色起义纪念碑前向百色起义先烈拜谒并敬献花篮。

凝望着纪念碑高高的碑尖，抚摸着那栉风沐雨的雕塑，陈开枝仿佛看到了邓小平当年发动和领导百色起义、创建中国工农红军第七军和右江革命根据地波澜壮阔的场景，仿佛又回到了1992年邓小平南方之行期间，自己有幸全程陪同，受到伟人邓小平高超人格魅力的洗礼……

晚8点，百色森林广场。

中央电视台第七频道主办的"2018温暖同行：牵手百色教育扶贫"新年大联欢在这里隆重举行。

陈开枝应邀出席。

整台晚会用艺术的表现手法，以百色起义精神为引领，彰显百色市各族人民决战贫困、决胜小康的决心和信心，倡导社会各界积极投身到精准助学、办好人民满意的教育的事业中，颂扬捐资助学的大爱精神，推动全社会关心支持教育精准扶贫。

在现场2000多名观众的见证下，陈开枝主席的夫人邓妙珍老师举牌向百色市教育扶贫再捐款8万元。

这已是陈开枝第六次用他个人的退休金向百色捐款了。榜样的力量点燃了晚会的热烈气氛，雷鸣般的掌声一次次响起，经久不息。

众人拾柴火焰高，募捐热情一浪高过一浪。

事后，有人劝陈开枝说："您一个退休老头，都78岁的人了，那么执着干什么？"

陈开枝笑嘻嘻地说："我不是78岁，我是39.5公岁。我感到自己还充满青春活力。"

晚会上，在接受主持人的采访时，陈开枝是这样说的："……我常常会想起自己走过的路程，是党将我这个苦孩子培养成为能为老百姓办点事的人民公仆，我心存感激。我会为国家的扶贫事业继续出力，继续再立新功！"

这是一个老共产党员的肺腑之言！如此真挚、如此滚烫、如此深情，阵阵掌声里，许多人的眼眶里飘起了泪花。

陈开枝的另一个100次百色行开始了！

他已将扶贫当作神圣的事业，在完成他100次百色行的承诺后，依然"不言倦"。

这是一个扶贫义工的新旅程，这是一个大地赤子的再出发。

21. 奇人陈开枝

说陈开枝是"奇人"并不为过。

梳理一下他的传奇历史，陈开枝的称号、绰号多到数不清——

官方的：全国扶贫状元、全国慈善人物、全国脱贫攻坚贡献奖、全国东西部扶贫协作先进个人等等。

民间的：首席接待官、处理疑难杂症专家、平民市长、枝叔、大好人陈开枝、恩人陈爷爷、广州亲人、活菩萨……

陈开枝获得过的荣誉很多，三四页纸也未必写得完。

更令人称奇的是，作为政府官员的他，在位期间居然成了"明星"，有诸多人为他写歌、写诗、写书。

陈开枝曾对记者说过:"有工作,就有难题,有难题就有硬骨头,我这个人就是专啃硬骨头的,不管最后啃得怎样,硬骨头总得有人去啃。"

在广东省委工作期间,陈开枝临危受命,参与处置过许多当时众所周知、震惊世界的"硬骨头",这些无从下口的"骨头"极度考验他处理"疑难杂症"的智慧和"江湖医生"的才干。这些大事件,件件敏感,包括1982年4月26日的"桂林空难",1986年5月3日王锡爵驾机归来的"华航事件",以及1990年10月2日的广州"白云机场劫机事件"。

每一件事的处置,最后都是妥妥当当,没有留下"后遗症"。

很多人不解:像扶贫这样的"硬骨头",为什么选择陈开枝去啃?

作为广州市对口帮扶百色的"首席指挥官",解读陈开枝,我们可以从他在广州任职期间的其人其事去寻找答案。

在广州市政府,陈开枝主管外经外事、农业、城建、城管、法制等十数项工作,但凡关怀孤寡、救死扶伤、扶贫济困、城管监察、环境治理、意外事故等现场,都会见到陈开枝的身影。由此可见,百色扶贫只是他众多分管工作中的"冰山一角"。

"乌纱帽挂在办公室"是陈开枝为官的一桩逸事。

当年,有一位同僚问他:"开枝,你当官怎么当得如此潇洒?"陈开枝笑答:"我的乌纱帽不是头上戴着,而在办公室挂着,若我这个'官'做得不好,上级组织和人民随时可以把那'乌纱帽'收回去。"

同僚乍听,以为是幽默,旋即给他举起了大拇指。

由此事,足见陈开枝为官之道不同于常人。一些为官者,无时无刻不把"乌纱帽"顶在头上,不是为了彰显责任,而是为了彰显权力。而陈开枝十分明确地认识到,权力是党和人民所赋予的,自己充其量只是一名服务于人民、为党工作的公仆而已。

有人说陈开枝"豆腐心肠"。

荔湾区有一个市民写信给他,要陈市长"救救他",信中说,自己被妻儿抛弃,生活无着,生了病没钱医,靠捡破烂为生……

陈开枝于是派人去了解，一了解才知，这个人年轻时好吃懒做，13岁就进少管所，长大后也四处招摇撞骗，先后娶了几个老婆，生了孩子也不管，还染上赌博恶习，终被妻儿唾弃，赶出了家门。年纪老了悔不当初，想重新做人又屡屡吃闭门羹，走投无路时，他贸然写信给陈开枝，要他帮忙。

陈开枝亲自协调有关部门，一方面给他生活出路，一方面说服妻儿接纳他。此事还未如愿，此人病情突然恶化，陈开枝还是在千方百计想办法帮他。

最后，是陈开枝为此人"送终"。

广州有个中学老师叫孟建树，1995年大学毕业时分配到某少年宫当一名科技辅导员。但他一直想当老师，便在次年2月跳槽到广州市知用中学做代课老师。

一年后，校方欣赏孟建树的教学水平，意欲将其转正。在办手续时，孟建树被告知他的档案依然在原单位，并被认定为自动离职。档案没调出来，干部资格却被取消了，这让孟建树几乎崩溃。他从媒体报道中了解到陈开枝是大好人，就试着给陈开枝写了一封信，讲述了自己的处境，希望陈开枝能为他解决档案问题。没想到三天后陈开枝的秘书李翔给孟建树打来电话，告诉他正与教育局沟通协商。

后来，原单位提出要两万元的违约金才能将档案调出。可那时候做代课老师的孟建树月工资才500元，哪来两万元？他只好又求助于陈开枝。很快，陈开枝的秘书李翔又跟他联系了，说协商的结果是只交5000元，陈主席愿意借给你这笔钱，你先尽快去少年宫把档案拿出来，找一份正式工作，钱可以后再还。

第二天，孟建树如约和陈开枝的秘书见了面，两人拿着陈开枝的存折，真的到银行取了5000元。

孟建树觉得自己仅仅是抱着试一试的心态给陈开枝写了信，没想到真得到了帮助，简直碰到神仙了。

2003年，孟建树攒够了5000元钱，便开始联系陈开枝，要把钱还给他，并当面致谢。

陈开枝新的秘书李勇转告孟建树："主席说钱就不用还了，见个面没问题，另外联系安排时间。"

这一等，就等到了2012年，孟建树又试着联系不下10次，想表达感激之情和归还借款的意思，但依然未果。

孟建树的心里一直记挂着这件事。

"若不归还这笔钱，我将一生难安，陈主席退休这么久了，不知道他还顾虑啥。"孟建树说。

有关陈开枝这样的趣事逸闻不胜枚举。

有一外地人来到广州，要找当年分配到广州的大学时的恋人，在茫茫人海中无法找到，便致信陈开枝代为寻找；还有一位打工仔的父亲在广州失踪，他哭哭啼啼找到陈开枝，求助他代为寻父……

很多人不理解，堂堂的大市长怎么管得过来这样鸡毛蒜皮的小事？

事实就是这样，哪里有百姓遇到无法解决的困难，哪里就会出现陈开枝；哪里有处理不了的问题，哪里就可见到他。

"有难事，找开枝。"难怪在广州坊间，这样的话曾流传甚广。

1998年1月9日晚，在广州友谊剧院举行的迎春晚会上，陈开枝动情地说："我能不管吗？我也是一个打工仔呀！是广州600万市民的打工仔。"话未落音，赢得满场持久不息的掌声。

也有人说陈开枝"心狠手辣"。

1995年，陈开枝碰上最难啃的"硬骨头"：整治"一山（白云山）一水（珠江）一站（流花火车站）"。

这是广州市政府一个时期内的重点工程，也是他亲自指挥、操心最多、压力最大的"一系列战役"。用陈开枝的话是"比计划生育工作还难搞"。

翻开当年的《广州日报》《羊城晚报》，生动而精彩的新闻标题就像一幅幅陈开枝的形象"速写"——

《陈开枝怒扯"遮羞布"》，报道他带队整顿流花地区违章摊档的情况；《副市长大步堵中巴》报道陈开枝在广九车站查处违章大巴车、中巴车的情形；《天台排开20个煤气罐相威胁也枉然》报道他清理违章建筑决不手软……

陈开枝的为政风格令作家微音都"不胜唏嘘"，在报纸开设专栏表达"百感交集"。

陈开枝有一句名言："白云山不搞好，对不起广州人！"

白云山自古被誉为"羊城第一秀"，这个岭南名片由30多个山峰组成，素有广州"市肺"之称。

葱茏的森林植被和秀丽的山坑水库，对调节城市小气候、保护生态平衡、防风抗灾起着重要作用。

然而，白云山频遭破坏蚕食，满目疮痍。

几次出差途中，他从飞机上看到白云山风景区被挖得百孔千疮，心像被揪起来似的："这不是断子绝孙的路吗？"

毁林采石，抢建违建。一些部门攫取公利来牟取私利，驻白云山的单位数量日益增多，由"文革"前的30多家增加到20世纪90年代的160多家，约占风景区三分之一的土地。风景区范围共2089万平方米，仅违章建筑就达200多幢，占地10万多平方米，偷挖坟穴达7万多个……

对白云山的生态破坏程度已到了积重难返的地步，广州市政府下决心"救山"。

"还是别去碰为好。"有部门领导直摇头，"之前多次整治阻力重重，无果而终，原因是来头一个比一个大，后台一个比一个硬。"

"要讲后台，我的后台最大、最硬。"陈开枝不以为然，不屑一顾，说，"我的后台就是中国共产党和广州600万人民。"

一场"收复"白云山之战打响，陈开枝亲任总指挥。

广州媒体1995年2月至10月间高密度报道38篇，我们不妨在此摘录几篇——

2月5日，《广州日报》一篇题为《副市长新春巡城记》这样报道：

"昨天，春节的假期还没有过完，惦记着广州市建设的常务副市长陈开枝，大清晨就登上白云山，他要看看工程改造的进展……"

2月16日，《广州日报》一篇题为《白云山风景区岂容违章建筑肆虐，你伤我的肺，我拆你的房！市长紧急办公会决定不管来头多大清拆没商量》报道："陈开枝当场拍板决定，从今天起，所有驻白云山风景区的单位，已开工的工程立即停工，未开工的不准开工等候审查，如确定为违法建筑的，3月10日前自行拆除，到期不拆除的，将组织城监、公安等队伍强制拆除。"

2月19日，《羊城晚报》刊发《还我白云山！》，文章呼吁："现在，广州市政府已站出来狠抓严管了，但愿那些属于领导机关的、穿制服的、拿锄头的，以及一些杂七杂八的单位，都要服从大局，听从指挥，万万不可成为以势压人、触犯众怒的钉子户。"

2月20日，《羊城晚报》报道：《陈开枝说：广州这回治理白云山决心碰硬，拆迁有期过时不候，清除违章虎头虎尾》。

2月22日，《广州日报》一篇题为《记者冒雨巡白云山目睹32单位不肯停工，调查组公布一批违章建筑单位名单》报道："昨晚，本报记者就此事接通陈开枝副市长的电话，陈市长再次明确表示，市政府下死决心动真格，一定要还山于市，还山于民。"

2月23日，《南方日报》报道：《拿出火烧象牙的气魄清理白云山违章建筑》；同日《广州日报》报道：《公开名单，好！》；同日《羊城晚报》报道：《向特权思想开火！》。

2月25日，《羊城晚报》一篇题为《经广州规划局审查核实，蚕食白云山首批五单位点名见报》报道："陈开枝上午约法三章措辞严厉：市辖单位如再在风景区内继续开工，除断其水电外，将追究领导违抗政令的责任，市监察局今天起介入监督。"

2月26日，《信息时报》一篇题为《陈开枝发出最后通牒：尽除违章物，还我白云山》报道："昨日，陈开枝副市长在广州清理白云山风景区违章建筑动员大会上严正指出，任何企图通过首长、熟人打通关系，或者强调部门利益特殊性以逃避处理的想法都是不切实际的。市政府这次行动是下了死决心的，将一抓到底。"

…………

高见报率、高出镜率让陈开枝成为广州的"明星"。

从这些报道中，我们可以看到一个忙碌的陈开枝，一个为城市建设和群众利益直接与利益集团"硬刚"的陈开枝。

"不看到白云山恢复自然生态，誓不罢休。"说起白云山整治，多年以后，陈开枝回忆起来依旧惊心动魄。

他说，整治白云山违章建筑时，激怒了一些不满他"太岁头上动土"的利益集团，其中的博弈可谓五花八门：有提着洋酒想"收买"市领导的，有冒充《人民日报》记者要对市长"曝光"的，有组织专班人马住进广东迎宾馆收集整他陈开枝的黑材料撵他下台的，有寻找后台或靠山来施压市政府"收手"的，有在建筑物上悬挂"陈开枝，你有拆迁令，我有煤气罐"横幅的……

陈开枝无疑引爆了别人不敢下手排除的"地雷"。

整治白云山312个石场时，有人感到陈开枝对他们的利益威胁太大了，有人扬言要炸他的办公室，有包工头出资13万元，训练打手，雇凶练习射击……

各种恫吓，种种伎俩，其姿态不言而喻。

陈开枝才不是"吓大"的，他一笑置之，风趣地说："打死一个副市长，广州市最多增加 个烈士，但是整治白云山的工作照样还会有人接着抓。"

一次，他来到一个采石场。当时市政府规定的关闭期限已到，可这家采石场却仍在放炮采石。他火了，命人打开炸药仓库。仓库被打开后竟是空的。他又命人搜查石场主的宿舍楼，查出了满满一屋子的炸药雷管。

"多危险哪！全部没收。"他下令道。

周边的石场主见他动了真格，便赶紧在采石场大门口挂上"军事禁区"牌子，还装模作样地派人站岗放哨。

陈开枝得知后，马上找驻穗部队领导机关了解情况。在部队的大力支持下，假冒军队石场的牌子被摘除，设备被拉走，并强行关闭。

1996年1月20日，星期六。

早晨6点，广州城寒气迫人。陈开枝约好采石场业主到从化协调工作。路途大雾弥漫，能见度十分低，车灯只能照出很近的一团晕黄。驶到广从公路东平路段时，一辆泥头车醉汉似的横闯出来，他乘坐的小车躲避不及，司机被撞昏，陈开枝手腕、手臂、肋骨、腰骨共五处骨折。

陈开枝忍着剧痛爬出车来，站在公路边拦住了一辆农用车，叫司机把他们送到南方医院。一路上，陈开枝血流不止。

手术做了三个多小时。

医生断定：这伤势要完全恢复起码得半年以上。

手术次日晚上，陈开枝就恢复工作，阅读文件了。第五天，他在病房里会见香港客人；第七天，他会见一个德国代表团；第八天，他第一次在病房里召开办公会议。

住院28天，陈开枝在病房里开了17次各类办公会议，其中石场整治领导小组会议就开了三次。

出院当天，陈开枝直接到东站开地铁一号线工程协调会。第二天，陈开枝又上山了。他说："不看到白云山彻底恢复自然生态，誓不罢休。"

1999年4月17日，《羊城晚报》发表了特约专访《绿我羊城——记广州市整治采石场总指挥陈开枝》，对陈开枝治理白云山的成绩进行回顾式的报道。

文章用陈开枝的四句话做小标题：1. 为了造福子孙，当个市长烈士也光荣；2. 我什么都不怕，还怕死吗？3. 发展经济不能以牺牲和破坏后代的环境为代价；4. 不能收了保证金就完事，必须严格监督管理。

句句掷地有声，久久回荡。

陈开枝处理事情，从来是干净利落，从不拖泥带水。

有一件事至今还令同事记忆犹新——

在广州市内通往广佛和广清公路的西湾路，全长不过6.3公里，市政府投资2.3个亿，把原来的8米路面扩宽到35米，每天可通过4万车次，这无疑是一项利民工程。但由于这条公路上通往广州水泥厂的一个铁路道口没有扩建，造成严重的交通堵塞，附近数万居民怨声载道。

广州市建委为此开了11次协调会，历时8个月之久，最后都无功而散。1997年9月6日早上7时50分，陈开枝就到西湾路铁道口开现场会来了。

"这个问题拖了8个月，不能再拖了，今天要在半小时内解决！"陈开枝声音朗然，一开口就把现场会给镇住了。

"今天的会有三道程序，第一道就是清场。"他环顾一遍与会人员，接着说，"今天来参加会议的单位我不管你是中央单位还是省直市直单位，凡不是共产党领导的，请退场！"

台下一片愕然，个个面面相觑。

"好！既然没有人退场，说明都是共产党领导下的，那就进入第二道程序。"陈开枝问，"那共产党的宗旨是什么？知道的请举手！"

场上一阵窃窃私语后，有人回答："全心全意为人民服务。"

"这就对了，我们就用这个宗旨来进入第三道程序……"

陈开枝从铁道口工程的设计费和工程费用说起，一下子进入道口改建的工作实质，没有一个单位再站出来"扯皮"。

最后，陈开枝当场拍板："相关部门已计算过这项工程的费用，限一个月施工完毕！有没有不同意见的？"

"没有？没有就散会！"陈开枝说完转身就走了。

"当官不为民做主，不如回家卖红薯。"陈开枝常说，我们的行政要对得起历史、对得起人民、对得起子孙后代。

白云山一直是陈开枝的牵挂。

整治初见成效，陈开枝开始着手恢复白云山生态，从制订方案开始，所有事项无论大小均亲自过问。

担任副市长的陈开枝，每周日从早上7时30分开始，都要步行巡山，常常到下午两三点才吃午饭。

巡山的习惯他一直坚持了好几年，从没有间断过。陈开枝曾说过，白云山的每一片土地，都被他走遍了。

那时的白云山几乎全是马尾松，经过四五十年的生长，已逐渐衰老，且马尾松吸尘能力低、造氧功能差，病虫害多不说，景观也相当单一。

陈开枝对白云山情有独钟，他把生态建设列入广州市政府"碧水蓝天"计划的组成部分，将单一品种的树木改造成混交品种的树木。

说起树苗的培育种植、不同树种的特性等，陈开枝俨然是一个专家，其专业知识不亚于内行人士。在滴水岩，在鸣泉居，陈开枝挥锄挖坑，指点工人如何按规定的宽度、深度打树穴，严格做好疏伐、除杂、清杂、打穴等各项工作。

一有空，他就会招呼秘书或身边的其他人："走，上白云山看看那些树长得怎么样了！"

每次上山，他都会带上一个由铁丝制成的60厘米×60厘米×50厘米的铁框。他把铁框往挖好的坑里一放，发现不合要求，马上要身边工作人员做上记号，这是要补的；有的坑虽合格，但肥料少了，也要做上记号，这是要加肥的；上年栽的树苗长高了，他拿出皮尺量量，对着已经2.5米高的树，他满意地笑了。

陈开枝种树的"专业"，与他在广东省委工作时兼任省绿化委员会副主任有关。当年广东1.6亿多亩山地中，只有3000多万亩是好林，五六千万亩是荒山。陈开枝为"十年绿化广东大地"一直苦战在第一线，爬遍广东山头，亲自办点，亲自下林地挥舞锄头，粗犷的外貌还被一起干活的年轻人误认为"农伯"。

经过不懈努力，十年绿化任务，八年完成，创造了省委肯定的"陈开枝工作法"，广东获得"中国绿化荒山第一省"殊荣，受到党中央、国务院的表彰。

云山常青，珠水长流。

即便是20多年后的今天，陈开枝也会经常到白云山转转。雨后的白云山空气格外清新，树木苍翠葳蕤，开黄花的黄槐树、开紫花的大叶紫薇、开白花的藜蒴争相斗艳。

黄婆洞水库育起的那片枫林，秋风起时，漫山红遍；而陈开枝在鸣泉居植下的马占相思，依然茂盛……

广州火车站，曾经是一个让外地人"谈站色变"的地方。候车厅内，贩假票者肆无忌惮，偷盗抢劫者气焰嚣张；候车厅外，敲诈勒索横行，假军警车霸道，严重扰乱公共交通秩序。

陈开枝多次现身流花地区明察暗访，发现站前广场垃圾遍地，脏乱不堪。他发现，利益驱动使某些部门丧失原则，各自为政，该地区已成为这些部门的利益之地，不仅养活了一批人，养肥了一批人，也养坏了一批人。

不施重药，难治重症。

在一次通气会上，陈开枝说，广州要建设国际化大都市，要成为国家级卫生城市，要吸纳八方来客投资经商，必须切除这块毒瘤，擦亮这扇"窗户"，火车站地区这块黑三角是大染缸，这块大毒瘤不消除，将严重损害广州的形象。

几乎与白云山的整治同步，陈开枝动真格，碰真硬，向盘踞火车站广场的黑恶势力宣战。

陈开枝来到广州火车站时，亲自查堵非法运营的假军车、假武警车。

短短半小时，就查获了七辆假军牌车。

陈开枝眉头紧锁，深感问题严重，他对城管办和流花管委会的负责人下命令："即日起，你们对这样的车见一辆就抄一辆牌，一定要花力气整顿在这里的假军警载客车辆。"

整治动真格，陈开枝绝不来虚的。他到现场检查工作不是转一圈，听听汇报，提出"几个要求"，强调"几个问题"就走人的领导。他会带着一班人，走遍流花地区的每一个角落，不仅听汇报，更是要亲眼看，亲自查。

1995年春节前夕，陈开枝到广州火车站西广场检查乱摆摊的清理情况，发现一处地方被长长的塑料布围挡起来。

"市长，摊档已经拆除，为免有碍观瞻，所以临时围挡。"陪同的某部门负责人似乎看出陈开枝的疑问。

陈开枝快步走到塑料布前，一把将塑料布扯开，布墙的后面，竟然是一个个互相毗连的档口，摆满了形形色色的水果、糖果。

"这样的虚假行为是遮羞布能罩得住的吗？"陈开枝厉声责问。

这位弄虚作假的负责人一言不发，甚是尴尬。

针对票贩子活动猖獗问题，陈开枝的"陈氏风格"发挥得淋漓尽致。他与铁路、民航等有关部门通力合作，从严处罚票贩子，彻底解决这个长期困扰广州火车站地区的问题。

针对乱摆卖、乱搭建，他要求执勤人员每天在广场进行多次拉网式的巡检，坚持不懈，终于，乱摆卖的小贩作鸟兽散。

巩固整治成果，陈开枝提出在火车站广场设置闭路电视监控系统。社会治安、环境卫生、交通秩序等问题立刻得到解决，火车站每天发生的治安案件从近30宗下降到几宗。

整治珠江，是陈开枝留给广州的又一个"城市记忆"。

珠江是广州的母亲河，承载着广州市环境净化、规划布局、城市形象、旅游品质等多重功能。多年来，这条江成为广州人心中的痛——

大排档、海鲜舫如蜘蛛网"结"在江堤两岸，私建的码头泊位向江中倾倒余泥、垃圾，单位排放生活和工业污水，致使江水污染严重……

1995年7月12日，市政府召开广州地区整治珠江动员大会并发布总动员令，动员全市人民树立紧迫感，以保护、拯救水资源为己任，以对子孙后代负责为动力，积极投身于整治珠江的行动中，拉开了整治珠江广州河段的帷幕。

陈开枝在动员大会上就珠江整治进行全面部署，并明确整治的要求、职责和目标。

你污我水，我治你罪。

6月上旬，南平机11某号、穗浚13某号、穗浚1某7号船舶向珠江偷倒余泥被抓了"现行"。陈开枝决定狠抓典型，公开严处将余泥倒入珠江的肇事者。

"敢处罚的话，小心把你装进麻袋扔入珠江。"有人发来威胁短信。

陈开枝没有退却。他还发文鼓励群众举报违反规定乱倒乱卸余泥的单位和个人："对举报者，按罚款额的50%给予奖励。"

一年整治，江水没有浊黄了，漂浮垃圾减少了，两岸也整洁了，珠江再现碧波绿水的景象。

"要誓死捍卫珠江两岸每一寸土地！"初战告捷，陈开枝乘胜追击。在珠江两岸建设现场会上，他说："100公里长的珠江两岸将来要修建30到60米宽的沿江公路，还要配上宽阔的绿化带。目前只是一个雏形，乱搭乱建绝对不能反弹。"

"珠江整治是全广州的大事，受影响的沿岸一些部门和个人，必须从大局出发，服从整治。该搬迁的一定搬迁，决不迁就。绿化也要抓紧，完工一段绿化一段，决不允许任何人插进来搞建筑。"陈开枝给出底线：防洪标准为百年一遇，污水处理达到国际标准，两岸有路有绿有风景……

1998年6月14日下午，广州市政协在市委礼堂召开九届一次会议预备会议，陈开枝即将结束政府工作，转任市政协主席。

当天上午，他身着工装，在珠江的船上主持召开最后一次市长办公现场会，布置进一步整顿整治珠江的工作。中午一点匆匆回家梳洗，两点整西装革履赶赴会场，两点半以主席团常务主席的身份主持会议。

陈开枝结束"鸡蛋上跳舞"的岗位，华丽转身旋入政协这片天地，与32个界别、9个党派、571位委员一起"政治协商"。陈开枝也开启了百色扶贫的新思路。

事必躬亲，严抓细管，每项分管工作都做得有声有色，成绩卓著。陈开枝仿佛长着三头六臂，有着孙悟空式的"分身法"。

广州的同事每次跟他出门，既忙又累，甚至饥肠辘辘。这种做法被他带到百色扶贫，要求早起、早出发，午饭常常在20分钟内解决，又跑下一个点，晚上还要开座谈会。

偶有随行人员"抱怨",也隐隐透露着对他工作作风的肯定与敬佩。看到陈开枝那么投入、专注地工作,大家再苦再累也没敢计较了。

陈开枝分管的工作多且难,却抓得很细,他哪来这么多时间和精力?在广州,陈开枝有个人尽皆知的"365714工作制"。

"365714"即一年工作365天,一周工作7天,每天工作14小时。

他上白云山检查工作、现场办公都是安排在星期六、星期日,有人戏称这是陈开枝的"白云山工作法"。

"跟着陈开枝,累死无人知。"

"跟着陈开枝,吃饭不准时。"

"跟着陈开枝,加班有贴士(补贴)。"

彼时,在广州的机关干部中,这样的"顺口溜"曾经广为散播。

陈开枝的"365714工作制"和"白云山工作法"后来也被他复制到百色扶贫,一直沿用至今。

22. 大善无疆

作为中国扶贫基金会的副会长,陈开枝的扶贫不只于百色。

2005年3月,陈开枝正式辞去任职七年的广州市政协主席,交接工作还没办完,北京的电话就来了——领导决定请他去当中国扶贫基金会副会长。陈开枝二话没说就决定去报到,全身心地专注于扶贫工作。

他开玩笑说:"我这个职位,被人调侃是中国最大的丐帮'副帮主',不过,只要还需要我参加扶贫,只要能为贫困地区出一分力,我乐意做这个'副帮主'。"

依然是一身普通的白衬衣,依然是一张黝黑的脸庞,依然是一口诙谐的"大白话"。

到了中国扶贫基金会,舞台更大,陈开枝的扶贫范围已不仅仅局限于百色地区了。从云贵高原到青藏高原，从云南的玉龙雪山到四川的大小凉山，从甘肃的祁连山到宁夏的六盘山，从山西的太行山到安徽的大别山，从海南的五指山到大兴安岭，直至遭受毁灭性地震灾难的汶川、北川、青川、玉树、雅安、鲁甸，到处都布满了陈开枝老人扶贫济困的足迹。

爬崇山，越峻岭，入羌寨，进藏家……三年间，全国14个集中连片贫困地区都留下了他的足迹。

"哎呀！十几年前看到的那种贫困状态，你不掉眼泪你都不是人。"回忆贫苦山民居则茅屋简陋，食则灶冷米空，穿则衣衫褴褛，陈开枝每有椎心之痛，深感扶贫之路任重道远。

作为中国扶贫基金会的副会长，筹款、捐赠、落实是他最重要的工作。不论是地震赈灾，还是抗击雪灾，人们都能看到中国扶贫基金会的出色表现。

"5·12"汶川大地震时，陈开枝正坐在北京飞往广州的飞机上，一下飞机得到消息后，他当即启动中国扶贫基金会赈灾项目，成为最早设立项目的赈灾单位。至6月3日下午5时，中国扶贫基金会接受全国各地捐赠2.7115亿元，其中资金1.2834亿元，物资价值1.4281亿元。

他还讲了一个老故事：玉树地震的时候，基金会里能去的领导仅他一人。为了照顾他，基金会选派了两个年轻人陪同前往，结果两个年轻人一到海拔4100米高的玉树机场就高原反应了。

"我还得照顾他们。"陈开枝一脸自豪地表示。三次去玉树，证明自己的身体"棒棒哒！"言外之意是还可以继续为扶贫事业奋斗。

在2008年抗击南方雪灾中，中国扶贫基金会启动"有你，这个冬天不会冷"的紧急救援行动，向南方八省（区）筹款捐赠近一亿元现金和物资。

2007年7月20日，中国扶贫基金会发起了"重庆水灾紧急救援行动"，五天就向受灾严重的璧山、铜梁两县捐赠价值200万元的物资，并陆续发放到灾民手中，帮助灾区群众渡过生活难关。

2018年3月到10月，陈开枝除去三次百色外，还到湖南、安徽、广东等地的贫困地区。除了做具体的扶贫工作，他还参加各种乡村发展与脱贫攻坚的论坛，拍摄扶贫公益广告。

贵州省毕节市，是广州市对口帮扶的新扶贫点，陈开枝格外关注，3月底他来到毕节，密集调研了六七个重点项目。眼下，一家刚刚投产三个月的服饰公司，工人们正在加紧忙碌着，进入公司之前，他们都是当地的农民。公司生产线全部开开后，将为当地带来8000个就业岗位。

"新时代的扶贫工作不仅要求精准，还要兼顾生态，保护环境。"这正是陈开枝密切关注的课题，他要了解扶贫工作最新的动态。

博爱苍生，耄耋之年不言倦。

陈开枝利用自己的平台和智慧，做一些全国范围内的扶贫工作。包括介绍企业投资，扶持产业，输出劳务，做各种大项目。

…………

对于改革开放以来中国解决了2.5亿人脱贫的成就，陈开枝底气十足地说："许多人说这是吹牛，我就经常讲，我们脱贫攻坚所取得的成绩全世界都无可比拟，怎么说都不过分。"他马上又辩证地补充道："但由于我们国家很大，贫困人口基数大，扶贫的艰巨性也是怎么说都不过分。"

从百色扶贫到全国扶贫，他的关注点聚焦在贫困大学生。

那时，全国的贫困大学生有300多万，占了大学生总数的25%，这是惊人的。

陈开枝喜欢调研，他说得最频繁的词就是"调研"。

他说："毛主席讲'没有调查就没有发言权'，看与不看的感情大不一样。看了，有亲身感受，就会产生热情；只听不看，思想感情往往是冷冰冰的。所以一定要做好调查研究工作，要到实地去看，掌握第一手材料，才能准确反映情况，拿出符合实际的措施。"

陈开枝一个个省份去调研，今年去甘肃，明年去云南，后年去江西，一边调研，一边帮上几百个大学生，几年下来还真帮了不少。

在调研中，他发现大学生主要面临着两个问题：一是学费、生活费不足，助学贷款制度有些缺陷，很多贫困大学生不敢贷、不愿贷，宁愿拖着学校学费，过着清苦的生活，有的还因此中途辍学；第二是由于生活水平的差异，很多贫困大学生的心理出现了不平衡。

践行扶贫济困，陈开枝身上至今还有一股"拓荒牛"的干劲。除了扶贫，他还热心公益活动。

多年前，在广州农林下路锦轩大厦的广场前，陈开枝就以中国扶贫基金会副会长身份亲自对行人进行"捐赠一元钱，人人可公益"的活动募捐。

75岁那年，他的身影还出现在火炉山大型慈善徒步启动仪式上，他说："我虽然不是25岁，但我一定努力走完全程！"

之所以亲力亲为践行公益，是因为他对慈善总是充满着这样的活力和热情。他说："国家在提倡公益事业人人参与的理念，把慈善、爱心根植于每一个人心中，每个人都可以做慈善，随时随地献爱心。"

特困户李雪芳家住广州市芳村区鹤洞街金道花园，是因为地铁拆迁而搬到芳村居住的。丈夫因病早逝后，她与一子一女相依为命。

1997年，陈开枝还在担任广州市常务副市长时，到芳村区慰问特困户代表，获悉李雪芳家庭的情况后，当即表示尽力解决其工作及子女读书问题。

不久，区、街的民政部门帮助李雪芳办理了民政补助，她本人被芳村区政府安排在区机关服务中心工作。陈开枝还每月拿出300元资助李雪芳的儿子何富安读完高中。

李雪芳的工作和生活有了保障。

1998年，李雪芳的儿子何富安以680多分的成绩考取了中山大学，收到录取通知后却为数千元的学费犯愁。

8月29日上午，陈开枝利用休息时间专程驱车来到李雪芳家，送上4000元现金解决何富安大学学费问题。

他疼爱地摸着何富安的头，勉励他说："按时入学，努力学习，完成大学学业报效国家。"

从新疆维吾尔自治区到内蒙古自治区，从西藏自治区到宁夏回族自治区都留下陈开枝扶贫助学的身影。

2013年9月10日，新疆维吾尔自治区伊犁哈萨克自治州昭苏县阿克达拉乡中克孜莫伊纳克村的新教学楼落成了。

新教学楼是当地建筑的第一高度，两层。

整栋建筑洁净大方，坚固厚实，通风和采光的条件良好，并配有暖气设备，因为地下挖出沼气池，利用沼气来解决供暖问题。

昭苏县地处中国—哈萨克斯坦边境的新疆西北部，是国家级贫困县，也是伊犁州唯一的五类艰苦地区县，面积1.12万平方公里，人口却只有18.6万人。

人不多，但民族构成却十分复杂：哈萨克族、汉族、维吾尔族、蒙古族、柯尔克孜族、回族、塔塔尔族、乌孜别克族、锡伯族、俄罗斯族、塔吉克族……足足21个民族聚居。

中克孜莫依纳克村是昭苏县最偏远的一个村，由于资金匮乏，设施简陋，办学条件十分艰苦。由陈开枝支持的新教学楼的建成，无疑是雪中送炭。

阿克达拉乡乡长吐拉力在落成仪式上讲话时说："中克孜莫依纳克小学教学楼的落成，极大地缓解了该校师生校舍不足问题。广东省国际文化交流中心不仅在物质上给了该校师生极大的援助，也在精神上给了极大的鼓舞和鞭策。我们将铭记这份情，铭记这份意，感恩戴德，知恩图报。"

吐拉力提到的"广东省国际文化交流中心"，其理事长就是陈开枝。

时间回溯到2012年年底。

广东省国际文化交流中心第五届理事大会召开期间，陈开枝和副理事长朱庆伊商议决定，应新疆方面的请求，到伊犁州选定一个贫困村小学建一座教学楼。

谈起选点这事，李一凡仍记忆犹新。"前期调研由刘伟宏秘书长负责，我协助刘秘书长工作。"

去到当地，李一凡发现，由于地广人稀，游牧民族居无定所，修路、供电、供水、供暖都是大问题。部分山区7月凌晨气温低至零下，一到9月底就大雪封山。

他们在公路上开车，稀稀拉拉遇不到几辆车，偶尔会遇到牧民迁徙，成群的牛羊把他们的汽车团团围住，像看怪物。

在新疆国际文化交流中心的帮助下，李一凡他们对伊犁地区进行多方考察和认真核实，最终选中了中克孜莫依纳克村。

附近村落就只有这么一所学校。

有老师告诉他们，部分村落全村最高学历仅为小学三年级。孩子们上学极其困难，最远的学生要行进四小时才能抵达学校。

学校缺乏住宿条件，五六岁的小学生只能在行进的马背上睡觉。学校留不住正式老师，连支教老师中午都吃不上一口热饭。

李一凡笑言，撰写请示报告时，一长串的地名让他印象深刻，以至于多年之后仍能脱口报出"新疆维吾尔自治区伊犁哈萨克自治州昭苏县阿克达拉乡中克孜莫依纳克村"。

报告送到理事会那里，陈开枝非常重视，他说："援建新教学楼对于加强边境地区建设、改善边疆教育现状、密切民族联系、促进边疆地区的民族团结和稳定具有重要意义。"

中克孜莫伊纳克村新教学楼由珠光投资集团出资捐赠40万元，建筑面积达306平方米，内设图书室、电教室、多功能教室和教师食堂。

陈开枝强调："必须在9月前落成，因为新疆地区气候严寒，进入秋冬季节难以施工，越早完工就越有利于孩子们及时返学，以免又耽误一年。"

如今，这栋教学楼已经为师生服务了7年，当年入读的高年级学生不少已经考上了大学。

甘肃天水师专有一个女学生贾丽丽从网上查阅到陈开枝的人品和善行后，提笔给他写信，信中说自己来自农村，先天不足，眼看失学却孤立无助，希望能帮她。陈开枝不但给她寄钱，还抽空写信鼓励她。贾丽丽大学毕业又入了党，毅然回到自己家乡去当一个代课教师，当时每月只有300块钱，但她感到很幸福，她说因为自己体验过想上学而不能上学的痛苦，所以一定要用爱心回报爱心。

陈开枝将爱撒向内蒙古草原。前几年，广东省人大常委会原副秘书长、广东省老区建设促进会副会长兼秘书长姚泽源，以笔名"兆原"在报刊上发表了散文《草原上升起不落的太阳》，后来收入《守护——广东草原爱心助学活动20年小记》一书中，现摘录如下：

正是春光明媚、英雄树高擎簇簇"火炬"的日子，广东草原爱心团在广州举行一个活动——欢迎驰名全国的"草原英雄小姐妹"龙梅、玉荣。两姐妹是来求助的，因为草原的一些小孩家庭困难，面临辍学。

蓦地，陈开枝来了。顿时，大厅响起了热烈的掌声。

活动中，大家观看了电影《草原英雄小姐妹》，还表演了一些节目。想不到的是，陈开枝主动提出要唱一首歌。自然又是一阵热烈的掌声。

蓝蓝的天上白云飘，

白云下面马儿跑。

……

歌声在大厅里回荡。虽然自嘲为"跑调的业余歌唱家"，还带有浓重的广东口音，但歌声流露出对草原由衷的赞美，对那块"风吹草低见牛羊"的青草地的一片深情。

也就是在这次活动上，陈开枝给年近花甲的两姐妹一个承诺：资助五个学生。不久，诺言都兑现了。这令我感动。

后来，和内蒙古通辽市政协原副主席包庆贺聊谈，知道从2007年起，陈开枝就开始资助内蒙古的贫困学生。那年7月，虽然已卸去了广州市政协主席的职务，但作为全国政协委员，陈开枝带着广州市海珠区政协、区工商联、区民政局的同志去了一趟通辽市。

通辽，地处科尔沁大草原的腹地，是民族英雄嘎达梅林、清代名将僧格林沁的故乡。辽阔的草原，绿草如茵，繁花似锦，但亦见衰草枯枝。他们与当地政府及教育部门召开座谈会，了解办学情况，决定资助64名贫困大学生……

从草原回来，陈开枝的心情久久不能平静。他想不到一些蒙古族的人家依然那么贫困，想不到一些考上大学的学生因家庭困难欲读不能。从那时候起，陈开枝便和草原有个"约定"——时不时掏钱资助草原家庭困难的学生上学。

有一封来自呼伦贝尔草原署名为"您的孙女赵英"的信，向陈开枝爷爷讲了母亲患重病后自己的担心与焦虑，也讲了自己中考的优异成绩，还寄来了在草原上亲手采摘并晒干的金银花和刺苹果花，让陈爷爷泡水喝。在一些人看来，这些金银花和刺苹果花算不了什么，但却凝结着小女孩纯真的感恩之情。

库伦旗有一位叫邵雅莹的女孩，父母在近年相继病逝，而她那一下子老了很多还来不及悲伤的哥哥，便将父母生前的债务扛了起来，用稚嫩的双肩担起了全家的重担。她霎时感到天塌了下来，世界是一片黑暗。正是陈开枝的帮助，她摆脱了辍学的厄运，并考上了四川内江师范学院。她给开枝爷爷写信，说她如今心中亮堂起来，她仿佛看见远方灿烂的朝霞。

在呼伦贝尔草原中部的牙克石市，贫困女学生张岩岩的父亲身体多病，母亲又残疾，家庭陷入困境。当了解到这些情况后，陈开枝陆陆续续汇去1.8万元供张岩岩读书，直至其考上医科院校。张岩岩在写给陈开枝的信中，说她十分珍惜现在所有的一切，要好好学习，将来成为一名合格的有爱心的白衣天使。

有一年，陈开枝资助了扎鲁特旗10名贫困大学生，有的是因为父母患病，家庭几无生活来源；有的是因为兄弟姐妹都在上学，难以承受多一份的开支；有的是因为自然灾害，地里的庄稼颗粒无收……他给每个贫困大学生寄去了2000元，一共2万元。

大雁南飞，暑去冬来，内蒙古草原的草绿了，又黄了。四年的大学生活很快过去，临毕业前，这些学生不约而同地给陈开枝写了信。尽管10名大学生的来信内容各有不同，但有一点是相同的，那就是"感恩与回报社会"。正是陈开枝的慷慨解囊，使不少草原的孩子重拾书本，重拾自信，进入柳暗花明又一村的人生境界；他播撒爱的种子，让草原的孩子萌生了像早晨盛开在艾敏河边沾露鲜花般的知恩图报的美好情愫；在知识的殿堂里沐浴着现代文明的辉照，孩子们的理想和希望之火，就像草原之夜的篝火那样熊熊燃烧……从此，众多草原孩子的心中升起"不落的太阳"。

……………

"永不言倦"是陈开枝的座右铭，这句话对陈开枝来说绝非空谈。他的考察、调研、帮扶总是接连不断。

除了到全国济困助学扶贫，作为广东省老区建设促进会会长，他对广东苏区老区的帮扶更是用心用情用功。和全国其他地区的经济帮扶形式不同，陈开枝对广东老区的帮扶更多是争取优惠政策扶持。

这是一种全新的帮扶。

广东省老区建设促进会成立于1989年1月，是全国最早成立的省级老区促进会。前两任会长分别是省人大常委会原主任罗天，省委原书记、省人大常委会原主任林若。他们两位倾情老区，为老区人民办了不少好事、实事。

2013年走马上任省老区建设促进会会长，陈开枝干的第一件事，就是为广东的原中央苏区争取享受国家西部政策。这是他了解到江西、福建等地方的做法后做出的决定。

2013年9月下旬，秋分后的南粤天气并不凉爽。

汽车沿着广惠高速惠河高速公路向梅州奔驰，这是陈开枝履新后开展调研的第一站。

梅州，是充满传奇色彩的红色土地。土地革命战争时期，毛泽东、朱德领导的中央红军曾多次转战梅州。毛泽东曾深入平远县调查研究。刘少奇、周恩来、陈毅、叶剑英等老一辈革命家都在梅州大地活动过，留下了许多生动感人的事迹，也留下了许多重要的革命旧址、遗迹和红色文化。

正因此，两个月前，梅州所辖的八个县、市、区刚刚被中央党史部门确认为原中央苏区。

由于地处偏远，梅州经济发展欠发达一直是个问题。

"梅州申报确认原中央苏区实现全市'一片红',成功走出了第一步。拿到这张牌还不够,打好这张牌才是目的。"他还诙谐地说,"要把这张牌作为'黑桃A'来打,不能把它作为'方块A'。"

陈开枝知道,要打好这张牌,最重要的是争取到强有力的扶持政策。2012年,《国务院关于赣南等原中央苏区振兴发展的若干意见》,确定原中央苏区享受国家西部大开发的优惠政策,梅州要争取比照执行这个政策。

他马不停蹄跑了梅州全境的八个县(市、区),到了五个镇、六个老区村,开了10次座谈会,参观了五个开发区、四个企业,察看了11处革命遗址、革命纪念建筑物,行程超过1000公里。

陈开枝说:"这些革命文物看了使人震撼,当年梅州人民为中国革命事业做出了重大牺牲和贡献,如果我们对苏区老区不怀感恩之情,就是忘本。"9月29日晚从梅州回广州后,陈开枝整个国庆假期没有好好休息,一直在思考梅州行的问题。10月8日,假期过后上班的第一天,他召集调研组开会研究,当即决定与梅州市委主要领导一起上北京,向国家发改委领导同志汇报,争取国家发改委对广东原中央苏区县扶持的重视。

从北京回来,陈开枝再次率队调研后,以省老区建设促进会的名义,向省委、省政府提出建议:向中央反映,要求我省的原中央苏区享受西部地区的扶持政策。省委、省政府高度重视,认真研究。不久,省政府向国务院呈报了请示。

2014年7月,从北京传来好消息:国家发改委正式批复同意广东省列入《赣闽粤原中央苏区振兴发展规划》的13个县(市、区),在安排中央预算内投资和国外优惠贷款资金时,参照执行西部地区政策。

广东原中央苏区的干部群众欢欣鼓舞。

就在国家、省委、省政府相关政策陆续出台落地大家松口气的时候,陈开枝却并未停歇,像刚爬了一道山,又马上前行,立即投入力促海陆丰老根据地享受优惠政策的调研中。

陈开枝早就知道,1981年,党的十一届六中全会通过的《关于建国以来党的若干历史问题的决议》中,列出我党早期创建的井冈山等13块革命根据地,海陆丰是其中之一。而海陆丰是中共早期农民运动的主要领导人之一彭湃烈士的故乡。

深入海陆丰调研后,陈开枝很震撼:改革开放这么多年了,广东还有这么多贫困地区,特别是海陆丰这样的老区。汕尾是广东的经济欠发达市,GDP和地方财政收入等经济指标一直挂在广东省的"车尾",被媒体称为"最落后的沿海城市"。

一年间,陈开枝就去了海陆丰三次。

2014年春节刚过,天气寒冷,陈开枝迫不及待地第二次到汕尾。他与市领导和有关部门开座谈会,研究上报材料的具体事宜。

这次座谈会催生了两个重要材料。

一是汕尾市委、市政府呈报省委、省政府《关于加大对海陆丰革命老区政策扶持,加快海陆丰革命老区振兴发展的请示》。

二是省老区建设促进会分别向省领导呈报《关于为海陆丰革命根据地争取扶持政策的建议》,并附列全国13块老革命根据地经济发展状况的有关数据,对海陆丰与外省革命根据地对比的差距进行说明。

这两个材料对于从国家层面争取海陆丰参照享受优惠政策十分重要。

7月29日,省政府向国务院呈报《关于我省汕尾市海陆丰地区参照享受原中央苏区优惠政策的请示》。

然而,争取政策支持并不顺利,请示没有被批准。

当时,大伙都有点灰心。

怎么办?

"老区的前辈为革命流了血,决不能让他们的后代再流泪。"陈开枝说。在我党早期创建的13块革命根据地中,海陆丰革命根据地牺牲大,贡献也大,但如今却是经济社会发展最为缓慢的一块,争取国家优惠政策的扶持,体现党和政府对老区人民的关怀。

于是,陈开枝率省老区建设促进会的同志,再次到海陆丰革命老区调研,再次鼓与呼。

2015年年底，广东省政府向国务院呈报了《关于海陆丰革命老区贫困县纳入国家贫困革命老区扶持范围的请示》。翌年2月5日，国家发展改革委办公厅批复广东省政府办公厅，确定在安排基础设施、农村水利、社会事业等领域中央预算内投资和相关资金时，加大对海陆丰革命老区欠发达县（市、区）的扶持力度。

海陆丰革命老区群众一片欢呼。

陈开枝就有这个特点，一件事情，不干则罢，干就要认认真真干好。

担任会长几年来，陈开枝带领省老区建设促进会一班人深入调查研究，先后完成了《关于我省革命老区脱贫攻坚情况的调研报告》《关于我省发展特色产业促进老区脱贫致富的调研报告》《关于我省老区贫困村创建社会主义新农村的调研报告》等，均得到省政府主要领导的批示。2019年4月《关于加快我省老区发展的调研报告》呈报省委、省政府后，省委书记李希做出批示："针对调研报告提出的问题，要深入研究，综合施策。有关建议可以考虑纳入省委、省政府关于进一步推动我省老区苏区振兴发展的意见中。"

2019年5月10日，省委、省政府在梅州大埔县召开全省推动老区苏区振兴发展工作的现场会上，李希书记在讲话中专门表扬了省老区建设促进会和陈开枝同志。

2020年7月初，刚刚结束了百色第一百一十三次扶贫的陈开枝，又带领广东省老区建设促进会的同志，马不停蹄地投入促进老区苏区振兴发展的调研。陪同陈开枝到各地调研的姚泽源副会长兼秘书长说："老区建设促进会无权无钱，靠的是'两条腿一张嘴'，深入调研，为党委和政府当好参谋。每年一两次的调研，是老区建设促进会的常态工作。"

7月，骄阳如火。广东省老区建设促进会组织4个调研组，深入基层，足迹达15个地级市及所属的近60个县（市、区），调研时间持续近两个月。

跋山，涉水。

进工厂，入乡村。

陈开枝戴着草帽，冒着酷暑，汗流浃背。每到一个地方，他总是细心聆听老区苏区干部群众的心声。

9月28日，广东省老区建设促进会形成了《贯彻落实〈关于进一步推动我省革命老区和原中央苏区振兴发展的意见〉的调研报告》（以下称《调研报告》），呈报省委、省政府，并抄送省直有关部门。10月5日，广东省委书记李希审阅了《调研报告》，欣然批示："省老区建设促进会组织调研组围绕省委、省政府决策部署落实情况，深入基层开展实地调研，撰写了很有质量很有见地的调研报告。有关部门和地区要重视调研报告指出的问题和有关建议，认真研究吸纳，制定切实可行的措施，全力推动多项工作安排落地落实，务求实效。"

"很有质量很有见地！"大学中文系出身的李希书记这样高度评价《调研报告》，足见他对老区建设促进会调研工作的充分肯定，足见他对老区苏区人民的一往情深。

10月6日，省委办公厅以粤批通知的形式，将李希书记的批示和省老区建设促进会的调研报告发至省老区苏区振兴发展领导小组成员单位、有关地级以上市党委。

省长马兴瑞批示："请按照李希书记的批示意见，组织研究这份报告，拿出改进与落实的意见。"

省委、省政府对老区苏区振兴发展的高度重视，犹如阵阵春风，吹遍了南粤城乡。春风化雨，广袤的红色土地，明天定然万紫千红，硕果飘香……

陈开枝没有陶醉于眼前取得的成绩，他的目光，又投向了远处的山峰。

踏遍青山人未老！

全国政协常委、中国老区建设促进会会长王健说过："老区建设促进会是一面旗帜，一块精神高地，一片净土，一池清水，一个激情燃烧的团队。"对老区建设促进会的精神和行为做了诗化的概括。

陈开枝正率领省老区建设促进会这个"激情燃烧的团队"，迎着朝阳，迈步向前……

23. 将扶贫进行到底

2020年10月12日。

百色秋高气爽，桂花飘香，陈开枝第一百一十四次到百色扶贫。

15日晚，广西一家主流媒体播发了这样一条新闻——

【字幕】陈开枝同志第一百一十四次到百色扶贫考察

【陈开枝】我给你们表个态，我的扶贫工作绝不退休，大家也不要老叫我陈爷爷，或者叫我陈老，我不老，我是一个80后（笑）。

【画面】爆发掌声。

【主播】2020年10月11日至13日，中国扶贫基金会副会长，全国扶贫状元，广东省老区建设促进会会长，广州市政协原主席陈开枝同志，第一百一十四次来到百色进行扶贫考察活动。陈开枝主席12日上午参加广东省同芙慈善基金会在隆林第六小学举行的"关爱留守及困境儿童爱心之家公益项目捐赠仪式"并发表讲话。

【陈开枝】我要是没有更大的影响力了，筹不得更大的款了，我哪怕拿出两个月的退休金，也要去挑起十个八个穷孩子的生活费！

【画面】爆发掌声。

【主播】13日上午8点30分，陈开枝主席参加广东青年商会祈福高中"文秀班"及"孟丽红新长城自强班"开班典礼；10点到百色民族高中参加"许应裘民族高中文秀班开班典礼"。在开班典礼仪式上，陈开枝主席做了热情洋溢的讲话。

【陈开枝】黄文秀同志的先进事迹，习近平总书记做了重要批示，号召广大党员和青年同志要以文秀为榜样。我们要弘扬文秀精神，让文秀精神代代相传，希望"文秀班"的每一个学生要学习黄文秀的优秀品质，成为忠诚、爱民、担当、奉献、拼搏的新一代接班人。

【主播】2019年11月，百色市委、市政府认真贯彻习近平总书记的指示精神，决定建立"文秀基金"，由百色市教育基金会负责实施。经百色市教育基金会研究，提出未来10年举办100个"文秀班"的目标……

2020年上半年，因为疫情的原因，陈开枝乖乖蜗居家中，但他没有沉寂，而是通过电话开展募捐。到了6月以后，全国疫情缓解，陈开枝便又"蠢蠢欲动"了。

6月以来，陈开枝明显加快了募款速度：第一百一十二次到百色，广东省企业家捐款767万元，其中180万元指定开办4个"文秀班"；第一百一十三次到百色，广东爱心企业募集资金808万元，支持开办6个"文秀班"……

国庆长假刚过，陈开枝就第一百一十四次来百色了。

12日下午3点左右，从广州出发的D3822次动车停靠在百色站。历经五个多小时的长途跋涉，年过80岁的陈开枝从车厢走出来，还是步履稳健，还是面容慈祥。

三天时间里，有路途的颠簸劳累，有紧锣密鼓的考察，也有捐资助学的典礼，陈开枝每天工作14个小时以上。

陈开枝每次到百色，总会提前一星期发来"日程表"，议程排得满满当当。在百色市教育基金会的文件柜里，类似的日程表赫然累积了厚厚的一摞，尽管打印的格式不一，日期不同，活动内容有异，但那被简化成寥寥几页的文字，凝结成了陈开枝崇高的精神风范和令人钦佩的人格。

正是高贵的人格，有着无穷的魅力，产生出巨大的财富。

陈开枝为百色老区筹集这么多的建校助学资金，靠的正是他的这一人格魅力，而非靠权力，这种德高望重的人格魅力令献爱心者怦然心动。

前后短短四个月，陈开枝落实了12个"文秀班"的资金1040万元。陈开枝说下半年他还会募集一批企业家前来捐款，支持"文秀班"的创办，将文秀的精神发扬光大。

前尘往事似云烟。1996年11月28日陈开枝第一次走进百色，他只是一个广州来的扶贫官员，是来扶贫帮穷的；2020年11月16日，陈开枝第一百一十五次走进百色，他已是百色人民的亲兄弟，是一个永不言倦的扶贫义工。

这种亲情到底有多深，你只要随陈开枝到百色走一趟，就能亲身体会：乡亲们点着鞭炮，敲锣打鼓，载歌载舞，端着自酿的美酒，用壮家古朴而最隆重的待客方式在村头夹道欢迎；临别时，乡亲们拉着陈开枝的衣袖，依依不舍，热泪盈眶……

24年！

24年啊！

这是24年累积起来的真情实感。

这是24年的情感在百色人民心中筑起的丰碑。

生命不息，扶贫不止。陈开枝用24年的行动诠释了一名共产党员的初心和使命！

陈开枝有一个著名的"符号论"。

那是发生在2005年3月25日，广州市政协礼堂。

"现在表决通过陈开枝同志辞去政协第十届广州市委员会主席职务，赞成的请举手。"主持人话音刚落，主席台上的陈开枝第一个把手高高举起。

最后，与会政协委员除两票弃权，请辞获得通过。

卸任的陈开枝，向大家掏出临别的心里话——

我退下来后，作为一个公务员的职责完成了，但作为一个共产党员的职责永远没完。共产党员永远全心全意为人民服务，所以，公务员的职责虽已打上句号，这个句号是圆的，还是扁的，留给广州老百姓来评价，老百姓认为我不错，就打圆一点；老百姓认为我并不怎么样，就会给我打扁的，甚至会打一个问号出来。但我作为共产党员的人生，永远不会打句号，句号就是生命终止的那一刻，之前永远都只打逗号……

我非常感谢大家接受我的请辞。我提出退下来，不是心血来潮，是自己早有打算。到今年5月，我就满65岁了，到了法定的退休年龄。我先后在10任省委书记身边工作过，接待过多任中央主要领导，耳濡目染，从他们身上学到了许多革命精神和优良作风，知道自己应该自觉地执行党和国家的干部制度，及早让出主席的位置。为官是短时的，人格才最重要，退下来以后，我将会有更多的时间和精力，去从事我热爱的扶贫工作和公益事业。

短短的告别词，五次掌声响彻会场。说完，陈开枝起身，向主席台下深深鞠了一躬。

掌声再次响起，良久不歇。

忙碌是陈开枝工作的常态。

有人给陈开枝作了一首诗，诗中吟道："日烈衣透汗，路陡气急喘；谁知扶贫苦，中餐三点半；山高日落晚，林深鸟啼单；风尘五百里，九百九十弯。"

退休前如此，退休后依然如此。正如他自己所说："我拿一份退休工资，打四份义工，心甘情愿做一头永不言倦的牛。"

大家知道陈开枝喜欢唱《小草》，但不一定知道他喜欢读《钢铁是怎样炼成的》，他说他读了大半辈子。他把书中主人公保尔的那段名言作为人生的座右铭："人生最宝贵的东西是生命，生命属于人只有一次，人的生命应该这样度过：当他回首往事时，不因碌碌无为而羞愧，也不因虚度年华而悔恨。这样，当他临死的时候，就能够说，我整个的生命和全部精力已献给人类最壮丽的事业——为共产主义而奋斗。"

陈开枝为之奋斗的扶贫济困，就是人类最壮丽事业的一个部分。

《凤凰卫视》知名媒体人杨锦麟曾经采访过陈开枝，他用疑惑不解的口吻问陈开枝："按理说，离开相关的工作岗位之后，类似的责任也就没有了，您何以退休至今仍然扶贫不辍，而不是像其他离退休官员那样安享晚年呢？"

"喜欢做，甘愿做。"陈开枝回答说，"其中的精神力量来自两方面：一是百色是邓小平曾经领导起义的红色根据地；二是自己曾经陪同邓小平在珠三角地区视察，对于邓小平开创的改革开放路线，自己由衷地拥护。新中国成立数十年之后，百色人民还没有完全脱离贫困，我于心不忍，仅此而已。"

在位的时候，有人给陈开枝编过顺口溜："跟着陈开枝，累死无人知。"退休后搞扶贫，又有人给他编打油诗："扶贫打前头，自作自受……"

有人说，陈开枝这样"高调"地做，不是为了图名就是为了谋利。要说"名"，可以说他早已荣誉等身，名满天下了。要说"利"，每次的捐款活动，都由组织出面，自己从不经手分文，而从他手兜里拿出去的钱，全是自己的工资、稿费等血汗钱。

"既然不图名不图利，那又何苦呢？"

陈开枝说："谁叫我是一名共产党员啊！"

咬定青山不放松，立根原在破岩中。
千磨万击还坚劲，任尔东西南北风。

陈开枝常常用郑板桥的《竹石》来为自己鼓劲。

也有人说，他这样做是为了政治"作秀"，但作为一个年过80岁的退休干部，他还有什么"作秀"的理由？要说"作秀"，陈开枝的"作秀"就是为了吸引更多的人关注扶贫事业，关注百色老区的贫困孩子。

正是他的这种"作秀"，吸引了越来越多的人投身到扶贫行动中来，也吸引了越来越多的单位和组织汇入扶贫的大军中来。

"我扶贫的事，大大小小的媒体都宣传报道了，按理说我可收摊了。但是我80岁还找不到收摊的理由。"陈开枝说，爱心不是一种负担，只要摆脱了名利的困惑，排除各种纷扰，就会成为一种习惯。

靠着他的人格魅力感召别人，陈开枝发动社会力量，为百色的教育扶贫做贡献。他去百色考察，有人想跟他去，他拍掌欢迎，到百色看到那里的情况后，很多人不由自主地会与他站在一起，为百色的百姓办点实事。在他的发动和影响下，许多港澳委员、民营企业家至今都在为百色的扶贫工作前赴后继。

涓涓细流汇入大河，芳草连天，春色满园。

帮扶百色这么多年，陈开枝还是很有成就感的。"退休后解决了5.4万多名贫困生的问题，累计帮百色争取到了四五个亿的扶贫款。"

而陈开枝自己的生活非常简朴。

记得那次跟随陈开枝到百色扶贫，他依然是那件白色衬衫，依然一板一眼地扎在裤腰里，只是那条皮带上的皮都快掉光了，想必是哪个地摊上淘来的"漏宗"货。倒是他大脚板套着那双价值"275万"的橡胶凉鞋是真品，这鞋应该是在哪个中越边境线的小额贸易集市上的"扶贫产品"。这275万的越南盾折合成人民币也就60多元。

如今，陈开枝一家还住在东山新河浦一套20世纪80年代建的省委宿舍楼里。走进陈开枝的家，所有人都感到惊讶：这位副部级领导的住房竟然没有真皮沙发，没有落地窗，没有电动窗帘，没有吸顶灯，没有冷暖空调。唯一的装修是更换了残旧破损的地板，电器也数不出一件有档次的品牌。太简陋了，简陋得有点寒碜！

陈开枝住的是顶层，他把天面稍作加工，砌上水池和畦垄，堆上土，辟出了一片园子来。种有四季的蔬菜：葱蒜、豆角、紫苏、番茄、百合、苦瓜、苦麦菜、韭菜、空心菜、香茅……一年四季都有收获。他把省下的40万元积蓄分期拿到百色，捐给了贫困山区失学儿童上学。

岁月总是匆匆。

从2017年12月陈开枝100次再出发，他又去了百色15次，已115次了，种种迹象显示，他去百色的记录还将不断刷新。

未见到陈开枝之前，采访经验告诉我们，对年迈老人采访可能"有点难"：记忆力下降，过去的事情记不准，语言组织困难。然而，所有这些担心在陈开枝这里都是"想多了"。他不仅精力旺盛，而且记忆惊人。

口述历史，他条理清晰，逻辑严谨，有理有据。

百色20年前的各种数据，他能精确讲到个位数。

重大事件的时间，他能准确地说出是哪一天，几点几分。当事人说过的话他甚至能一句不漏地复述出来。

陈开枝依然不知疲倦，为了练好身体，做好扶贫，他给自己定了个计划，每天走一万步，雷打不动！如果在家，就在天台里走；如果出差，就在房间里走。

陈开枝的扶贫不会止步，他说即便是以后爬不动了，也还可以坐在家里面关注百色和贫困地区，尽自己的微薄之力帮助老百姓摆脱困境。

"我的工作都是过程，不是结果。很多事情都是干一辈子，扶贫就是例子。"陈开枝说，党的十八大以来，习近平总书记高度重视扶贫开发工作，把这项工作看成是关系到全面建成小康社会、增进人民福祉、巩固党的执政基础和国家长治久安的关键性举措。作为受党教育培养多年、有60年党龄的老党员，我的热情就像一把火……

陈开枝诠释着永恒不变的党员底色，在扶贫路上不停步，不止步，他最大的心愿，就是看到百色人民全部小康的那一天。

几树半天红似染，居人云是木棉花。

木棉是百色传说中壮族始祖布洛陀的战士，是英雄凯旋的化身，像刀、像剑、像戟。同样，木棉花是广州的市花，缀满朵朵欲燃的花瓣的木棉树，铜枝铁干，阳刚热烈。

游走在广州和百色之间，不觉总让人浮想联翩、思接千古：陈开枝，不正是那"红似染"的木棉树吗？

百色，镶嵌在岭南大地的一方珍稀璞玉。

历史的变迁、世事的沧桑、生命的进取、文明的更替……岁月在百色大地的壮硕躯体上刻下了太多的印记——

脱贫攻坚。精准扶贫。

解决温饱。全面小康。

一场声势浩大、前所未有的扶贫鏖战擦亮了这方珍稀璞玉。从1996年到2020年间，百色注定要被载入中国反贫困斗争的史册！

这是一个梦想的追逐，过程已经变成交响。

这是一次激情的追逐，结果已经变成华章！

时过境迁，古老而年轻的百色摆脱千年贫困的羁绊，正迈着矫健的大步走进小康新时代！

一位伟人说："待到山花烂漫时，她在丛中笑。"百色已是"山花烂漫时"，陈开枝笑了吗？

陈开枝笑了。

2020年是决战决胜全面小康的"收官"之年。这一年，陈开枝去百色扶贫5次，创下了他24年到百色扶贫次数最多的一年，刷新了又一个纪录。

凌云县、乐业县、西林县；梅林村、陇穷村、百坭村；六隆开发区、江山开发区、金沙开发区……我们怀揣着笔，裹挟着风，追寻着陈开枝的扶贫足迹，听老百姓讲陈开枝的扶贫故事。

离开百色那天，我们对着一泓右江和莽莽群山分别行注目礼，向这片面对贫困不屈不挠的英雄土地致敬！

此时，那首《你的心牵挂着百色老区》的袅袅旋律仿佛又一次萦绕在我们的耳畔——

都说边远没有兄弟，
都说贫困没有亲戚，
你看那个广州兄弟，
脚下粘着百色黄泥，
你的心牵挂着百色老区，
无论你走到哪里，
都留下你深深的足迹。

都说远水难救近火，
都说远亲不如近邻，
你看广州的那个兄弟，
千里迢迢又来到老区。
啊，广州的兄弟呀
你的心牵挂着百色老区……

老夫喜作黄昏颂，满目青山夕照明。

陈开枝见证了"千姿百色"的千年嬗变，也见证了"红土百色"的化蛹成蝶。思百色之悠悠，梦想依旧激励着陈开枝赓续新力量！

因为，在陈开枝的心中，扶贫工作不是到2020年就一劳永逸，还会有各种意想不到的返贫，他还有"第二个100次"百色行……

后记

早在去年初夏，书写陈开枝扶贫业绩的方案，已列入广东省作协有关领导的议事日程。每每谈论这件事，迎接上他们投射过来的殷切目光，我（廖琪）感到一份沉甸甸的自豪和责任，内心早已跃跃欲试。

我和陈开枝交往已超过十年，他是我敬仰的老领导之一。我是他担任理事长的广东国际文化交流中心的理事。陈开枝对文化艺术的珍爱和对文化人才的爱护，对革命老区苏区人民的一往情深和矢志维护，都给我留下十分深刻的印象。当然，作为一个广州人，我对他当年担任广州市常务副市长时整顿白云山和珠江水域的许多壮举，以及在处理许多老大难市政问题的果敢和圆满上，早就发自内心地敬佩。

2017年夏天，他第一百次前往百色扶贫时，我和十多位文化人、企业家随行。每天早上8点出发，下午1点多吃午饭，晚上8点多吃晚饭，总是马不停蹄，不曾有片刻的歇息。这对于晚睡晚起、中午必须有两个小时午睡的我来说，真是苦不堪言，我却不敢有半点杂音。人家是奔八十的老人了，图什么呢？所以，虽说疲惫，倒也一路欢声笑语。

我们收获着满满的感动，更经历着思想的净化和情怀的升华。

书写陈开枝的扶贫业绩，我义不容辞，责无旁贷。

可惜，去年7月初，我因病住院。住院期间，广东省作协党组书记张培忠前来慰问了两次。他是个对文学有恒心、对事业有雄心、对作家有爱心的新型领导。两次交谈中，他对撰写陈开枝扶贫业绩这一题材一直念念不忘。我深知他的用意，却不敢贸然承担。

转眼过去了十个多月，今年6月21日中午，在拥挤的电梯里，也许因为都戴口罩，大家一时认不出我。广东省作协刘春同志与人议论着许多重大题材的写作，当谈到今年是全国扶贫决胜年，张培忠书记正物色人选撰写陈开枝扶贫业绩这一重大题材时，刘春脱口而出："不知廖主席身体如何？按理说，廖主席最合适。"电梯已到一层，我突然剥下口罩，对刘春说："写陈开枝的人选如未确定，我来！"刘春先是讶然，接着是满脸的欣赏……下午不到5点，张培忠的电话已打到我家里。他刚要询问我的身体状况，我反倒说："是征求我采写陈开枝的意见吗？我愿意。"他又一次问起我的身体，我略一思索，说："如可能，帮我找个合作者。""谁呢？"我脱口而出："曾平标！"

曾平标是百色市人，在百色成长、工作了十多年后才到广东工作，对百色的熟悉程度是没有几个作家能超越的。虽说他离开故土二十多年，但情还在，缘还深，相信他对陈开枝这位百色扶贫的典型人物有着深厚的感情。

当晚7点，张培忠来电，曾平标决定与我一道完成陈开枝扶贫业绩这一重大的史诗式题材。

8月25日，我们已随陈开枝走向百色，参加他的第一百一十三次百色扶贫。三天后，回来了，曾平标仍留在十万大山里采访，一住就是二十多天。陈开枝无疑是脱贫攻坚战场上一位"真的猛士"。24年扶贫路，115次百色行。陈开枝为百色老区引进5亿多扶贫资金，新建改建了246所中小学校，让8万多失学儿童走进校园……前后近一个月，我们在百色大地的山水间行走，用沾满泥土的脚步在田野中"调查"陈开枝扶贫助学的精彩点滴。走遍了百色9个国家级贫困县中的16个极度贫困村，在行走中竭力挖掘陈开枝真情的、典型的、有温度的细节、情节和故事。试想，作家如果没有现场体验，没有冲动，没有激情，那他的创作还有多少现实意义呢？听百色人讲陈开枝的事，听陈开枝讲百色扶贫的事。果然，我们发现很多很多，发现他关注的贫困村路修好了，他到访的贫困户电通了，他资助的贫困生毕业工作了，而且还传承了他的爱心接力……他牵挂的百色正发生着天翻地覆的嬗变。于是，我们决定好好写一写陈开枝。但写陈开枝的书不好写。他24年重复着同一个"百色扶贫"故事，那要有多大的意志和毅力呀！是怎样的一种力量感召和精神信念？"生命不息，扶贫不止"，是陈开枝广为人知的一句名言，许多人都解不开这个"谜"：他选择的为什么是百色？我们也十分好奇这个问题。我们的写作，正是朝着这个问题导向去努力的。因为，只有把这个"谜底"揭开，把这个问题说明白、讲清楚了，这本书才有了它与众不同的价值。当我们进入写作的状态后，深深被陈开枝的扶贫事迹所感染和打动。我们用饱满的情感，用细腻的笔端，为一名共产党人放歌，为一名扶贫功臣立传。采访和写作的过程，对我们不啻一次精神的撞击，一次浴火的洗礼。我们在努力用文学表达，希望淋漓尽致。脚，走在百色大地上；情，贴在百色大山里。陈开枝注定会以一种别样的方式驻扎于百色老区人的心底。无论怎么写，我们看到的只是他的一个局部，而不是全部。作家的视野也是有限的，观察也是有限的，我们只能意犹未尽。9月，我们又陪着陈开枝到百色，开展第一百一十四次扶贫。其间，还随他到了梅州和潮汕的老区苏区进行调研，对我们而言，每一次随行都是常温常新的感动和激动，是灵魂的拷问和升华。

始于悲悯，忠于初心，铸于使命，终于圆满，这就是陈开枝！

半年过去了，我们流下了汗水，熬过了多少个通宵，《扶贫状元陈开枝》终于可以呈现在读者面前。毕竟时间太短，我们不敢奢望读者对这本书有多少文学艺术上的好评，只希望能听到大家的一句话：我们看到了一个有血有肉的陈开枝！

当我们开始撰写陈开枝扶贫业绩时，许多人无偿地伸出援手，整个过程演变成一场传递人间大爱的自觉行动，感人至深。广西人民，特别是百色人民，对此表现出极大热情，百色市教育基金会的各位同志，特别是该会韦少标同志，给予了全力的配合，其诚可敬。本书也参阅了各主流媒体的新闻和报道，引用了岑隆业、黄小卡、向志文等作家的相关文章，在此，我们特别表示衷心的敬意和谢意。本书在采访、写作、出版工作中，得到中国老区建设促进会、中国扶贫基金会、广东省作家协会、广东省老区建设促进会，和姚泽源、黄保算、伍依丽、王晓建、何丽薇、赖友谷、陈海涛、翁立平、欧汉、马瑞鑫、叶博森、宋承祥、潘健章等同志的帮助、支持，深表谢意。花城出版社在这本书还未定稿之际，已经早早介入编辑工作，其专业精神可敬可亲。

当然，我们最应该感谢的是广东省作家协会。他们对习近平新时代中国特色社会主义思想的深入学习和坚持引领，是这本书最终能够成功出版的关键。

毕竟时间久远，书中难免有纰漏或瑕疵，如有不妥之处，万望海涵。

作者
2020年11月20日